유교문화권 전통마을 5

안동 가일 마을
풍산들가에 의연히 서다

| 동양문화산책 23 |

유교문화권 전통마을 ⑤
안동 가일 마을
풍산들가에 의연히 서다

지은이　안동대학교 안동문화연구소
펴낸이　오정혜
펴낸곳　예문서원

편집/교정　김병훈·명지연·손혜영·송경아
인　쇄　상지사
제　책　상지사

초판 1쇄　2006년 1월 31일

주　소　서울시 동대문구 용두2동 764-1 송현빌딩 302호
출판등록　1993. 1. 7 제5-343호
전화번호　925-5913~4 · 929-2284 / 팩시밀리　929-2285
Homesite　http://www.yemoon.com
E-mail　yemoonsw@unitel.co.kr

ISBN 89-7646-209-2　03150

YEMOONSEOWON 764-1 Yongdu 2-Dong, Dongdaemun-Gu Seoul KOREA 130-824
Tel) 02-925-5914, 02-929-2284 Fax) 02-929-2285

값 13,000원

※ 이 책은 안동시의 지원을 받아 발간되었습니다.

| 동양문화산책 23 |

유교문화권 전통마을 5

안동 가일 마을
풍산들가에 의연히 서다

안동대학교 안동문화연구소 지음

예문서원

책을 내면서

　안동문화연구소가 시리즈로 발간하는 '유교문화권 전통마을 연구서'는 다섯번째로 『안동 가일마을』을 내게 되었다. 요즘의 안동사람들은 이번에 선택한 가일마을이 어디에 있는지 잘 모른다. 가일마을만 모르는 것이 아니라 하회마을을 빼고는 안동에 있는 내앞마을, 금계마을, 하계마을, 외내마을, 무실마을 등 유서 깊은 수많은 전통마을에 대해 거의 모르고 있다. 안동사람들조차 이러한 전통마을을 모른다는 것은 전통의 도시에 살고 있다고 자부하면서도 사실상 '안동의 전통과 과거'를 잘 알지 못함을 드러낸다. 자신의 과거와 전통을 잘 모른다면, 누구든 참된 자기다움을 누릴 수도 없고 내일을 기약할 수도 없다. 더구나 전통의 흔적이 곳곳에 배어 있는 안동에 살면서 과거를 망각하거나 심지어 과거를 애써 지우려 한다면 안동의 내일은 없다. 안동문화연구소는 이러한 위기감과 내일의 안동문화를 위해 이 작업을 지속하고 있다. 본 연구소는 단순히 과거를 기억시키려 하거나 과거로 돌아가자고 주장하지 않는다. 유교문화권 전통마을에 대한 연구를 계속하는 까닭은 우리의 과거를 올바로 이해하고, 우리의 오늘을 기쁘게 하며, 내일을 미덥게 하기 위함이다. 과거를 거추장스럽게 여기고 현재에 끼워져 있는 과거를 말끔히 걷어내면 그 현재가 과연 기쁘고 다가올 미래가 미더울까? 몸속에 뛰고 있는 혈맥 속에 우리의 과거가 고스란히 담겨 있는데 표정 바꾸고 다른 짓거리해서 얻은 기쁨과 미더움은 잠시 들뜨게 할 뿐 오래가지 못한다. 혈맥에서 우러나오는 자연스러운 생각과 혈맥을 타고 흐르는 숨소리에 맞추어 스스로의 느낌과 움직임을 따르고자 할 때의 기쁨이 참되고 오래가며 그때 꿈꾸는 기대감이 몸에 들어오는 음식처럼 미덥기 때문이다. 결국 우리는 우리의 혈맥을 진단하기 위해 전통마을에 눈을 돌린 것이다.
　우리 연구소가 눈을 들어 바라보는 것은 전통마을이지만 진실로 찾고자 하는 것은 우리의 혈맥 속에 흐르고 있는 그 혈맥의 성분과 운율이다. 우리 조상의 혈맥을 흐르던 핏빛과 운율이 곧 그들의 생각과 몸짓이 되고, 그것이

다시 신체를 떠나 형상화된 것이 전통마을이기 때문이다. 전통마을은 우리 조상의 몸속 혈맥이 바깥으로 흘러나와 맺혀진 응고다. 그 혈맥의 응고가 때로는 여러 모양의 집이 되고 온갖 글이 되었다. 비록 지금의 우리 피는 새음식을 먹고 새로운 주거공간에서 살아가기 때문에 핏빛과 운율이 달라져 보이지만, 우리 피를 만들고 있는 유전자 설계도는 그대로이기 때문에 우리의 심신을 울리는 것은 여전히 우리 조상의 남긴 혈맥의 공명장치다. 그러나 슬프게도 조상이 생생하게 축조해 놓은 혈맥의 공명장치로서 전통마을은 터무니없이 망가져가고 있다. 가슴을 섬뜩하게 만드는 콘크리트 구조물의 기하학적 선이 눈에 익은 산의 자연스런 곡선과 버섯코 같은 지붕선을 여기저기서 쿡쿡 뚫어 버리고, 전기설비와 농기계 혹은 비닐과 플라스틱 용품이 흙과 나무와 돌로 이루어진 전통생활 속의 물질적 바탕을 흩트려 놓는다. 자연과 자연의 흐름이 인공과 기계적 사고의 흐름으로 대치되어 가고 있는 것이다. 그러므로 전통마을이 망가지는 것은 우리의 혈맥이 인조의 공간과 기계적 흐름으로 대치되어 가는 것과 다를 바 없다. 우리는 전통마을이 망가져 간다는 것을 외부적 환경이 사라지거나 기억이 망가져 가는 신호가 아니라, 우리가 자신으로부터 이탈해 가고 스스로의 존재를 박탈당하게 된다는 내부의 엄중한 경고로 받아들여야 한다. 전통마을 연구에 적지 않는 심혈을 기울여 대중의 공감을 얻고자 하는 본 연구소의 노력은 이러한 절실함에서 비롯된 것이다.

　이번에 연구한 가일마을은 안동지역에 남아 있는 많은 전통마을 중에서도 원형이 가장 잘 보존된 마을이라 할 수 있다. 약 600여 년의 전통이 마치 순서대로 차곡차곡 쌓아 올린 책장처럼 층층이 쌓여 있으면서도 앞선 흔적과 잘 조화되고 있는 마을이다. 마을의 자연환경, 마을에 남아 있는 인공구조물, 마을이 배출한 지식인과 그들의 글, 심지어 지금 살고 있는 마을사람까지 마을 전체가 모두 살아 있는 역사기록물이라 할 수 있다. 이러한 모든 것은 자신의 모습을 보기 위해 거울을 보듯이 가일마을을 통해 우리 자신을 들여다 볼 수 있다. 거울이 외모를 보이게 한다면, 가일마을은 우리 안에 흐르고 있는 혈맥을 보게 한다. 가일마을은 우리 안에 흐르고 있는 혈맥이 과거에 어떻게 뛰놀았는지를 생생하게 기록한 블랙박스라 할 수 있다. 그런데 이 생생한 기록물은 스토리의 전개가 상당히 극적이어서 더 흥미를 유발시킨다. 한마디로 마을의 역사가 결코 평범하지 않다는 말이다. 가일마을은 소위 '가일권씨'라 불릴 만큼 안동권씨 가운데서도 독특한 정체성을 유지해 온 동성마을이다. '가일권씨'라 특칭될 만큼의 독자성은 극심한 고난의 여정을 겪으면서 그에 비례하여 혈연적 연대성을 강화하는 것으로 나타났다고 할 수 있다. 이러한 측면은 지역사회뿐 아니라 한국사회 전체에 반향을 울릴 정도의 힘을 가지고 있다. 마을의 역사성이 시대의 역사성으로 힘있게 분출되는가 하면, 반대로 시대와 지역의 역사성을 마을 안에 응축시키며 자신을 단련시키고 미래를 준비하는 극적인 요소를 가지고 있다. 이와 같은 의도를 가지고 이 책을 기획했지만 스스로 생각해도 부끄러운 점이 여럿 보인다. 다음의 연구물을 통해 점차 고쳐 나아갈 것을 약속드린다.

  이 책이 나오게 된 것은 무엇보다도 가일마을 출신인 권대인씨의 노력과 이에 기꺼이 호응해준 안동시의 결단에 말미암는다. 거듭 감사드린다. 또한 마을에 사시거나 혹은 출향한 여러 어른들의 협조가 없었다면 이 책은 내용이 빈약했을 것이다. 생생한 증언과 자료의 협조가 책에 온기를 더해주었음은 의심의 여지가 없다. 오히려 필자들이 그분들의 성의에 충분히 답하지 못한 것 같아 송구할 뿐이다.

안동대학교 안동문화연구소
소장 이효걸

| 유교문화권 전통마을 5 |

안동 가일 마을
풍산들가에 의연히 서다

책을 내면서 · 5

1장 가일마을, 자연과 역사가 만든 과거몰입의 가상공간 · 11
— 가일마을의 자연환경

2장 가일마을의 형성과 변천 과정 · 37

3장 가일마을 안동권씨의 정착과 이주, 그리고 혼반 · 59

4장 살림 좋은 가일마을 · 97

5장 가일마을의 중흥조 병곡 권구 · 119

6장 수곡 권보의 학문경향과 시인정신 · 145
    ─ 경세의식을 중심으로

7장 조선시대 가일마을의 문학 · 173

8장 안동의 모스크바, 가일마을 · 205

9장 의례와 신앙을 통해 본 가일마을의 특성 · 233

10장 문중과 종가를 지키는 숙명의 종손들 · 271
    ─ 20세기의 병곡 종손 3인의 삶

11장 안동권씨(참의공파) 집성마을 공간의 얼개와 한옥 · 303

가일권씨 주요 가계도 · 340

1장

가일마을, 자연과 역사가 만든 과거몰입의 가상공간
— 가일마을의 자연환경

1. 과거몰입의 가상성, 역사의 가상공간 – 가일마을

안동에는 과거에 몰입토록 하는 살아 있는 추억의 가상공간이 많다. 우리는 그러한 가상공간을 전통의 동성마을이라 한다. 하회마을, 내앞마을, 검제마을, 가일마을, 무실마을, 하계마을, 외내마을 등 이루 손꼽을 수 없을 만큼 많다. 물론 이 중에는 댐건설로 수몰되어 몽땅 없어진 마을도 있고 흔적만 있거나 명맥만 유지하고 있는 마을, 혹은 건물만 덩그렇게 옮겨져 있고 사람은 없는 마을도 있다. 하회마을과 가일마을은 그 어느 마을보다 원형이 가장 잘 보존된 마을이다. 하회마을은 모르는 사람이 없을 정도로 많이 알려져 있으나 가일마을은 잘 알려져 있지 않다. 방문객이 많이 찾는 하회마을은 그 유명세 때문에 그에 상응하는 대가를 톡톡히 치루고 있다. 외형이 가꾸어지고 사람 맞이하는 일에만 골몰하는 마을로 변질되고 있다. 그 모습이 참으로 안타깝다. 자연과 인간이 함께 빚어낸 그 환상적인 '가상공간'은 과거를 자극하는 온기가 고갈되었고 향기 없는 억지의 표정만 넘실거려 사람을 취하게 하는 '가상성'이 사라졌다. 거기에 비해 잘 알려져 있지 않은 가일마을은 다듬어지지도 않았고 크게 파괴되지도 않은 채 600여 년의 과거가 층층이 쌓여 있다.

인간의 삶이란 과거의 울타리 속에서 미래를 꿈꾸며 현재를 만들어 가는 과정이다. 과거는 현재를 묶어 두지만 편안하게 하고, 미래는 묶여진 현재를 풀어주지만 불안하게 한다. 인간은 편안한 과거를 뒤로 하고 불안한 미래를 앞으로 보며 나아갈 수밖에 없다. 과거와 미래 사이에 팽팽하게 당겨진 외줄 위에서 우리는 현재를 잃지 않기 위해 뒤돌아보지 못하고 앞으로만 나아갈 수밖에 없다. 그곳을 뒤돌아보는 순간 비틀거리며 현재에서 떨어져 버릴까 염려해서일까? 아마 인간은

▲ 정산에서 내려다본 가일마을. 가일들이 시루떡으로 보인다.

운명적으로 과거에 둔감할 수밖에 없는 존재인 것 같다.

과거는 우리의 생각, 언어, 관습 속에 들어와 있거나 혹은 자연으로 혹은 역사문화의 형태로 안팎에서 우리 삶의 바탕이 되어 있다. 우리 앞에 있는 자연이란 것도 몇 백 억 년에 걸친 지구의 생성과 변화과정을 밟아 온 명백한 과거의 증거로 남아 있는 것이다. 자연처럼 우리의 기억을 넘어선 너무 오래된 과거를 동양에서는 선천先天의 세계라 한다. 그 자연 안에서 인류가 활동한 흔적과 기록인 인류문명의 역사를 후천의 세계라 한다. 후천의 세계로서, 결코 짧지 않는 인류문명의 역사의 끝에 서서 우리는 각자 개인의 역사를 만들어 간다. 선천의 세계와 후천의 세계는 사라지지 않고 개인 앞에 그대로 나타나 있지만, 개인은 그것의 과거를 묻지 않고 외눈으로 현재성만 보려 한다. 심지어 금방 지나친 과거조차 흘려 버린다. 모든 개인 안에 과거가 고스란히 기록되어 있고, 그 자신이 바로 과거로 만들어진 존재인데도 인간은 선천이든 후천이든 혹은 개인의 경험이든 지나가 버린 과거에 대해 놀라울 정도로 무지하다.

오지 않는 미래가 더 어두운 암흑인데도 오히려 직접 겪은 과거에 대해 훨씬 둔감한 까닭은 어디에 있는가? 아마 인간의 신체구조가 큰 역할을 했을 것이다. 모든 감각기관이 전면을 향해 열려 있고, 팔다리 등 행동기관이 앞을 중심으로 작동하도록 되어 있기 때문이다. 눈은 언제나 앞만을 보며, 보이는 것은 늘 앞에 있다. 우리가 뒤를 돌아볼 때조차도, 사실 보는 순간 그것은 앞이 된다. 몸을 뒤로 돌릴 수 있는 행위가 곧 '보는 것'은 아니므로 엄격히 말하면 우리는 뒤를 볼 수는 없다. 보는 것은 언제나 앞일 뿐이다. 그러므로 우리는 지나간 것을 뒤에서 찾아야 할 것이 아니라, 앞에서 찾고 앞에서 보아야 한다. 존재하는 것은 이미 과거고 보이는 것은 앞에서 나타난다. 앞에 있는 모든 것은 미래가 아니라 과거다. 우리의 신체가 앞에서 보고 앞으로 나아가며 행동하기 때문에 앞에 있는 과거를 마치 다가올 미래인 것처럼 착각할 뿐이다. 이처럼 보이는 것을 제대로 보지 못하고 볼 수 없는 것을 보고 있다고 여기는 인간의 무지와 착각은 우리의 인생을 외줄에 매달고 마냥 긴장시킨다.

만약 우리의 존재를 떠받쳐 주는 과거를 '앞에서' 보고 그것을 통해 우리 자신 안에 있는 과거를 제대로 볼 수 있다면, 우리의 인생이 외줄 위의 존재가 아니라 우리 자신 안에 편안하게 잠기어 마음껏 뛰노는 존재임을 알 것이다. 우리가 바쁜 일상 속에서도 구태여 과거를 찾아 편안함을 느끼고자 하는 것은 자기를 발견하여 그 속에 안기고 싶기 때문일 것이다. 삶의 틈바구니에서 불현듯 고향을 그리워하고 이따금씩 추억에 잠겨드는 것도 마찬가지 이유일 것이다. 하지만 눈앞에 있는 것이 모두 과거라 하더라도 자신을 일깨워 줄 만한 과거는 '오래된 과거'고 '오랫동안 머물러 있었던 과거'여야 한다. 우리에게 '오래된 과거'자 '오랫동안 머물러 있었던 과거'는 아름다운 자연과 그 안에서 함께 꽃피웠던 우리 전통적 삶의 모습이다. 그 '오래된 과거', '오래 머물러 있었던 과거'가 비록 빛바래고 쇠락해 가고는 있지만 자신의 고유한 모습을 잃지 않고 '추억의 저장고'로 버티고 있는 곳이 안동이다.

안동은 이 땅에 살고 있는 누구의 눈에라도 그의 '과거'를 자극케 하는 유혹이고 각자 자기 안으로 잠겨들게 하는 환각이다. 그래서 이 땅의 사람들은 여전히 안동을 찾는다. 안동은 그들의 과거고 그들 안에 침전되어 있는 추억을 솟아오르게 하는 가상공간이다. 디즈니랜드가 과거가 부재한 어린아이를 꿈꾸게 하는 가상공간이라면, 안동은 미래의 통로를 찾기보다는 과거를 온축해 온 어른들을 아릿한 추억에 잠기게 하는 또 다른 가상공간이다. 안동은 과거의 꼬리를 길게 끌고 다니는 어른들, 혹은 우리 역사의 긴 발자취를 더듬어 자신의 뿌리를 찾고자 하는 사람들, 혹은 낯선 문화의 이질적 순수성을 지긋이 느끼고자 하는 외국인들을 환희토록 만드는 생생한 가상공간이다. 여기서 말하는 '가상'은 가짜라는 의미가 아니라 실재하되 현재를 뛰어넘게 한다는 뜻이다. 현재 안에 붙들려 앙앙불락하는 사람들을 미래의 환상으로 옮겨가게 하거나 아련한 추억의 느낌 속으로 빠져들게 하는, 즉 현재를 벗어나게 하거나 현재를 확장해 가는 '가상성'이 있는 공간은 일종의 가상공간이다. 가상성은 현재를 벗어나 미래와 과거로 가버리는 게 아니라, 미래와 과거로 가되 현재로 돌아오기 위한 몰입이다. 가일마을은 가장 온전하게 남아 있는 과거몰입의 가상공간이다. 디즈니랜드처럼 현실과 동떨어진 일시에 만든 인조공간이 아니라, 가일마을은 자연과 인간이 함께 건설한 현실 속의 가상공간이다. 이 가상공간은 멋진 자연의 무대 위에서 현실 속에 살아 움직였던 실제의 배역들이 생존과 가치를 위해 집단창작의 시나리오를 써 가며 긴 시간 동안 자신의 삶을 만들어 갔던, 그리고 그 흔적이 가감 없이 남겨진 안동의 블랙박스다.

2. 가일마을, 풍산들 '가'에서 숨은 듯 홀로 의연히 서다

이제 안동이 비장하고 있던 과거몰입의 가상공간이자 과거의 안동을 생생하게 기록한 안동의 블랙박스를 소개하고자 한다. 먼저 이 가상공간의 이름, 자연이 마련해 놓은 삶터, 자연 세트장에 설치한 인조의 공간 등이 어떤 의미를 가지는지 추적해 보고자 한다. 가일마을이 몇 겹으로 중첩된 과거로의 여행을 가능하게 해주는 타임머신이 될 수 있는지 또는 가일마을 자체가 과거몰입의 가상공간이 될 수 있는지 알아보자. 이 가상공간의 이름은 '가일佳日' 혹은 '가곡佳谷'이고, 옛 이름은 '지곡枝谷'이다. 수곡 권보(1709~1788)의 『견한록遣閑錄』에 "지枝와 가佳는 지역에서 읽는 음이 같으므로 지곡 또는 가곡으로 부른다"고 하였다. '지枝와 가佳는 지역에서 읽는 음이 같다'라는 말은 쉽게 풀 수 없는 수수께끼다. 이 수수께끼를 푸는 것이 가상공간으로 들어가는 열쇠가 아닐까 생각한다. '음'이 같다는 점이 문제를 푸는 실마리로 보인다. 그 동일한 음가는 '가'라는 소리일 것이다. '지枝'는 나무의 '가지'를 말하는데 그때의 '가'와, 가일의 '가'가 같은 소리라는 것이다. '지枝'와 '가佳'라는 한자는 순 우리말 '가'의 음가를 서로 다르게 표현한 두 가지의 용례일 뿐이라 본 것이다.

이때의 순수한 우리 소리로서 '가'라는 음가는 무슨 뜻일까? '가장

자리' 또는 '끝부분'을 뜻하는 '가'라고 판단된다. 그러면 무엇의 가장 자리라는 뜻일까? 풍산豊山(혹은 드넓은 풍산들)의 가장자리일 것이다. 드넓은 풍산들의 가(가장자리, 끝자리)에 있는 골짜기마을로서 '갓골' 혹은 '가의 골'이 '가지골'로, 때로는 '가일 골'로 읽었고 한자표기로 '지枝' 또는 '가佳'로 대치되지 않았을까 생각한다. '가의 골'에서 소유격은 받침소리 '-ㅅ'이거나 '의'인데, 받침소리 '-ㅅ'이 강하게 읽혀 '가ㅅ+ㅣ' 혹은 '가ㅈ+ㅣ'로 되고 다시 '가지'로 변했음 직하고 소유격 '의'는 '일'로 소리될 수 있었을 것이다. 앞의 '갓골'이 '가지골'로 바뀌고 한자로 '지곡枝谷'으로 표기될 경우에 '가지'(枝)라는 뜻은 원래의 소리 '가'의 뜻(가장자리)과 크게 다르지 않다. 풍산들의 가장자리에 있는 골짜기마을이나 풍산들의 곁(끝)가지에 있는 골짜기마을이나 마찬가지로 볼 수 있으므로 더 오래된 한자표기로 지곡枝谷이 쓰였을 것이다. 뒤의 것은 '가의 골'이 '가일 골'로 읽히다가 한자표기로 '가일佳日' 혹은 '가곡佳谷'으로 분화되었다고 보인다. 가일마을을 한자로 지곡枝谷, 가일佳日, 가곡佳谷 등 서로 다르게 표기했더라도 한자의 뜻을 중심으로 표현한 것이 아니라, 가장자리를 뜻하는 우리 말소리 '가'를 중심으로 나중에 다르게 표현했다고 본다. 한자로 다르게 표기된 다음 그 표기에 따르는 한자의 뜻이 부가되어 가일마을의 자연환경적 의미가 새로 보태진 것으로 보인다. 이를테면, 가일佳日로 표기하여 놓고 "가일마을은 넓은 풍산들 너머 아침 해가 솟아오르는 모습이 아름다워 이렇게 부르게 되었다"고 한다든지, 가일마을을 지곡枝谷이라 부르는 까닭은 "정산井山의 골짜기가 나뭇가지를 뻗은 것과 같다"거나 "학가산이 소산을 거쳐 구담으로 뻗어 내려가다가 정산에서 가지를 내는 것과 같다"고 하는 해석이 그러하다. 조금만 이치를 궁구해 보면, 같은 마을을 두고 서로 의미가 통하지 않는 다른 한자 표기를 사용하는 어색함을 알 수 있을 것이다. 또 가일佳日을 보통 가곡佳谷이라 표기한 것은 '뜨는 해'(日)와 이 마을이 아무 관계가 없음을 드러낸다.

가일마을이라는 역사의 가상공간에 들어가는 관문은 가일마을이란 이름이 '넓은 풍산들의 가장자리에 있는 골짜기 마을'이라는 뜻을 가진 우리 소리 '가'에서 비롯되었음을 알 필요가 있다. 이 사실은 많은 의미를 함축하고 있다. 가일마을을 '풍산'을 중심으로 바라보고 있는 동시에 '풍산'과 연결시켜 보고 있기 때문이다. 나아가 안동지역에서 '풍산豊山'을 바라보고 있는 입장과도 밀접한 관계를 가진다. 우스갯소리로 "안동사람들은 풍산들이 세상에서 가장 넓은 들인 줄 알고 있다"는 말이 있다. 물론 안동사람들의 좁은 소견과 폐쇄적 태도를 희화시켜 비판하는 말이지만, 이 지역의 자연지리에 대한 세계관이 내재된 말이기도 하다. 백두대간이 태백산과 소백산을 두 축으로 하여 반도의 동남지역을 울타리처럼 감싸고 그 안쪽으로 크고 작은 맥을 써레의 갈퀴처럼 뻗어 내며 그 사이에 깊은 산악의 골짜기 물을 훑어내 낙동강으로 흘려낸 곳이 경상북도 북부지역, 곧 안동지역이다. 안동지역의 삶터는 낙동강 줄기가 크게 휘도는 지역 곳곳에 충적된 작은 농지지역이거나 태백산과 소백산이 뻗어 낸 산맥의 기슭과 그 사이를 빠져 나오는 계곡물의 합류지점에 간간이 마련된 소규모 평지지역이다. 그래서 안동의 유서 깊은 전통마을은 낙동강과 반변천 줄기에 붙여 있거나 아니면 학가산·천등산 산줄기의 기슭에 있다. 어쨌거나 안동지역은 태백산과 소백산이 뻗어 낸 산맥 사이에 있는 산간지역이므로 넓은 농지가 있을 수 없다. 이러한 산악지역에서 안동부의 지척에 있는 풍산의 들은 실제 이상의 의미로 다가올 수밖에 없었을 것이다.

이 들(野)은 안동지역 사람들에게 엄청나게 '넓은' 것이었고, 너무나 '풍요로운' 것이었다.

그런데 왜 '풍요로운 들'(豊田, 豊野)이라 하지 않고 '풍요로운 산'(豊山)이라 했을까? 여기에 이 지역 사람들의 생활환경적 세계관이 반영되었다고 보인다. 평지의 넓은 들조차 산山의 한 형태로 보이는 것은 대부분의 농지가 산기슭에 간신히 일궈 낸 비탈진 터거나 산과 산 사이에 끼워진 좁은 평지로서 산의 연속체였기 때문이다. 산에서 물을 얻고 산에서 목재, 땔감, 나물, 약, 대용식량을 채취하며 곡식조차도 산기슭을 활용해 농지를 마련하기 때문에 모든 물산은 들이 아니라 산에서 얻는다고 생각한다. 산에서는 가꾸지 않고도 얻을 수 있지만, 들에서는 인간의 노력으로 가꾸는 것만을 얻는다. 산에서는 물을 얻지만 들에는 물을 대야 한다. 산은 자연이지만 들은 인공이다. 산은 바람을 막아 주고 온기를 보존해 주지만, 들은 비·바람·눈 등 하늘의 기운에 그대로 노출될 뿐만 아니라 그 기운을 더욱 거칠게 만들어 준다. 장막이 없는 대양의 여름 기운이 농축되어 태풍이 만들어지는 것이라든지 미국 남부의 넓은 평원을 거치는 기운이 강화되어 무서운 회오리바람이 만들어지는 것은 그러한 사례다. 산은 천기天氣를 받아내 적절하게 누그러뜨리는 지상의 안테나요, 모니터(조절기)인 셈이다. 산악지역에 사는 이 지역사람들에게 산은 인간의 식생과 주거를 제공해 주는 근원일 뿐 아니라 하늘과 땅을 매개시키고 조절하는 운영자인 것이다. '산山'이야말로 삶의 뿌리라고 여긴 안동사람들은 풍산의 들을 산의 연장으로 보고 응당 '풍요롭고 넓은 산'이라 불렀던 것이다. 이 드넓은 풍산들을 중심으로 풍동, 풍서, 풍남, 풍북으로 풍산현을 나누어 부를 만큼 이 들은 이 지역의 중심이 되고 있다.

안동사람들은 풍산들을 강물이 만든 충적평야나 산 사이에 있는 분지가 아니라 하나의 독립적인 산으로 본 것이다. 물론 실질적으로는 충적분지다. 이 특이한 형태의 풍산에 잇대어 있는 산이 바로 가일마을의 정산鼎山이다. 풍산들에서 볼 때, 가일마을 뒷산인 정산은 널찍한 평지의 끝자락에 붙어 있는 대臺 위에 두 봉우리를 적당히 벌리고 우뚝 솟아 있는 가마솥 형상을 하고 있다. 서쪽 하늘에서 동쪽을 내려다보거나 정산의 꼭대기에서 동쪽 들을 보면, 풍산들의 그 풍요로운 들판은 정산의 가마솥에 가득 채운 시루떡으로 보이지 않을까? 이렇게 본다면, 가일마을은 단순히 풍산들의 가장자리에 붙어 있는 골짜기마을이 아니라, 풍산들을 떠받치고 그 생산물을 가마솥에 채우려는 풍산들의 주인노릇하는 위치를 차지한 곳이 된다. 풍산들의 수평적 공간과 두 봉우리가 수직으로 솟아오른 정산은 드넓은 들판의 끝자락인 '가'(가장자리)에서 비로소 '수평과 수직의 교직선'을 가지게 되고 풍산들과 가일마을이 주객의 관계를 설정하게 된 것이다. 풍산들의 수평적 한계선에서 수직으로 상승한 정산의 자락에 자리 잡은 가일마을은 '가'를 중심축으로 풍산들과 마을의 관계를 만들었던 것이고 그 감추어진 뜻을 마을이름에 지니고 있다고 본다.

▼ 두 봉우리가 삼태기처럼 감싸 안은 가일마을 전경

3. 가일마을의 격조 높은 고립성, 정산과 가일못이 돕다

　가일마을이 풍산들과 맺는 수평과 수직의 관계, 혹은 주객의 관계는 풍산들의 한계선인 '가'에서 이루어진다고 보지만, 이런 논리는 그대로 소산마을에도 해당된다. 사실 소산마을에도 가일마을과 마찬가지의 기운이 도사리고 있다. 두 마을을 비교해 보면, 소산마을이 풍산들 가운데 소산마을 앞의 매곡천을 경계로 그 앞쪽 들판과의 관계만을 가지는 데 비하여 가일마을은 풍산들 전체와 관계를 맺는 점에서 더 주도적이라 할 수 있다. 가일마을은 매곡천의 서쪽인 화산과 마주하는 영역만 바라보고 있지만, 이 경우 가일마을과 풍산들의 관계라기보다 정산과 풍산들의 관계를 말하기 때문이다. 또 소산마을이 풍산들을 거의 같은 높이에서 조망한다면, 가일마을은 더 높은 대 위에서 내려다보고 있기 때문에 넓은 들판의 수평적 기운을 제압하는 수직적 상승기운이 더 세다는 점에서도 그렇다.

　그러나 소산마을이 풍산들에 자신의 모습을 고스란히 드러내고 있는 반면, 가일마을은 자신을 감추고 있다. 이것은 가일마을 사람들의 성격을 이해하는 암호문 같은 역할을 한다. 자신의 모습은 남에게 잘 드러내지 않으면서 풍산들의 넓은 광경을 한눈에 살필 수 있는 위치는 부지불식간에 마을 사람들의 행동양식과 심성에 일정한 영향을 준다. 가일마을은 아는 사람만 찾을 수 있고 갈 수 있다. 바로 옆을 지나면서도 그곳에 마을이 있는지조차 알 수 없다. 사통팔달하는 이동로에 접근해 있고 드넓은 들판에 붙어 있어도 쉽게 다가갈 수 없는 곳이다. 탁 트인 시야에서도 발견하기 어렵고 넓은 길이 있어도 가지 못하는 곳은 그들의 의도와 관계없이 남들이 가까이 갈 수 없고 잘 알 수도 없으며 심지어 오해할 수 있게 한다. 이것은 일종의 고립성이다. 스스로를 남들로부터 고립하려고 해서 그런 것이 아니라 남들의 무관심과 오해가 빚은 고립성이다. 무관심과 오해에서 비롯된 고립성은 때로는 억울하다. 이런 억울함을 극복하는 방법은 자신을 더욱 굳건히 다지려는 피나는 노력과 자기들끼리의 연대성을 강화해 나가는 수밖에 없다. 또 남들의 일에 가능한 한 개입하지 않으려 할 수밖에 없다. 그러나 이러한 대응은 악순환하게 되어 고립과 오해를 더욱 증폭시킬 수 있다. 화산 권주 부자와 병곡 권구의 수난이나 권준희, 권동직, 권오상, 권오설, 권오운, 권오직 등 가일출신 지식인들의 독립운동과 사회주의 운동에 따른 박해는 안동지역의 다른 마을보다 더 극심했다. 이러한 수난과 박해는 권력투쟁이나 도덕적 범죄에서 오는 것이 아니라 오히려 높은 도덕성과 사회적 정의에 따른 것임에도, 그리고 정치권력에 무관심하고 파당적 논쟁에 불개입했음에도 불구하고 일방적으로 받은 것이었다. 가일마을 사람들은 그러한 수난과 박해로 말미암아 안으로 더욱 다지며 오랜 인고의 세월을 버텨 나갔다. 이러한 대응은 정산의 뛰어난 장풍국에 걸맞게 정신적 면에 있어서나 행동거지에 있어서나 매우 격조가 높았다. 어쨌든 가일마을이 가지고 있는 자연지리적 생활환경의 고립성과 그 고립성에 말미암은 주변의 무관심과 오해가 그러한 수난과 박해에 영향을 끼쳤을 것이라고 보는 것은 단순한 상상력의 산물일까?

　가일마을의 이러한 고립성은 가일마을의 수세水勢와도 관련이 깊다. 원래 전통적인 풍수사상에 의하면, 풍수의 원칙은 '물 얻는 것을 우선시하고 그 다음으로 바람을 갈무리하는 것을 살피는 일'이다.(風水之法 得水爲上 藏風次之) 이것은 사람이 살 수 있는 삶터를 볼 때, 물의 공급문제를 가장 중요한 것으로 보았다는 뜻이다. 그러나 산악지대인

▲ 가일못둑에서 본 정산

우리나라에서는 오히려 장풍藏風을 득수得水보다 더 우선시한다. 왜냐하면, 산지 곳곳에 소규모 마을로 살 경우, 그 정도의 물은 여러 산에서 흘러내리는 물만으로도 충분하기 때문이다. 그러나 대규모의 마을이나 넓은 농지가 있는 곳에서는 수량이 풍부한 물줄기가 필요하기 때문에 '득수'의 문제가 더 중요할 수밖에 없다. 즉 '장풍'이나 '득수'는 풍수에서 가장 중요한 요소지만 자연지리적 환경에 따라서는 우선순위가 달라질 수 있는 상대적인 문제다. 산간오지에 소규모 마을과 소규모 농업생산기반을 가진 경상북도 북부지방의 지리적 환경에서는 당연히 '장풍'이 '득수'보다 우선되어야 한다. 반면 비슷한 조건 속에서도 비교적 규모가 큰 도회인 안동부의 경우라면 '득수'를 우선시해야 할 것이다. 이런 관점에서 보면, 당연히 가일마을의 풍수는 '장풍'이 '득수'에 우선한다.

가일마을의 장풍 형국은 그 어디와 비교해도 찾아보기 힘들 정도로 훌륭하다. 아쉬운 것은 득수의 문제가 장풍의 형세에 상응할 만한 조건을 갖추지 못했다는 점이다. 풍수지리학의 원전이라 할 수 있는 『청오경靑烏經』에 "산은 맞이하는 것을 좋아하고 물은 맑음을 좋아하니, 산이 오고 물이 돌면 귀함이 가까이 다가오고 재물이 풍족하다. 산이 갇히고 물이 흘러가면 왕은 붙잡혀 포로가 되고 제후는 망할 것이다. 산들이 조아리며 모이고 물이 구불구불하면 자손이 천억으로 번창할 것이다"(山欲其迎, 水欲其澄. 山來水回, 逼貴豊財. 山囚水流, 虜王滅侯. 山頓水曲, 子孫千億)라고 하였다. 한 마디로 산이 우뚝 솟아 있으면서도 그 안에 사람을 맞이할 터전을 갖추고 물의 원활한 공급이 가능한 곳이 삶터로서 가장 좋다는 것이다. '산이 온다'(山來)는 말은 산이 다른 산과 연이어져 있어야 함을 뜻하고, '물이 돈다'(水回)는 것은 물줄기가 산(삶터로서 마을)의 둘레를 돌아 흘러야 한다는 뜻이다. 이러한 기준으로 본다면, 가일마을은 산이 사람을 맞이하고자 하는 장풍의 형국은 기가 막히게 좋으나 여러 산이 어울려 있거나(山來) 산 주위를 감싸고 도는 물줄기(水回)는 아주 미약하다. 드넓은 풍산들을 감당할 만큼 정산鼎山의 독립적 산세山勢와 형국은 뛰어나지만 그에 비해 산기운의 연대성(山來의 山勢)과 끊임없이 새롭게 제공되는 물기운(水回의 水勢)이 미약하거나 거의 없다는 약점이 있다. 산의 연결성과 바깥으로부터 지기地氣를 끊임없이 끌어오는 물흐름(水回)이 뒷받침되지 못한 점이 가일마을의 고립성을 더욱 두드러지게 했을 수 있다는 말이다.

  그러나 이러한 약점을 보완하고 있는 조건들이 잘 드러나지 않게 자리 잡고 있음에 주의를 기울일 필요가 있다. 우선 수세水勢의 약점은 정산井山과 가일못이 상쇄시키고 있다. 가일마을은 지대가 높기 때문에 바깥으로부터 물의 공급이 불가능하지만, 정산으로부터 공급되는 물만으로 마을사람들이 사는 데 필요한 수량을 충족시키고 있다.

가일마을의 주산인 정산은 두 가지 한자로 표기된다. 하나는 정산鼎山의 표기인데 이것은 앞에서 말했듯이 멀리서 볼 때 가마솥 형상을 하고 있다고 해서 그런 것 같고, 다른 하나는 정산井山의 표기인데 이것은 『견한록』의 "산에 찬 샘이 많아서 정산이라 이름한다"(其山曰井山 山多洌井故名)고 한 것처럼 산에 우물이 여러 개 있어서 그렇게 불렀다고 한다. 정산이 제공하는 물은 마을사람들의 상용 식수에 문제가 없다고 해도 지대가 높은 마을 주변의 적지 않은 농지에 필요한 농업용수를 확보하는 데는 적절하게 대처하지 않으면 안 된다. 낮은 지대라면 다른 곳에서 자연히 이곳으로 흐르거나 아니면 물줄기를 돌려서라도 끌어올 수 있지만, 높은 지대에 있는 이 마을 농지는 정산에서 나오는 물을 모았다가 농사시기에 맞춰 공급하는 자급수自給水의 저장시설이 반드시 필요했다. 그런 까닭에 이 마을에 터를 잡고 농사를 짓기 시작한 때부터 어떤 형태로든 농사에 필요한 자급수 저장시설은 있었을 것이다. 이런 측면에서 보면, 가일못의 초기 축조시기는 정확히 알 수 없으나 마을의 역사와 크게 차이가 나지 않을 것으로 보인다.

가일마을 사람들의 삶에 필요한 식수와 농업수의 자급이 다른 산과 독립해 있다시피 서 있는 정산의 물만으로 가능했던 것은 수분을 축적할 수 있는 울창한 숲 때문이기도 하지만 정산의 지형적 구조가 큰 역할을 했을 것이다. 정산의 지형은 마을에 '서서히' 물을 제공하고 마을에 물을 '모이게' 하며, 모인 물은 마을 밖으로 '쉽게 빠져나가지 못하도록' 하고 있는 모양을 갖추고 있기 때문이다. 다시 『견한록』을 보자. 정산井山은 "동서 양 봉우리가 의연히 서서 (안을) 열어 펼치고 있다"(東西兩峰儼立開張)고 되어 있다. 이 묘사 중에 '동서의 두 봉우리가 열어서 펼친다'고 하는 말은 간단하지만 정산의 지형적 특성을 적절

▲ 유서의 묘에서 본 가일의 좌청룡

하게 표현한 말이다. 정산이 만약 한 봉우리였다면 안으로 들어가도록 휘게 할 수도, 마을을 휘두르듯 완만하게 감쌀 수도 없었을 것이다. 적당하게 떨어져 있으면서도 연결되어 있는 두 봉우리였기 때문에 그 내부를 열듯이 펼칠 수 있었던 것이다(開張). 정산이 높지 않음에도 불구하고 폭을 크게 넓혀 마을을 휘두른 듯 감싸 안은 것은 두 봉우리를 양 어깨로 하고 있기 때문이다. 더구나 동쪽 봉우리가 서쪽 봉우리보다 낮을 뿐만 아니라 약간 뒤쪽으로 쳐져 있기 때문에 마을의 터전도 동쪽 봉우리 기슭 쪽으로 더 깊이 들어가 위로 오르게 했으며 마을의 앞쪽이 자연히 서쪽 봉우리 아래에 있게 만들었다. 전통풍수에서 쓰는 용어로 말하면, 조금 낮은 뒤쪽의 동쪽 봉우리에서부터 뻗어 낸 좌청룡은 완만하게 떨어지며 옷깃(領)처럼 마을의 왼편을 감싸고 있고, 더 높고 약간 앞쪽으로 나와 있는 서쪽 봉우리에서 내려오는 우백호는 완만하기는 하지만 좌청룡보다는 더 높고 급하게 마을의 오른쪽을 역시 옷깃처럼 감싸고 있다. 햇빛이 동쪽에서 떠오르기 때문에 동쪽 봉우리가 낮고 뒤쪽에 처져 있는 것이, 다행스럽게도 두 봉우리 전체를 우리의 시야에 밝고 부드럽게 보이도록 한다. 거꾸로 동쪽 봉우리가 높았거나 앞으로 나와 있었다면 그림자가 서쪽 봉우리를 덮어 마을의 배경정경을 전체적으로 어둡게 했을 것이고 마을의 터전도 그늘진 위쪽으로 올라 갈 수 없었을 것이다. 한 마디로 두 봉우리가 마을을 감싸 안은 모습은 삼태기 형상이라 할 수 있다. 뒤로 비스듬히 삼태기를 세우고 그 속에 자리 잡은 가일마을은 다시 앞에 가일못을 마치 깔때기처럼 놓고 있다. 삼태기와 깔때기를 연결해 놓은 가일마을의 이러한 지형이 식수의 일정한 공급과 농수에 필요한 수량확보를 가능하게 하여 가일마을의 약한 수세를 보완했던 것이다.

4. 정산이 화산을 마주하여 새 힘을 얻다

가일마을의 뛰어난 장풍국藏風局을 뒷받침하지 못하는 허약한 수세水勢를 보완하는 또 하나의 자연 장치는 안국案局이다. 가일마을의 정면에 바라다 보이는 안산案山이 미진한 가일마을의 수세를 드러나지 않게 잘 보충하고 있다는 말이다. 앞에서도 말했듯이 가일마을은 멀리서 보면 풍산들의 수평선에 넓고 우뚝한 축대를 쌓아 올리고 그 위에 있는 것과 같다. 이렇게 높은 지대에 있으면서도 주변에 장애물까지 없으니 가일마을의 어느 위치에 있어도 시야는 멀리까지 미칠 수 있다. 마을의 좌우는 정산 두 봉우리가 늘어뜨린 옷깃과 같은 맥脈이 가리고 있어 옆으로는 볼 수 없고, 볼 수 있는 곳은 남쪽뿐이다. 말하자면, 가일마을의 지형이 마을사람들의 시야를 한 곳에 상시적으로 집중하도록 제한하고 있는 셈이다. 가일마을 사람들의 시야를 일상적으로 채우는 안산은 하회마을의 주산인 화산花山이다.

 화산의 모습을 이야기하기 전에 정산과 화산의 관계를 한번 짚어볼 필요가 있다. 하회마을의 주산인 화산은 어떤 산일까? 하회마을이 너무나 유명하므로 풍수적으로도 하회마을이 자주 입에 오르내리다 보니 자연히 화산도 거론될 수밖에 없다. 하회마을의 주산인 화산이 일월산의 지맥이라고 누가 처음 얘기한 것인지는 모르나 계속해서 같은 잘못을 반복하고 있다. 화산은 일월산의 지맥이 아니다. 풍수의 전문가가 아닌 보통 사람조차도 산맥의 경계는 강이라는 사실을 알 것이다. 이 지역까지 뻗친 일월산의 지맥은 동쪽으로 약산이 있고, 갈라산을 위시하여 낙동강 건너편인 안동시의 정상동 일대의 산이 모두 일월산 지맥이며, 서쪽으로는 병산서원 건너 병산이 그러하다. 이러한 지세는 일월산 맥이 일단 남쪽으로 보현산까지 내려갔다가 그 지맥이 다시 북쪽으로 안동까지 거슬러 온 결과다. 그렇더라도 주맥이나 지맥 어느 것도 강을 건널 수 없다. 더구나 영남의 젖줄기인 낙동강을 뛰어넘을 수는 없다. 화산이 일월산의 지맥이라는 것은 결국 낙동강을 남쪽에서 북쪽으로 뛰어넘었다는 말과 다를 바 없는데 얼마나 어처구니없는 말인가?

 화산은 학가산이 구담까지 뻗어 내려가다가 정산과 검무산 사이에서 뻗어 나간 학가산의 지맥이다. 학가산의 주맥主脈은 서미동을 지나면서 34번 국도 근방에 오면 지평에 거의 가라앉는 것처럼 모습을 감추기 시작한다. 학가산이 풍산들을 바다처럼 여겼는지 잠룡潛龍이 되었다가 소산素山(과거에는 金山이라 하였음)에 이르러 고개를 내밀었다가 잠깐 쉬고 다시 머리를 불쑥 내민 것이 바로 정산이다. 이 정산에서 용은 땅으로 다시 몸을 묻고 용맥을 마무리 지을 곳을 탐색하다가 큰

물기운을 느끼고 느닷없이 왼쪽으로 나아가 낙동강을 발견했던 것이다. 엄청난 수기를 느낀 용은 그동안의 목마름을 한꺼번에 해소하기 위해 조금 성급했던 모양이다. 조급증 때문인지 용은 낙동강에 달려들어 강줄기를 크게 휘돌리며 마음껏 마신 후 한 차례 용트림을 해 솟구쳐 내고 한숨을 쉬었다. 이것이 바로 화산이다. 여기까지 다다른 용맥을 보자. 이 용맥은 태백과 소백산 사이에서 갈라져 나와 옥돌봉, 문수봉, 만리산, 국방봉을 거치고 예고개를 지나 학가산까지 내려왔고, 그곳에서 잠시 머물다가 천등산 한 줄기의 곁가지를 내뽑고, 다시 방향을 동남쪽으로 이어 가다가 정산에서 약간 엉뚱한 방향을 잡고 낙동강에 불쑥 다가간 것이다. 이 용맥은 구담에서 그 유장한 여정을 마무리하게 되는데, 그에 앞서 꺼져 가는 힘을 모아 회광반조回光返照한 것이 하회마을의 주산인 '꽃산'(花山)이다. 평지에 숨어든 소백·태백 태생의 용이 땅 가운데서 솟아오른 샘이 정산井山이라면, 화산은 같은 용이 먼 길을 달려오면서 소진한 수분水分을 해소하고자 낙동강에 다가가서 강물을 휘저으며 듬뿍 마신 다음 쉬면서 단장丹粧한 모습이다. 소백과 태백에서 갈라져 나온 학가산 용맥이 땅 속에서 음기陰氣를(地氣가 음기다) 찾아내 지상으로 퍼 올린 것이 정산이요, 똑같은 용이 소백과 태백의 관할지역에 있는 물을 끌어들인 낙동강의 수기水氣(地上의 음기)를 들이킨 채 느긋하게 휴식하는 모습이 화산이다.

　그러므로 정산과 화산은 동기감응同氣感應의 관계다. 마치 화산이 정산의 부족한 수기水氣를 보충해 주려고 일부러 낙동강까지 쫓아가 한 동이 물을 길어 올리고 보란 듯이 멀리서 되돌아보고 웃는 형상을 짓기 때문이다. 화산은 정산을 향하여 회룡고가回龍顧家(밖으로 나간 용이 본가를 돌아보며 살피다)하고, 정산은 화산을 보고 모룡단장慕龍丹粧

▲ 임향조 권항의 묘에서 본 화산과 가일못

(아름답게 꾸민 용을 보고 흠모하다)하는 모양새다. 이러한 대면의 교감으로 정산은 화산을 통해 늘 새 힘을 얻고 희망을 가진다.

두 산의 동기감응은 얼굴을 마주보는 데서 오는 교감에서만 일어나는 것이 아니다. 눈에 띄지 않는 상하上下의 교감도 있다. 그것은 정산의 수기가 육지에서 솟구쳐 낸 지하地下의 음기인 반면, 화산의 수기는 광활한 영남 북부지역의 계수溪水를 아우른 강물을 퍼 올린 지상地上의 음기다. 정산과 화산은 수기면서도 성격이 다른 지상과 지하의 수기를 교환하며 상보하는 관계를 가진다. 그렇지만 정산의 가일마을에서는 화산을 볼 수 있으나 화산의 하회마을에서는 정산을 볼 수 없기 때문에 두 산 사이의 내밀한 상보성은 등가적으로 볼 수 없다. 일반적으로 계곡의 물이나 여러 물이 섞인 강물처럼 지상을 흐르는 물은 땅 속에서 솟은 깨끗한 샘물보다 훨씬 유동적이다. 즉 지상수는 잡다성雜多性과 유동성流動性을, 지하수는 순일성純一性과 정태성靜態性을 가진다. 이런 관점에서 보면, 가일마을 사람들이 정산의 샘물을 먹고 살아서인지 순일하고 정적인 성향을 가진 반면, 잡다한 것과 어울리며 활동적이라 말할 수는 없을 것이다. 사실이 그런지는 쉽게 판단할 수 없으나 자연환경과의 연관성으로는 이런 짐작이 가능하다는 말이다. 만약 그런 연관성이 사실이라면 화산의 유동적 수기를 도움 받아 가일의 정태성과 비활동성을 극복하는 것은 중요한 의미를 지닌다. 잘 알려져 있듯이 가일마을은 하회유씨의 외손으로 이 마을에 정착하게 되었다. 그 이후에도 가일을 떠났다가 다시 돌아와 가일권씨를 중흥시키는 병곡 권구도 결국 하회의 도움에 힘입은 바가 컸다. 이것은 겉보기에 드러나는 물질적·인적 지원의 문제가 아니라, 가일마을 사람들의 에너지가 약화될 때 하회 여인의 피를 받아 환경에 적극적으로 적응해가는 유동적인 힘을 재충전해 갔음을 의미하는 것이다. 이것이 가일마을의 약한 수세를 화산의 수세(유동적 음기)가 드러나지 않게 보완하고 있는 사례라 말한다면, 풍수를 빙자한 허언일까?

5. 산 자와 죽은 자의 공존, 과거와 현재의 화해

가일마을의 가장 두드러진 지형적 특징은 정산의 두 봉우리가 삼태기처럼 감싸 안고 마을 앞에 깔때기 역할을 하는 가일못을 두고 있는 점이다. 집터와 농지는 삼태기와 깔때기 사이에 마련된 평지에 자리 잡았는데, 마을의 대체적인 모양은 동봉 쪽의 안쪽 높은 데서부터 서봉(옥정봉) 아래 낮은 쪽으로 휘돌려 있는 말발굽형이다. 옥정봉 아래의 선조묘역을 지나 초등학교가 있는 논동골도 물론 가일마을이나, 이 논동골은 1940년대 풍서초등학교가 세워진 다음부터 마을이 형성되었기 때문에 역사가 그리 오래되지 않았다. 지형상으로 우백호는 선조묘역에서 논동골 뒤를 돌아 노동서사를 거치고 건너재로 이어져 가일못 서쪽을 감싸는 둔덕의 흐름이다. 역사적 전통을 가진 가일마을은 윗마, 큰마, 아랫마라 불리는 지역이므로, 이 기준으로 볼 때 우백호는 옥정봉에서 선조묘역으로 내려와 가일못 서쪽 둔덕을 막바로 잇는 흐름이라 할 수 있다. 좌청룡은 서봉에서 동신당을 거쳐 동산마루를 지나 동구까지 완만하게 낮아지는 맥이다. 한 번 담으면 쉽게 흘리지 않을 듯 삼태기의 좌우를 알뜰하게 에둘러 마을을 그윽하게 담고 있다. 사람의 옷에 비유하면 좌우의 옷깃이 맵씨 있고 원만하게 둘러져 있어 얼굴을 한층 돋보이게 하는 것과 같다. 그런데 마을의 좌우 옷깃에 해당하는 자연의 맥에 가일마을 사람들은 서로 다른 의미와 역할을 설정하고 마을의 역사를 축적시켜 나갔다. 바로 이 점이 다른 전통마을과 뚜렷하게 구분할 수 있는 가일마을의 독자성이라 할 수 있다.

전통풍수에서 말하는 좌청룡과 우백호는 바람을 막아 주면서도 적절한 통풍과 온기를 보존해 주는(藏風) 마을의 자연 보호막인 셈이다. 이때 왼쪽의 청룡과 오른쪽의 백호는 자연의 타고난 기운에 있어서 어떤 차이가 나는 것은 아니다. 물론 기복적이고 술수적인 풍수이론으로 들어가면 좌와 우에 의미와 역할의 차이를 두고 있다. 그렇다 치더라도 그 차이는 자연적인 것이지 인위적인 것은 아니다. 그러나 가일마을 사람들은 우백호를 죽은 자들의 신성공간으로, 좌청룡을 산 자를 위한 발복의 공간으로 하여 위치에 따라 인위적인 의미를 투영하고 그것을 역사적으로 실체화시켰다. 대개의 경우, 좌우에 무엇을 둔다는 것은 가운데를 보호하고 돕고 따른다는 뜻이다. 좌우左右라는 한자에 사람을 뜻하는 사람 '人'을 변으로 취하면, 둘 다 돕는다는 의미로 바뀌는 것도 같은 이치다. 이때, 보통 왼쪽에서 돕는다는 '도울 좌佐'는

▲ 가일선조들 묘역

현실에서 구체적으로 무엇을 돕는다는 뜻이고, 오른쪽에서 돕는다는 '도울 우佑'는 보이지 않는 큰 힘이 모르게 돕는다는 뜻이다. 하늘이 돕거나(天佑) 귀신이 도울 때(神佑) 쓰는 한자와 실질적으로 옆에서 돕는다는 뜻의 보좌補佐라는 한자를 보면 알 수 있다. 가일마을에 입향한 초기의 선조들은 자신들이 죽은 다음에 후손들을 지키고 도와 주는 보이지 않는 힘이 되고자(天佑하고자) 의도적으로 마을의 오른쪽 터에 묻힐 것을 원하지 않았을까 짐작된다. 동시에 자신들의 다짐이 마을사람 모두의 뜻이 되기를 기원했을 것으로 보인다. 마을 가까이 있는 오른쪽 공간을 차지하여 사후에라도 돕겠다는 그들의 발상은 마을사람과 마을 전체를 보호한다는 뜻이다. 만약 직계혈통인 자기의 후손만을 염두에 둔 것이라면 곳곳에 산재한 발복의 터를 잡으면 된다. 여느 전통마을에 가더라도 조상의 묘는 마을 가까이 있지만, 한 가계의 관점만 고려하기 때문에 여기저기 흩어져 있다. 간혹 일정한 구역에 집단적으로 조성되더라도 대부분 일시에 이루어진 것이다. 가일마을처럼 마을의 특정한 공간을 차지하여 지속적으로 이루어진 경우는 거의 없다. 이 사실은 선조묘역이라는 신성공간이 마을 전체의 뜻으로 받아들여졌고 마을사람들은 그 뜻을 집단적으로 실현함으로써 마을의 정신적 연대성을 키워왔음을 의미한다. 산 자의 공간과 죽은 자의 공간을 적절히 분할하면서 한 마을 안에서 공유해 나가고, 또 역사화된 선조들의 뜻을 지속적으로 누적함으로써 마을사람들은 과거와 현재를 화해해 가며 자신의 시대를 역사의식으로 맞이할 수 있었다.

가일마을의 신성공간인 선조묘역은 그 자체가 생생한 마을의 역사박물관이자 자부심이며 정신적 지주다. 동시에 그들을 일정한 궤도에서 벗어나지 못하게 하는 감시자기도 하다. 가일마을 사람들의 신성공간 조영은 발복을 위해 자연의 알 수 없는 힘에 의뢰하는 것이 아니라, 자기들의 터전에 자신들의 염원을 담아 인위적으로 건설한 집단의지의 표현으로서 독특한 마을단위의 역사유적이다. 분묘 하나하나의 의미보다 특정한 공간에 선조묘역을 지속적으로 조영하고자 하는 특이한 사유방식과 노력에 주의를 기울일 필요가 있다. 오늘날 우리의 역사의식은 세계사나 국사나 지방사를 막론하고 거창하고 관념적이다. 자신이 발을 딛고 있는 현실의 자기 역사는 망각한 채 타인의 역사, 타지역의 역사를 개념과 논리로 반복하면서 삶의 교훈을 얻고자 한다. 하지만 역사의 주체는 모든 개인이며, 역사의 궁극적 목적은 자신의 삶을 역사 위에 세우는 것이라면, 역사의 출발은 자기로부터 시작해야 한다. 자신의 삶이 놓여 있는 지점을 올바로 인식하는 것, 그것이 출발점일 것이다. 나의 부모와 이웃, 그리고 나의 삶터를 역사 속에서 바라보면서 현재를 만들어 가고 미래를 내다보며 현재를 가상화할 수 있어야 한다. 가일마을은 과거형이지만 과거의 가일마을은 언제나 현재를 주체적으로 만들어 왔다. 왜냐하면, 그들은 자신의 터에서 자신의 역사를 언제나 역사의식을 가지고 만들어 냈기 때문이다. 마을 안에 건설한 신성공간에 자리 잡은 그들의 선조들이 항상 후손들을 역사의식에서 행동하도록 종용하며 보호하고 감시했기 때문이었다.

가일마을은 과거의 역사공간으로 회향하게 하는 타임머신이자 개인으로 하여금 각자 자기 안의 과거로 몰입하게 하는 가상공간이다. 그것은 가일마을 자체가 살아 있는 과거며, 과거를 기억시키는 표지들의 창고기 때문이다. 더욱 그럴 듯한 이유는 가일마을 사람들은 항상 자신의 과거를 자신의 현재형으로 바꾸어 새롭게 가꾸어 왔고 그렇게 살아왔던 증거들을 삶터에 차곡차곡 쌓아 왔기 때문이다. 가일마을은 한 겹으로 이루어진 동질의 과거가 아니라, 복수의 과거가 중층으로 쌓여 있는 다층구조의 과거다. 그들은 현재를 만들며 현재 속에 과거를 상감하려 했고, 미래를 잉태할 수 있도록 설계했다. 때문에 가일마을의 공간 속에서 만나는 모든 것에서 우리는 현재를 박탈당한다. 그 속에서 나타난 과거는 다시 과거를 거세당하고 과거의 과거로 이행하게 한다. 몇 단계로 거듭되는 과거로의 몰입은 결국 우리의 가상성을 증폭시켜 우리의 현재가 또 하나의 가상세계임을 엿보게 한다. 과거란 지나가 버리는 게 아니라 지금의 삶 속에서 언제나 새롭게 피어나는 현실이라는 것을 깨닫게 해 주는 살아 있는 가상공간이 가일마을이 아닐까? (이효걸)

2장

가일마을의 형성과 변천 과정

1. 가일마을의 지리환경

가일마을이 하회마을의 길목에 자리 잡았다는 것은 가일이 어떤 마을인가를 어림하게 해 주는 가장 두드러진 지표의 하나다. 안동과 예천 간 국도에서 하회를 향해 남으로 틀어 내려오면 낙동강에 못 미쳐서 길은 하회와 광덕으로 갈라진다. 가일마을은 이 갈림길의 서쪽에 있고 마을 뒤로 삼각형의 잘 생긴 봉우리가 보이는데, 이 산을 '정산井山'이라 한다.

마을 뒷산인 정산에 대해서 권보權䋍의 『견한록(遣閑錄)』은 산에 찬 우물이 많아서 생긴 이름이라 하였으며, 또 유창수柳昌壽의 묘비를 인용하여 악정산岳淨山이라 하였다고도 했는데, 유창수의 묘는 영가지永嘉誌에 지곡촌枝谷村 백호白虎 밖 정산에 있다고 되어 있다. 또 영가지의 「풍산현도豊山縣圖」에는 솥정자를 써서 정산鼎山이라 하였다.

가일마을은 이 정산의 남쪽 기슭에 붙어서 앞으로 널찍한 풍산들을 내려다보고 자리 잡았다. 들 앞으로는 낙동강이 구비치는데, 강은 병

▲ 정산 위에서 본 가일 전경. 왼쪽이 가일 마을이고 오른쪽 멀리 보이는 것이 학교가 있는 노동 마을이다. 왼쪽으로 내려가는 능선이 청룡이고, 가일과 노동 사이로 내려가는 능선이 백호다.

산서원 앞을 지나 하회로 구부러져 들어간다. 하회와 가일은 지리적인 관계뿐 아니라 혈연적으로도 긴밀한 관계를 가지고 있는데, 이는 뒤에서 따로 말할 것이다.

가일마을의 주변으로는 하회마을을 비롯해서 소산素山, 구담龜潭, 오미五美, 원당圓塘, 갈전葛田 등 안동사람이면 마을 이름만 들어도 그곳에 어떤 사람들이 살며 과거에 어떤 인물들이 났었는지 훤히 알 정도의 이름난 동성同姓마을들이 몰려 있다. 오늘날 안동 지역을 조사하러 오는 외지의 연구자들은 이 마을들을 빼고는 조사가 불가능할 정도로 이 지역은 안동문화를 대표하는 전통유산을 아직 그대로 보전하고 있다.

이렇게 이 지역이 옛 전통을 유지하며 살 수 있었던 것은 경제적 뒷받침이 가능했었기 때문일 것인데, 그러한 뒷받침은 풍산들을 보면 금방 이해할 수 있을 정도로 이곳은 안동에서 가장 넓은 농지를 보유하고 있다. 풍산들을 마주하는 산기슭에는 여자못, 설못, 가일못 등이

2장 가일마을의 형성과 변천 과정_39

있어 들에 물을 대 주고 있음을 볼 수 있다. 이러한 저수지들은 이미 조선 중기 이전에 만들어진 것들로서 조선조 관개농업의 실상을 알려 주는 귀중한 자료들이기도 하다.

풍산들은 안동과 예천 간 34번 국도 남쪽에서 낙동강에 이르는 동쪽 부분, 그리고 이곳과 매곡천을 사이에 두고 소산·가일·중리·병산 마을이 반원형으로 둘러 쌓여 있는 서쪽 부분으로 나뉘는데, 서쪽의 들판을 대면하고 있는 마을이 바로 가일이다. 풍산들은 낙동강 제방이 축조되기 전까지는 오늘과 같은 넓은 들은 아니었을 것이지만, 안동 일대에서는 가장 넓은 들에 속한다. 토질은 강의 범람으로 만들어진 충적토로서 기름진 농토를 인근 사람들에게 제공하여 안동 지역 제일의 농업생산지로서 손색이 없다.

가일은 두 개의 자연마을로 이루어져 있다. 마을 뒤 정산 주봉에서 남으로 곧게 내려온 나지막한 산등성이를 경계로 동과 서로 나뉜 두 마을 중 동쪽 마을이 소위 '가일佳日'이라 부르는 마을로 두 마을의 중심을 이루고 있다. 서쪽은 논동골 또는 노동魯洞이라고 부르는 곳으로 1818년 병곡屛谷 권구權榘 선생의 학문과 학덕을 기려 사림에서 건립한 노동서사魯洞書社가 있는 곳이다. 노동서사가 건립된 당시에는 이곳에 마을이 형성되지 않았다고 하며 1943년 초등학교가 설립된 후 마을이 형성되어 현재 20여 가구가 있다. 따라서 일제 통치 시기까지의 가일은 동쪽의 가일마을만이 있었다.

마을의 환경은 전형적인 배산임수의 풍수지리적 조건을 가지고 있다. 마을 뒤로는 정산이 병풍처럼 둘러쳐져 있고, 동남쪽으로 풍산벌을 넘어 낙동강이 흐르며, 마을 앞으로는 멀리 하회 뒷산인 화산花山이 마을을 지키고 있다. 마을 좌우로는 정산에서 남쪽으로 내려 뻗은 능선이 마을을 감싸고 있는데, 동쪽으로 내려온 산줄기를 청룡, 서쪽으로 내려온 산줄기를 백호라 하였다. 두 능선이 풍산들과 만나는 곳에는 가일못이 막고 있어서 마을은 마치 보자기로 싸 놓은 듯이 포근한 형국을 하고 있다.

2. 마을 이름의 변화

현재 사용되는 가곡리佳谷里는 행정명칭이다. 가곡리는 가일, 노동, 삼거리, 중리 등의 자연 취락이 있으며, 이 중에서 가일과 노동(논등골)이 본래 가곡의 중심지다. 가곡이란 가일마을을 부르는 몇 가지 이름 중의 하나이며, 행정구역으로 정해지면서 중리 등이 포함되게 되었다. 노동(논등골)은 앞에서 말한 대로 1943년 풍서초등학교가 설립된 후 형성되었으며, 오늘의 가일마을 일부가 되었다. 삼거리는 풍산에서 광덕으로 가는 큰 길에서 가일로 들어오는 입구로 가일의 동구에 해당한다. 중리는 가일과 하회, 광덕 갈래길 사이에 형성된 마을로 좁은 의미의 가일마을과는 구별된다. 따라서 이 글에서 가일마을이라 함은 가일, 노동, 삼거리 등을 포함하는 곳을 말한다.

가일은 옛 문헌에 '가곡佳谷' 또는 '지곡枝谷'으로 표현되어 있다. 지곡과 가곡이란 명칭에 대해서는 권보權補(1709~1778)의 문집 『수곡유고樹谷遺稿』의 견한록遣閑錄에 다음과 같이 나와 있다.

골 안에는 옛날 지곡사가 있어서 마을 이름이 되었다. 혹은 '佳谷'이라고도 하는데 '佳'와 '枝'는 마을에서 부르는 음이 비슷하기 때문이다.

이 기록으로 보아 지곡과 가곡은 같은 음의 다른 표기라고 볼 수 있다. 또 가일佳日이라는 말은 가곡리에 속한 마을 중에서 첫째 가는 마을이라는 뜻으로 붙은 것이라는 주민의 말도 있는데, 근거를 확인할 수는 없다.

그러나 지곡이라는 명칭은 이미 삼국시대까지 그 연원을 찾아 올라갈 수 있다. 즉, 삼국시대 신라에서 풍산은 하지현下枝縣이었으며 통일신라시대에는 예천군에 속한 영안현永安縣이었다. 여기서 하지현의 명칭과 조선시대 가일의 다른 이름이었던 지곡에서 '지枝' 자가 공통으로 있는 것이 주목된다. 두 이름의 연관 여부는 확인할 수 없지만 그러나 다른 지역에서도 삼국시대의 명칭이 조선시대까지 영향을 미치고 있는 것은 흔히 볼 수 있으므로 상호 관련성은 높다고 볼 수 있다. 통일신라 말기 풍산 지역의 원봉이 태조에게 귀순하여 풍산이 순주順州로 승격되었다가 다시 견훤에 함락되자 예천 속의 현인 하지현으로 강등되고 그 후 다시 풍산현으로 이름이 바뀌었다.

이처럼 풍산 전체가 하지현이었고 또 지곡이 하지현과 관련된다면 고대의 가일마을은 풍산 일대의 중심을 이루고 있었을 것으로 추정하는 것도 가능하다. 1602년 편찬 작업이 시작되어 1608년 완료된 안동읍지인 영가지永嘉誌 풍산현豊山縣 각리조各里條에는 지곡촌枝谷村이 보이며 1759년의 여지도서輿地圖書의 안동부 제언조堤堰條에 지동지枝洞池가 기록된 것으로 보아, 당시에는 지동으로 불렸던 것을 알 수 있고 그 후 1789년 호구총수戶口總數에는 가곡리로 표기되었다. 이후 1808년의 안동부여지지安東府輿地志에도 풍서면 가곡리로 나오며, 이는 1895년 행정편제 개혁 당시에는 풍서면의 면소재지이기도 했고 주재소도 이 마을에 있었다고 한다. 1934년에 가일은 풍서면에서 풍천면 관할로

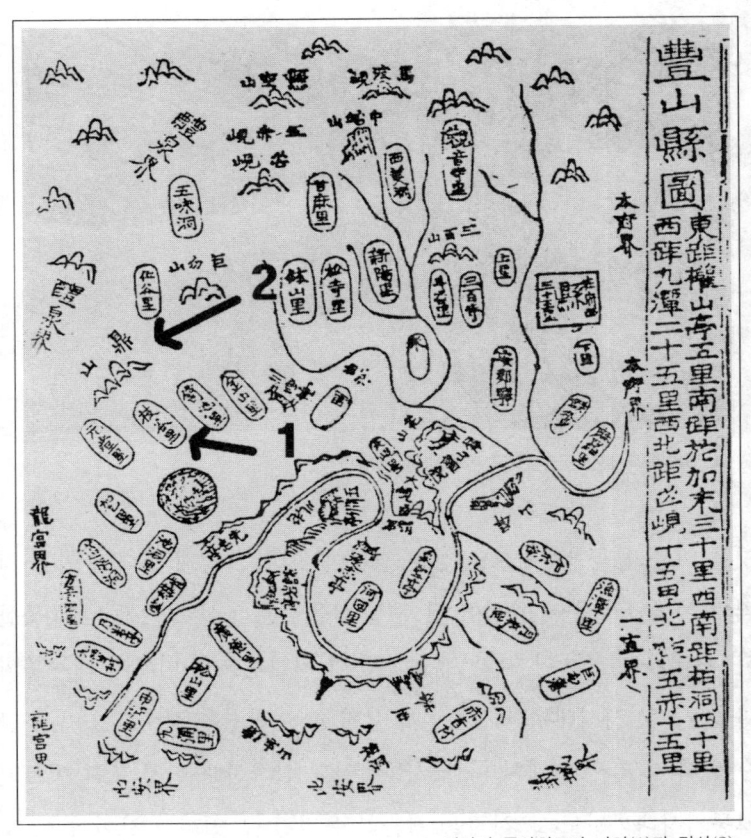

▲ 영가지 풍산현도의 가일(1)과 정산(2)

바뀌게 되며 그 얼마 전에 주재소는 하회로, 면사무소는 하회 가곡 구담의 중간 지점으로 옮기게 되면서 가일은 행정 중심지로서의 위치를 잃게 되었다.

3. 마을의 시작과 신라·고려시대의 가일

일반적으로 동성 마을의 형성을 이야기할 때 현재의 성씨가 정착한

2장 가일마을의 형성과 변천 과정_43

▲ 권보의 묘 옆에 고인돌로 보이는 바위 중 하나

것을 마을의 출발시점으로 삼는 경향이 있다. 그렇게 본다면 안동 지역의 이름난 문중이 중심이 된 동성 마을들은 조선 초기를 넘지 못한다. 그러나 마을들이 자리 잡고 있는 입지환경으로 미루어 대부분의 마을들은 선사시대부터 사람들이 살기 좋은 환경을 갖추고 있음을 알 수 있다. 따라서 현재의 마을들은 적어도 삼국시대 이전 또는 이르면 청동기시대까지도 그 시작을 거슬러 올라갈 수 있다고 보아야 할 것이다.

가일마을 뒷산에 있는 권보의 묘 주변에는 고인돌로 보이는 바윗돌들이 여러 기 눈에 뜨이는 것으로 보아 가일에는 청동기시대에도 사람들이 살았던 것으로 보인다. 또 가일에서 북쪽으로 약 2킬로미터 떨어진 소산마을 앞에는 청동기시대의 무덤인 고인돌이 다섯 기 있는데, 두 기는 매몰되었고 현재 세 기만 대체의 형태가 드러나 있다. 크기는 비교적 소형으로 길이가 2미터 내외 폭은 1미터 내외 두께는 30센티미터 내외다. 이는 고인돌로서는 매우 작은 것인데 안동 지역에는 이처럼 소형 고인돌들이 많다. 또 여기서 약간 떨어지긴 했지만 풍산읍 안교동이나 하리동에는 선돌도 있다. 이러한 유적들로 보아 소산이나 가일을 비롯한 풍산읍 일대에 이미 청동기시대부터 많은 사람이 살고 있었음을 알 수 있다.

이 마을이 오래되었음을 말해 주는 유적으로 지금까지 남아 있는 것으로는 청룡이라 부르던 마을 동쪽의 정산의 줄기 능선상에 있는 약간의 고분들을 들 수 있다. 이 능선은 마을 동쪽에서 풍산들과 마을의 경계를 짓고 있다. 고분들은 이미 도굴이 된 듯 중심부가 꺼져 있고 벽석에 사용된 것으로 추정되는 할석들이 노출되어 있다. 이러한 외부 모습으로 미루어 이 무덤들은 삼국시대 또는 통일신라시대의 것으로 보인다.

다만 주민들에게 전해오는 이야기로는, 고분이 아니라 풍산 쪽 사람들이 이곳을 명당으로 알고 몰래 무덤을 만들었는데 나중에 가일 쪽 사람들이 무덤을 파내고 다시 무덤으로 쓰지 못하도록 하였다고도 하나, 파괴된 고분을 보고 추정하여 만든 이야기로 생각된다. 이곳에서 얼마 떨어지지 않은 하회마을 입구의 야산 능선에서도 삼국시대 고분들의 흔적이 조사된 적이 있어서 이 일대에 삼국시대에도 상당수의 사람들이 거주했음을 알 수 있으며 가일처럼 거주환경이 좋은 곳은 당연히 삼국시대에 이미 마을이 형성되어 있었다고 보아야 할 것이다.

이 고분군에서 능선을 따라 위로 오르면 마치 석축이 무너진 듯한 돌무더기가 넓은 범위에 퍼져 있다. 이 돌무더기들은 성터로 보이기도 하는데 위에는 어떤 작은 건축물이 있었던 흔적도 보인다. 앞에 언급한 『견한록』에는 정산의 동쪽 산줄기가 구부러져 남쪽으로 낮게 내려온 곳을 당고개(堂嶺)라고 하며 숲속에 작은 사당을 지어 마을 사람들

▲ 동쪽 산록의 당집

이 매년 복을 빌었다고 하였다. 지금 고분과 돌무더기의 사이에 돌로 축조한 당집이 있는데 동제가 끊어진 지 이미 오래되었다.

『견한록』에 보면 당고개에서 위로 오르면 석탑이 있었고 지금은 석탑이 있었던 대臺와 대 앞의 계단 그리고 주초석이 있고 인근 농부들이 지곡사枝谷寺 옛터로 추정한다고 하였는데, 그 위치가 바로 돌무더기 윗부분이 아닌가 생각된다. 권보는 1709년에서 1778년까지 살았으니 『견한록』은 18세기 중엽쯤 지어졌을 것인데 그 당시 이미 석탑은 없었지만 오래전부터 그곳이 석탑이 있던 곳으로 전해져 왔을 것이다. 안동 지역에서는 제비원 석불로 알려진 연미사燕尾寺 삼층석탑이나 풍산 막곡리의 석문정 옆 절터의 삼층석탑처럼 산 경사면을 이용하여 작은 절을 짓고 석탑은 그 절 위의 능선상에 세운 예를 여러 곳에서 볼 수 있는데, 『견한록』에서 말하는 석탑이나 지곡사도 그와 비슷한 성격의 사찰로 볼 수 있다. 이러한 기록이나 현재 남은 유적으로 미루어 적어도 나말여초羅末麗初 시기에는 이곳에 소규모의 사찰이 있었을

▲ 지곡사터로 추정되는 곳의 적석

것으로 짐작된다.

　가일마을도 일반적으로는 현재의 안동권씨들의 입향조入鄕祖 권항 權恒이 이 마을에 정착한 것을 마을 형성의 시점으로 잡고 있다. 그러나 권항이 풍산유씨 유서柳漵의 사위로 들어온 것으로 알 수 있는 것처럼 권항이 오기 이전에 유씨가 살고 있었으며 그 외에 순흥안씨도 당시 마을의 주민 구성에 중심축의 하나로 자리 잡고 있었던 것으로 보인다.

　가일이 삼국시대와 통일신라시대에 풍산 일대의 중심적 역할을 했을 가능성이 높다는 것은 이미 앞에서 언급한 바 있다. 또 신라 말 고려 초라는 역사의 전환기에서 승격과 강등 그리고 현의 소속이 안동에서 예천으로 다시 안동으로 이리저리 옮겨지는 수난을 겪는 것을 볼 수 있는데, 그것은 이 지역이 경북 북부의 경제적 중심지였으며 그만큼 전략적으로도 중요한 지역이었다는 데 기인했을 것이다. 앞에서 말한 대로 가일을 말하는 지곡의 '지枝'가 하지현下枝縣에서 온 것이라면 가일은 이미 삼국시대 및 통일신라시대에서도 풍산 지역의 행정적, 경제적 중심지였음은 추측하기 어렵지 않다.

마을의 서쪽 풍서초등학교에서 여자못 뒤로 넘어가는 고개 능선에는 고려시대의 분묘들이 여러 기 분포되어 있다. 최근 이 분묘들이 도굴되어 고려청자와 청동수저 등이 출토되기도 했다. 이러한 분묘들은 일반 농민의 것이라기보다는 적어도 이 지역의 토착세력인 지배계층의 무덤들로 보인다. 곧 이 마을에 이미 고려시대에도 상당한 세력가들이 살고 있었으며 조선시대의 주민들 대부분은 고려시대 이전부터 이 마을에 살고 있던 토착세력이었을 것으로 짐작된다.

노동과 가일을 경계 지어주는 낮은 산(白虎) 능선상에는 풍산유씨 유서의 묘를 비롯하여 많은 무덤이 있으며 일부는 고려시대에 묘의 특징인 방형지대석이 노출되어 있어서 고려시대의 분묘 전통을 가지고 있는 것도 주목된다.

『세종실록지리지』에는 풍산현의 토성으로 김金·임林·유柳·홍洪·강康씨 등이 등장하는데, 이들은 풍산 지역의 향리 또는 호장戶長이나 장리층長吏層이었을 것으로 보인다. 즉, 이들이 고려시대부터 이 지역에 살던 토착지배세력이었다면 가일마을에 남아 있는 고려시대의 분묘들은 이들 중 어떤 성씨와 관련이 있을 수 있으며 15세기 중엽 안동 권씨가 정착하기 이전에 가일에 기반을 가지고 있던 풍산유씨 등은 이미 고려시대부터 가일에 살고 있었다고 보아야 할 것이다.

문헌상으로도 가일의 유씨 입향조는 고려말 유개柳開라는 인물로 알려져 있다. 유개는 고려말기 중현대부中顯大夫로 서운書雲 정正을 역임했다고 하는데, 생몰연대는 알 수 없다. 그는 풍산유씨로서의 하회마을 입향조인 유종혜柳從惠의 숙부다. 따라서 유종혜가 하회로 들어

▲ 고려 말 가일에 자리 잡은 것으로 알려진 유용의의 묘. 봉분 둘레에 방형으로 호석이 둘려져 있다.

가기 전에 가일에 정착했을 것으로 추정되고 있다. 유개는 두 아들이 있었는데 장자인 을지乙枝는 도양리로 갔고, 둘째 아들인 용의龍義와 그 후손들이 가일에 자리를 잡았다고 한다. 이후 가일에 들어오게 되는 안동권씨와 순흥안씨들은 이 풍산유씨 집안의 외손으로 마을에 정착하게 된다. 현재 마을에는 유용의와 그의 아들 유서의 묘소가 있다.

현재 주민들에게 전해지는 바에 의하면, 본래의 가일마을은 현재의 마을이 있는 위치에서 약간 위쪽이었다고 하며 지금 수곡종택의 서쪽 산으로 오르는 골목 입구에 있는 선돌은 본래의 마을로 들어가는 입구에 해당된다고 한다. 대체로 선돌은 마을 입구에 세워졌음을 생각해 본다면 이 이야기는 전혀 근거 없는 것은 아닌 듯하다. 따라서 현재 마을주민의 주류를 이루고 있는 안동권씨 일족이 들어오기 이전인 고려 또는 그 이전 마을은 현재 마을의 뒤 언덕 위에 있었을 가능성이 있다.

4. 조선 전기의 가일마을

조선시대에 들어와서 가일마을은 안동권씨가 들어오는 것으로 큰 변화를 맞이한다. 조선 초기의 상속제도는 재산상속에서 아들과 딸의 구분이 없는 자녀균분상속제가 일반적이었고, 제사상속에서도 친손 외손 구분이 없었다. 따라서 당시 마을에 들어온 안동권씨, 순흥안씨 들은 처가 또는 외가를 따라 이주한 경우로 볼 수 있다. 이와 같은 정황은 가까운 하회나 소산 등의 마을에서도 마찬가지였다.

안동권씨가 가일에 처음 들어온 것은 권항權恒(1403~1461)에 의해서였다. 권항은 평해平海에서 출생하여 가일에 사는 유서의 사위가 되어 가일로 온 것으로 보이는데, 구체적으로 언제 가일로 왔고 또 어느 정도의 생활기반을 가지고 있었는지를 보여 주는 기록은 남아 있지 않다.

다만 문과급제 후 교서관교리校書館校理 봉상시奉常寺·성균관주부成均館主簿, 사헌부감찰司憲府監察, 거창현감居昌縣監, 공조정랑工曹正郎, 호조정랑戶曹正郎, 성균관사예成均館司藝 등을 거쳐 마지막으로 영천榮川(오늘의 영주) 군수를 지내다가 임지에서 죽었다. 그가 죽은 후 가일에 묘를 쓴 것으로 보거나 또는 그의 집이 가일에 있었던 것으로 미루어 그가 서울에서 생활하고 있었으면서도 가일에도 어느 정도 생활기반을 가지고 있었음을 알 수 있다. 가일에 있는 권항의 집은 그의 차남인 권건權建(?~1486)에게 상속되었는데, 이는 그의 장자 권이權邇(?~1430)가 서울에서 생활하고 또 죽었기 때문이다. 권건은 이조좌랑을 지내고 평안도사로 나갔다가 가일로 귀향하여 가일에서 죽었는데 이로 보면 초기에 가일의 권씨 문중은 권건의 계통으로 계승되어 왔다고 볼 수 있다.

▲ 권주의 묘에서 바라본 선원강당(권주가 학문을 닦던 곳에 지은 강당)

그러나 권이의 직계 손자인 권질權礩(1483~1545)이 가일로 낙향하면서 가일의 안동권씨 문중은 다시 권항의 직계에 의해서 이어지게 되었다. 권질의 아버지는 권항의 맏손자이자 권건의 조카인 권주權柱(號 花山, 1457~1505)다. 권주는 가일의 권문으로서는 가장 대표적인 중앙관료였으며 당시 벌족閥族인 고성이씨 이측李則의 사위였고 또 대제학 홍귀달(洪貴達)과 사돈을 맺을 정도로 권씨 가문을 명문으로 성장시켰다.

권주는 18세에 진사시에 합격하여 성균유생이 되었는데 그때 남효온, 김용석, 신종획 등과 교유하고 사헌부 지평, 승정원 도승지 등을 거쳐 충청도 병마절도사 경상감사 등을 역임하는 등 화려한 관직생활을 보냈다. 그러나 1504년 갑자사화에 연루되어 평해로 귀양갔다가 다음해에 사약을 받고 죽었다. 중종반정으로 인해 우참찬으로 추증된 후 환장還葬이 허락되어 가일의 정산 서남록에 묘를 썼다. 오늘날까지 권주의 여러 문적과 유물들이 남아 있으며 문서 일체는 보물로 지정되어 현재 한국국학진흥원에 기탁 보관되어 있다.

권주에게는 질礩(1483~1545), 전碩(1486~1521), 석碣(생몰미상), 굉碱(1494~1563) 등 네 명의 아들이 있었다. 그중 첫째인 질과 둘째 전은 모두 사화에 연루되었는데, 질은 아버지 권주와 함께 갑자사화에 연루되어 거제도로 귀양을 갔다 왔으며 다시 가일에서 태어난 동생 전이 기묘사화에 연루되었을 때도 예안에서 귀양살이를 하였다. 전은 기묘사화와 신사사화에 연이어 연루되어 곤장을 맞고 죽었다.

안동권씨 문중에서 가장 많은 벼슬을 하고 중앙 관계에서 크게 활동하였던 권주와 그의 아들들이 살았던 15세기 후반에서 16세기 전반에 이르는 시기는 실상 사화에 연루되어 귀양살이와 가혹한 형벌이 계속되는 수난의 시대이기도 했다. 당시의 어려웠던 상황으로 그들은 가일에서 생활하는 것이 어려워진 듯하며, 더군다나 16세기 말의 임진왜란으로 이들은 가일에서 더 이상 계속 생활할 수 없게 된 듯하다. 결국 가일에서 마지막까지 남아 있던 권굉의 후손 권경행權景行(1583~1651)은 생활기반을 예천 용궁 오룡리로 옮기게 되었으며, 가일마을은 권질이 아들이 없었기 때문에 사위인 안희빈安喜賓과 이원승李元承 등에 의해 외손 쪽으로 유지되고 있었다.

그러나 이처럼 어려웠던 시기에도 권씨 문중은 이 지역에서 여전히 영향력 있는 문중으로서의 권위를 잃지 않고 있었던 듯한데, 그것은 퇴계 이황이 이 시기에 권질의 둘째 사위가 되었다는 사실에서도 알 수 있다. 권질은 그의 동생 권전이 기묘사화에 연루되었을 때 예안에 귀양을 가서 살았는데, 아마도 그때 이황의 집안과 관계를 맺었던 것으로 추정된다. 당시 두 대에 걸쳐 중앙 관계에서 이름을 떨치고 학문으로도 널리 알려졌던 권주의 아들 권질이 예안으로 귀양을 온 것은

▲ 권주와 그 후손들이 살았던 시습재 전경

예안 토착세력으로서의 세력을 키우고 있던 이황 집안에게는 안동의 명문과 인연을 맺을 수 있는 좋은 기회였을 것이다.

용궁으로 나갔다가 다시 가일로 들어오게 된 권씨들은 넷째인 굉의 후손들이었다. 이들은 임진왜란이 끝나고 사회가 어느 정도 평온을 되찾은 후 가일로 재정착한 것으로 보인다.

조선 전기에 가일에 들어온 또 하나의 문중으로 순흥안씨順興安氏를 들 수 있다. 안씨로서 처음 가일로 들어온 사람으로 알려진 안건安建(1448~?)은 풍산유씨 유갑손柳甲孫의 사위다. 안동권씨 입향조인 권항이 유서의 사위로 들어오게 되었으며 유갑손은 유서의 손자이니 순흥안씨는 안동권씨보다 두 대 늦게 들어왔음을 알 수 있다.

경북 북부 지역으로 들어온 순흥안씨들은 고려 후기에 순흥부의 호장을 세습해 오던 향리집안이었고, 이중 안문개安文凱라는 사람의 후손들이 세종왕비인 소혜왕후의 외가로 세력을 떨쳤으나 세조 즉위 후

낙향하여 용궁 예천 풍산 지역에 세거하게 되었다. 안건은 안문개 후손인 안준의 증손으로 시강관, 춘추관수찬, 밀양부사 등을 역임하고 기묘사화에 연루되어 영변에 귀양을 감으로써 관직생활을 마친 인물이다. 가일에 뿌리를 내린 안씨는 안건의 둘째 아들인 안계종安繼宗(1477~?) 계통이며 가일 일대에 많은 토지를 소유하고 있었고, 안동권씨가 연속된 사화의 연루로 인해 가일에서 생활하기 어려워진 시기에 가일의 경제적 기반을 장악하고 있던 것은 아닌가 추측되기도 한다.

안씨들은 안계종의 손자 안경로安景老(1527~1592) 대에 가일과 인접한 여자지동女子池洞으로 이거하여 가일에서의 실제적 연관성은 끊어진 듯하나 나지막한 산등성이 하나를 사이에 두고 있는 지역으로서 음으로 양으로 많은 영향력을 행사했을 가능성이 있다.

5. 조선 후기의 가일마을

앞에서 말한 대로 권경행權景行 대에 용궁으로 이주했던 안동권씨들이 가일로 다시 돌아오게 된 것은 권경행의 손자인 권징權憕(號 井谷, 1636~1698)때다. 그는 유성룡의 증손녀와 혼인을 하게 되는데 그가 가일로 돌아오는 것은 이와 관련 있는 것이 아닌가 추정된다. 그러나 권씨들이 가일에서 다시 자리를 잡고 가문의 면모를 새롭게 일군 것은 권징의 아들인 권구權榘(號 屛谷, 1672~1749)에 의해서다.

그는 이현일李玄逸(號 葛庵)의 손녀와 혼인하고 이현일에게서 직접 수학하여 학문적으로도 지역에서 인정받는 학자였다. 그는 1728년 이인좌李麟佐의 난이 일어나 연루 혐의를 받았으나 조사 후 혐의가 풀렸는데, 이로 인해 그의 집안은 다시 상당한 타격을 입었던 것으로 보인

▲ 가일못 서쪽 언덕에 있는 권구의 묘

다. 당시의 기록으로는 권구의 아들인 권진權縉(號 霽谷, 1697~1777)이 남긴 『황원문견록黃猿聞見錄』이 있다.

권구 이후 그의 아들과 손자들에 의해 학문이 이어졌는데, 아들 권진權縉, 권즙權緝(號 巢谷, 1704~1763), 권보權䎖(號 樹谷, 1709~1778) 삼형제와 권진의 아들 권명우權明佑(號 可齋, 1722~1795), 권상우權尙佑,(號 玉峯, 1726~?)는 뛰어난 학자로 이름을 남겼다. 권구는 또한 마을 입구의 지곡지枝谷池(가일못)를 개축하였다고 하는데, 18세기에 많은 지역에서 저수지나 제방 등이 축조되고 있었던 정황을 구체적으로 보여 줄 뿐 아니라 권씨문중이 가일에서 경제적인 실권을 다시 장악하고 있었음을 보여 주는 사례라 할 것이다.

가일못은 1602년 편찬이 시작된 영가지에 실려 있으니, 적어도 16세기 후반 또는 그 이전에 축조되었을 것이다. 권구의 문집인『병곡집屛谷集』의「지곡폐지설枝谷廢池說」에 보면 지곡의 들이 높은 곳에 위치해 있어서 물을 끌어들일 수 없었기 때문에 농민들이 농사짓기 힘들어 옛날에 마을 입구에 둑을 쌓아 못을 만들고 마을 양쪽의 도랑으로부터 물을 끌어들여 못을 채웠다고 하였다. 또 수원이 풍부하고 둑도 매우 견고하게 축조하여 물이 새 나가지 않고 물의 사용도 절제하였기 때문에 먼 곳까지 물을 댈 수 있었다고 하였다. 이로 보면 가일못은 마을 바로 앞의 경작지를 위해 만들었으나 가일에서 멀리 떨어진 아래쪽까지도 혜택을 주었던 것으로 보인다.

그러나 이 가일못은 권구가 어렸을 적에 큰 흉년이 들어 농민들의 생활이 어려워졌기 때문에 오랫동안 돌보지 않아 거의 폐기되다시피 한 것을 권구의 의지로 다시 개축되었다고 한다. 권구가 1672년생이니 지곡지가 황폐화된 것은 1680년대 정도가 아니었을까 추정된다.

임란 직후 편찬된 『영가지』에 실려 있는 가일 일대의 저수지만 해도 대현지大峴池, 사지笥池, 여자지女子池, 지곡지枝谷池, 곡지鵠池 등 다섯 군데나 된다. 이들은 지금까지도 풍산 일대의 대표적인 관개시설로 활용되고 있다. 이 저수지들은 임란을 전후하여 활발하게 축조되거나 수축된 제언堤堰 같은 관개시설들의 살아 있는 예로서 좁은 지역에 이렇게 많은 저수지가 밀집되어 있음은, 이 지역이 안동 일대의 농경지로서 얼마나 중요한 역할을 담당하고 있었는지를 말해 준다.

조선시대에 들어와 가일마을에는 이상에서 설명한 풍산유씨 안동

▲ 가일못과 못둑 위의 느티나무

권씨 순흥안씨 외에도 여러 성씨가 살고 있었다. 또 광산김씨, 순천김씨, 진보이씨, 인동장씨 등이 있었고, 박朴, 홍洪, 조曺, 정鄭, 배裵, 반潘씨 등 여러 성씨도 문헌에 등장한다. 그러나 마을의 중심 세력을 이루지 못하였기에 이 글에서는 자세한 언급을 하지 않았다.

6. 조선 말기와 일제강점기의 가일마을

조선 말기의 가일은 기록상 커다란 변화를 찾아보기 어려운데 동학혁명 당시에도 큰 피해가 없었다고 하는 것으로 보아 양반계급과 농민들 사이에 두드러진 갈등은 없었던 것이 아닌가 추정된다. 그러나 200여 호가 넘었던 마을이 조선 말기 일제가 침략해 들어오면서 70여 호로 감소되었다는 것은 일제침략기로 들어가는 과정에서 마을의 경제력이 얼마나 급속히 위축되었는가를 보여 준다. 이는 조선 말기에 있었던 환곡 등의 폐해와 일제의 식민지 지배로 인한 착취로 많은 가구가 마을을 떠날 수밖에 없었던 것이 아닌가 추정할 수 있다.

나라가 일제의 식민지로 전락된 후 가일 사람들은 적극적으로 일제에 저항하고 있음을 볼 수 있다. 광복단에 자금을 조달한 죄로 투옥된 권준희權準羲(1849~1936)는 아들 권동직과 손자 권오상에 이르기까지 삼대가 항일투쟁에 나선 대표적인 집안이다. 권오상은 연희전문학생회 간부로 순종 인산일의 만세사건에 관련되어 서대문 형무소에 투옥되었다가 옥사했다. 현재 연세대학교에 권오상의 독립기념유공비가 있다.

권오설權五卨은 1920년대에 신사상연구회, 조선노농총동맹, 조선공산당, 고려공산청년회 등을 조직 또는 활동한 사회주의 운동가로서

1926년 순종 인산일 거사 계획 중 일본경찰에 체포되어 7년형을 언도 받고 옥사하였다. 그의 묘는 가일마을 입구의 공동묘지에 있고 마을 입구 가일못 제방 위에는 2002년에야 세운 그의 기념비가 서 있다. 그가 살던 집은 고가古家 한켠에 채마밭으로 터만 겨우 남아 있을 뿐이다.

가일에서는 이후 사회주의 운동가들이 많이 배출되었는데, 이는 권오설과 같은 초기 사회주의 운동가의 영향을 받은 것에 기인했던 것으로 볼 수 있겠다. 이들에 대한 역사적 평가는 아직 제대로 되지 못하고 있으나 권오설의 평가가 이제 막 시작되었다는 점에서 앞으로 머지 않은 시기에 정당한 평가를 받을 수 있을 것으로 기대된다. (임세권)

3장

가일마을 안동권씨의 정착과 이주, 그리고 혼반

1. 풍산유씨 사위가 되면서 가일마을에 정착하다

18세기 초 광산김씨 김정형金鼎亨이 작성한 『가곡동보佳谷洞譜』를 보면 가일마을 입향조는 풍산유씨 유개柳開고, 이후 풍산유씨와 혼인 관계를 맺으면서 순흥안씨, 안동권씨, 광산김씨 등이 정착한 것으로 되어 있다. 이러한 사실을 입증하듯이 『가곡동보』에 등장하는 이들 성씨들은 입향조 유개와의 친족관계에 기초하여 '柳開七代外孫 ○○○' 등의 형식으로 기재되어 있다. 유개는 서애 유성룡의 6대조 유보柳葆의 아우면서 하회마을 입향조인 유종혜의 숙부인데 고려 말 인물로만 알려져 있을 뿐 생몰 연대 등에 관한 행적은 남아 있지 않다. 『영가지 永嘉誌』를 보면 유종혜는 풍산현 상리에 거주하다가 하회마을로 옮겨 온 것으로 되어 있는데, 유개 역시 풍산현에서 가일마을로 이주했을 가능성이 높다. 유개의 두 아들 중에서 장남 유을지柳乙枝의 후손들은 이웃해 있는 도양리로 옮겨갔고 차남 유용의柳容義로 이어지는 가계가 가일마을에 터를 잡았다.

안동권씨와 가일마을의 인연은 권항權恒(1403~1461)이 유개의 손자(유용의의 아들)인 유서柳湑의 사위가 됨으로써 시작된다. 다만 유서에

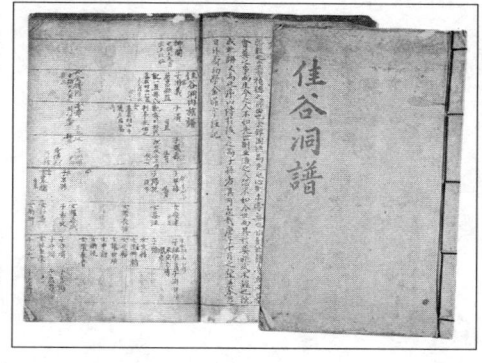
▲ 『가곡동보佳谷洞譜』

게는 아들 3형제가 있었기 때문에 외손봉사는 아니었을 가능성이 높은데, 『풍산유씨세보豊山柳氏世譜』에도 유서의 장남 유봉수柳鳳壽가 혈통을 이은 것으로 되어 있다. 그러나 유봉수의 장남 유갑손柳甲孫에 이르러 아들을 얻지 못하고 외동딸만 두었는데, 이러한 연유로 순흥안씨 안건安建을 사위로 맞아들이면서 외손봉사를 맡긴 것으로 보인다. 『가곡동보』에도 입향조 유개로부터 시작된 풍산유씨의 혈통은 유갑손에서 끝나고 이후의 풍산유씨의 가계는 안건으로 연결되는데, 그는 1474년 문과에 급제하여 춘추관수찬, 밀양부사 등을 역임하였다. 광산김씨의 경우에는 김수金洙가 권항의 맏사위가 됨으로써 가일마을과 인연을 맺게 된다.

이들 기록으로 보아 안동권씨(權恒)는 풍산유씨의 사위가 되면서 가일마을에 정착 계기를 마련한 것으로 보이는데, 다만 외손봉사형태는 아니었을 가능성이 높다. 『가일안동권씨약사佳日安東權氏略史』에도 "권항은 1441년 문과에 급제하여 장인 유서로부터 뒷산과 전답 등을 물려받으면서 가일마을에 정착하였다"라고 되어 있듯이, 당시의 자녀균등 상속관행에 의해 처가로부터 일정 재산을 물려받았을 것이다. 그러나 권항의 행적에서 그 자신이 가일마을에 세거한 흔적은 찾아볼 수 없다. 권항은 강릉판관을 지낸 17세 권심權深과 평해손씨 부인 사이에서 장남으로 태어났다. 「권심처손씨허여문기權深妻孫氏許與文記」(1455~1468년 작성된 것으로 추정됨. 한국국학진흥원 위탁 보관)에 따르면 장남 권항, 딸(사위) 배효장裹孝長, 차남 권종權悰, 딸(사위) 권경행權景行, 첩의 딸(사위) 손자孫自, 장손 권이權邇가 노비를 각각 상속받았는데, 전체 48명 중에서 권항은 13명을 물려받은 것으로 되어 있다. 그 외의 재산에 관한 기록은 없으나 아마도 상당량의 토지도 상속받았을 가능성이 크

▲ 유서의 묘

다. 이렇듯 부친 권심이 평해손씨와 혼인을 하면서 그 일대에 거주했을 것으로 추측되는데, 이는 권심과 아우 권종(진성이씨 李云侯의 장남인 안동 주하리의 두루종가[慶流亭] 李禛의 사위)의 묘소가 울진군 온정면 광품리에 자리하고 있다는 사실에서도 입증된다. 이후 권항은 20살 되던 해인 1423년에 사마시 합격을 하고 그해 풍산유씨와 혼인을 한다. 그리고 1441년에 문과급제를 한 후 교서관교리·봉상시주부·성균관주부·사헌부감찰·거창현감의 외직을 두루 거친 다음 공조정랑·호조정랑·성균관사예 등의 내직을 역임하고 1456년 영주군수榮州郡守로 임명되어 1461년 그곳에서 눈을 감는다. 이처럼 그의 행적을 살펴볼 때 가일마을 세거 가능성은 매우 희박하다고 할 수 있다.

한편 권항이 사망하고 10여 년이 지난 1474년에 작성된 「권이남매화회문기權邇男妹和會文記」(한국국학진흥원 위탁 보관)에 상속재산목록으로 '노비 142명, 가사家舍 3좌座(一直·京中·枝谷), 조租 260석石의 토지' 등이 명시되어 있는 것으로 보아 서울에 집을 마련하여 생활기반으로

▲ 유서의 묘에서 본 가일마을

삼고 있었으며, 가일마을에도 가옥과 토지 등을 소유하고 있었음을 알 수 있다. 또한 권항은 1461년 영주군수로 재직하다가 임지에서 숨을 거두었는데 사후 2년 만인 1463년에 가일마을에 안장되었다. 이로써 어떠한 형태이든 간에 당시 안동권씨가 가일마을에 터전을 잡고 있었던 것은 확실한 듯하다. 그런데 「권이남매화회문기」에 따르면 서울의 가옥은 장남 권이가, 가일마을에 자리한 가옥은 차남 권건權建이 물려받았다. 따라서 차남 권건이 가일마을에 정착하여 살고 있었던 것으로 보이는데, 이는 장남 권이가 함종현령咸從縣令을 사퇴한 후 서울에서 숨을 거두고 가일마을로 반구返柩되었다는 기록(『安東權氏參議公派世譜』)을 통해서도 입증된다.

아무튼 "안씨 터전에 권씨 문중"이라는 언설처럼 유갑손의 사위 안건이 외손봉사를 함으로써 순흥안씨가 일단 자리를 잡게 되고, 이보다 앞선 시기에 유서의 사위로 들어온 권항이 처가로부터 일정 재산을 물려받으면서 정착 터전을 마련한 것으로 보는 편이 타당할 듯하다.

그리하여 가일마을은 순흥안씨와 안동권씨를 중심으로 풍산유씨, 광산김씨 등이 세거하는 동성마을이 되는데, 2005년 현재 98가구 중에서 안동권씨 48가구, 순흥안씨 14가구, 광산김씨 4가구 기타 2가구 등으로 안동권씨가 전체 절반을 차지하고 있으며 풍산유씨는 살고 있지 않다. 특히 『가곡동보』에도 안건의 후손들이 외손의 자격으로 유갑손의 가계를 이은 것으로 되어 있기 때문에 순흥안씨의 외손봉사는 의심의 여지가 없으나, 다만 후대에 이르러 안동권씨 가문이 번창해짐에 따라 마을 내에서 보다 유리한 지위를 차지한 것으로 짐작된다. 그리하여 유갑손으로부터 안건에게 계승되었던 풍산유씨의 외손봉사도 안동권씨가 적극 주관하게 되는데, 이는 권구權榘(1672~1749, 호는 屛谷)의 셋째 아들 권보權補(1709~1778, 호는 樹谷)가 저술한 『수곡집樹谷集』(地)을 통해서 엿볼 수 있다. 「서동중회전도식후書洞中會奠所圖式後」편에 다음의 내용이 있다.

사직공(柳滑)은 현감공(柳容義, 유개의 아들)의 아들이고, 참의공(權恒)은 사직공의 사위다. 이들 세 명이 함께 거주한 마을의 동서東西로 묘소가 마주하고 있으나 불행히도 유씨는 대를 잇지 못하였다. 이 고을에 사는 사람들은 모두 참의공의 내외內外자손이므로 이들 유씨의 후손이기도 하다. 이들 묘소에 풀이 우거져 있는 것을 안타까이 여긴 마을 장로들이 건의하여 참의공 묘소에 벌초하는 날에 이들 묘소에도 의식을 갖추어 제祭를 올리도록 하니 비로소 도道를 갖추게 되었다.

당초 마을사람들로부터 약간의 곡식을 거두어 제祭를 지내는 비용으로 충당했는데 이들 모두 자손이기 때문이다. 그러나 이것은 영구한 대책이 되지 않으므로 경진년庚辰年에 마을사람들과 의논하여 곡식을 다시 거두어 몸소 이를 관리하면서 이식利殖을 늘려 산을 구입하였으며 이후 곡식을 추가하여 제전祭田을 마련하였다. 그리고 자손 중에서 유사有司를 선정하여 이를 주관하도록 하였다.

현재 순흥안씨와 안동권씨는 권항의 장인 유서와 그의 부친 유용의의 외손봉사를 수행하고 있으며, 입향조 유개, 유봉수(유서의 아들), 유갑손(안건의 장인)의 묘소는 실전失傳되었다. 풍산유씨 외손봉사를 위한 위토로는 논 3마지기가 전한다.

2. 사화士禍에 휩쓸리면서 고초를 겪다

가일마을 시습재 종가는 입향조 권항의 손자인 20세 권주權柱(1457~1505, 호는 花山)에 이르러 세거 기반이 크게 흔들리게 된다. 권주는 조부 권항과 부친 권이의 학맥과 가통을 이어 중앙정계에서 왕성한 활동을 한 인물로서 1474년 18살에 진사시 합격을 하고 1480년 문과급제를 하였다. 성종 시절 사헌부지평 등 여러 관직을 두루 역임하고 연산군이 즉위하면서 홍문관직제학, 우부승지가 되었으며 1496년에는 편수관의 자격으로 성종실록 편찬에 참여하기도 했다. 이후 1504년 갑자사화가 일어나자 1482년 폐비 윤씨가 사사賜死될 때 승정원주서로 있으면서 깊이 관여했다는 죄목으로 곤장 70대를 맞은 후 평해로 유배되었다. 이듬해 1505년 6월 13일 사약이 내려져 평해에서 숨을 거두고 남편에게 사약이 내려졌다는 소식을 전해 들은 부인 고성이씨는 높은 누에서 뛰어내려 자결하였다.[1] 이후 권주의 시신은 가일마을의 주산인

---

1) 權紳, 『樹谷遺稿』, 「見閑錄」.

정산井山에 안치되었다. 또 당시 권주의 장남 권질權礩(1483~1545, 호는 四樂亭)은 거제도로 귀양을 가기도 했다. 이처럼 권주의 불행했던 삶은 이현일李玄逸(1627~1704, 호는 葛庵)이 지은 「신도비명神道碑銘」(權柱, 『花山先生逸稿』)에도 잘 드러나 있다.

    연산 갑자에 사화가 일어나 평해로 귀양을 갔다가 이듬해 6월 13일에 사형이 명해지자 스스로 시를 지어 오로지 충정으로 나라에 몸을 바쳤다는 사실을 말하고는 놀라고 두려워 떠는 기색이 조금도 없었으니 운명에 임하여서도 이같이 조용하였다.…… 선비가 기회를 얻지 못하여 재능을 펴지 못하는 것과 죽어서 이름을 남기지 못함을 가슴 아프게 여기는데 선생은 초년에 모든 뜻을 이루어 이름이 드러났으나 만년에는 절의로 인해 시대의 불길함을 만났구나.

    이현일은 권구의 부인 재령이씨의 조부다. 권구는 이현일의 아들 이의李檥의 딸과 혼인했으므로 이현일에게는 손서가 되는 셈이다. 권주가 세상을 뜬 지 약 200여 년이 지난 어느 날 7대손 권구는 선조 권주의 유고를 모아서 책을 간행하게 되는데, 이때 이현일을 찾아가서 신도비명을 써줄 것을 간곡하게 부탁한다. 당시의 상황을 이현일은 다음과 같이 회고하고 있다.

    공公의 후손 구榘가 찾아와서 말하기를 "우리 선조가 횡액에 걸려 참화를 당함으로써 유문 등이 유실되어 증빙할 길이 없습니다. 이번에 증작贈爵의 혜택을 입게 되었으므로 마땅히 비석에 사유를 새겨 두어 후세에 길이 알려야 하나 불행히도 조부와 부친이 잇달아 세상을 떠나신 탓에 지금까지 묘소를 표시하지 못했습니다. 지금 이 일을 하지 못하면 유명

幽明에 큰 죄가 될까 두렵습니다. 부디 이를 애석히 여기시고 명銘을 써 주시기 바랍니다"라고 하였다. 여러 번 사양하다가 이기지 못하여 마음에 느낀 바를 돌에 새기노라.

권구는 유고집 간행 후기에서 "선조(權柱)가 갑자甲子에 화를 당하시고 수찬공(權礩, 권주의 차남)이 기묘에 화를 입어 양대兩代가 참혹한 고초를 겪음으로써 모든 이로 하여금 몇 대를 지나고도 눈물을 흘리게 했는데, 하물며 그 자손 된 자는 오죽하리오"라고 적고 있다. 또한 자손 된 도리로 마땅히 선조의 행업을 길이 남겨야 하지만 "가문이 전복되고 화가 끊이지 않아 자손의 핏줄로 오늘날까지 이어온 것도 다행인데 어느 겨를에 이러한 것들을 간직하겠는가?"라고 잇따른 화로 인해 선조들의 기록을 제대로 보존하지 못했던 가문의 불행을 한탄하고 있다.2)

선조께서는 불행한 때를 만나시어 억울함을 당하셨으나 마침내 병인년(1506)에 누명을 벗고 벼슬을 회복하여 작위가 주어졌습니다. 이를 묘도墓道에 드러내어 길이 찬양함이 마땅하나 집안의 잇따른 화禍로 뜻을 이루지 못했습니다. 지금 때를 놓치면 뒤에도 반드시 이루기 어려울 것이므로 종인宗人들이 뜻을 합하고 힘을 모아 대가大家로부터 비명碑銘을 얻고 재물을 거두어 돌을 들여왔습니다. 또 퇴계 선생은 성묘하여 시를 남기어 덕행을 기렸는데 이를 왼쪽 곁에 함께 새겨 넣었습니다.3)

후손들이 뜻을 모아 재물을 거두어 묘비로 세울 돌을 마련한 후 이

---

2) 權榘, 『屛谷先生文集』, 卷8, 「書先祖花山先生逸稿後」.
3) 權榘, 『屛谷先生文集』 續集 卷2, 「先祖花山先生墓道立石告由文」.

곳저곳으로 묘비명을 받으러 다녔던 당시의 상황을 설명하고 있다. 또 권주의 손서였던 이황이 묘소를 참배하고 나서 쓴 시를 묘비에 함께 새겨 두었다고도 덧붙이고 있다.

명이明夷로 난을 겪은 것이 어찌 운명이 아니라 할 수 있겠는가? 무성히 우거진 송백 사이로 푸른 연기 가득하구나. 절행節行은 후대에 길이 남을 터이나 문장은 전하지 않아 천고의 한恨이 되네.
1563년 한식일에 지음4)

1506년 중종반정으로 연산군이 물러나자 권주는 의정부우참찬 겸 홍문관대제학으로 증직되었고, 장남 권질은 현릉참봉에 제수되었다. 또한 차남 권전權磌(1486~1521)도 현량과賢良科에 발탁되어 조광조와 함께 개혁정치에 참여하기도 했다. 그러다가 당시 홍문관수찬으로 있던 권전은 1519년 기묘사화가 일어나자 파직을 당했으며, 1521년 신사무옥 때는 곤장을 맞다가 형장에서 죽음을 맞이했는데 이로 인해 시신도 제대로 거두지 못했다고 한다. 이러한 소용돌이 속에서 권전의 부인 광주이씨는 관비官婢로 끌려가는 불행을 겪고, 권전은 사후 200년이 지난 1746년 부제학에 증직된다. 아우인 권전이 사화에 휘말렸을 때 권질 역시 예안으로 유배되어 9년간을 보냈다. 집에 남아 있던 권질의 어린 딸은 부친이 예안으로 귀양을 가고 숙부는 형장에서 숨을 거두고 숙모는 관비로 끌려가는 참극을 보고는 정신이 혼미해진 것으로 전한다. 당시 예안에 살고 있던 퇴계 이황李滉은 권질의 이러한 상황을 안타까이 여겨 자주 찾아가서 위로를 하곤 했는데, 어느 날 권질이

---

4) 權柱, 『花山先生逸稿』, 「題墓道詩」.

"자네가 아니면 정신이 혼미해진 딸(차녀)을 맡길 사람이 없네. 자네가 좀 맡아 주게"라는 부탁을 하였다. 이에 이황이 흔쾌히 승낙하여 권질의 딸을 둘째 부인으로 맞아들였다. 이황은 21세 되던 해 김해허씨에게 첫 장가를 들었는데, 김해허씨는 아들 형제를 남겨 놓고 7년 만에 세상을 떠난다. 이때 장남이 5세, 차남이 겨우 한 달 되었을 무렵이다. 그는 그로부터 3년 후에 권질의 둘째 딸 안동권씨를 부인으로 맞이한 것이다.

가일마을 안동권씨 시습재 종가는 "7대 동안 금부도사가 세 번 찾아온 영남의 유일한 집"으로 알려져 있다. 갑자사화에 휘말린 20세 권주, 기묘사화 때 화를 입은 21세 권전, 그리고 27세 권구가 1728년에 겪은 이인좌의 난 때 금부도사가 찾아왔다는 것이다. 권구는 이인좌의 난 당시의 상황을 '무신록戊申錄'이라는 제목으로 상세히 기술하고 있다.5)

정미丁未년(1727) 봄부터 산적설이 돌고 있었는데 이윽고 무신戊申년 (1728) 3월 3일에는 전국에서 한차례 소동이 벌어졌다고 한다. 사람들이 말하기를 안동사람 가운데 산적들과 어울리는 이가 많으며 그 이름이 거론되기도 한다. 그러던 중 3월 12일 어둠이 내릴 무렵 홀연히 말달리는 소리가 들려 문을 열고 내다보니 말을 탄 4·5명의 장정들이 서 있고 그 뒤로 군졸들이 50~60명 줄지어 있다. 백마를 타고 있던 자가 말에서 내려 마루로 오른다. 형체가 거대하고 허리에는 긴 칼을 차고 있다. 자리에 앉아 말하기를 "소생은 문경에 사는 이능좌李能佐입니다" 하고는 근간의 소식을 들었냐고 묻는다. 그 행동을 보고 놀랐으나 근일의 풍문을 생각하니 머리털이 솟구친다. 내가 "변방의 산적이야기는 들었다"고 하니, "산적이 아닙니다. 이 같은 일(영조가 경종의 發喪 전에 등극한 것)이

---

5) 權榘, 『屛谷先生文集』, 卷7, 「戊申錄」.

있으니 안동은 예절의 고장임에도 어찌 어르신 같은 이가 베개만 높이 하고 누워 계십니까?"라고 단호하게 말한다. 그 말이 끝나기도 전에 내가 벌떡 일어나 앉으며 "그게 무슨 말이고, 무슨 변고냐!" 하면서 손을 들어 하늘을 가리키며 "내 머리 위에 저 하늘과 같은 이는 곧 우리 왕이시다. 나는 다만 우리 임금이 계신 것만을 알고 그 외는 알지 못한다. 너희가 내 머리를 잘라 가거라" 하면서 목을 앞으로 내밀었다. 적은 칼을 빼어 들고 뒤로 물러서더니 "옛사람도 또한 이 같은 이가 있었는데 어르신은 제1의 의義를 지켰고 우리들의 일은 제2의 의로 떨어졌습니다" 하고는 문을 열고 나갔다.

이능좌가 다녀간 후 권구는 봉정사에서 권덕수를 만나 잠시 이야기를 나눈 후 검제 사숙師叔 김복렴의 집으로 찾아갔는데 그곳에서 이인좌에 의해 청주가 함락되었다는 소식을 듣는다. 이에 풍산 소산의 김인석·김달용 등과 상의한 후 면내 유림들에게 편지를 보내어 병산서원에 모여 창의倡義할 것을 약속한다. 그러다가 초호사召號使 조덕린과 안무사安撫使 박사수가 도착했다는 소식을 전해 듣고 급히 서둘러 안동 향교로 갔다가 이인좌와 내통했다는 혐의를 받고 의금부도사에게 체포되었다.

갓과 망건을 벗기며 옷끈을 자르고 수갑을 채운다. 나는 안무사를 향해 "내가 무슨 죄가 있으리오. 불행히도 헛소문이 있어 이러한 변고를 당합니다"라고 항변하자, 안무사는 "네가 인좌를 아느냐?"라고 물었다. "한번 보았을 뿐입니다"라고 하니, "그 집을 아는가?"라고 다시 물었다. "가세家勢는 알고 있습니다" 하고 답하니, "너와 동명同名이 있느냐"하고 따져 묻는다.…… 죄인을 잡아들이라는 소리가 들리더니 군졸이 황급히 달려들어 계단 아래 꿇어 앉혔다. 뒤를 돌아보니 두 아이들(權縉과 權緝)

이 사람들 속에서 엎어졌다 일어섰다 하면서 눈물을 흘리고 있다. 이윽고 군졸들에게 에워싸여 출발하려 하니, 두 아이가 울고 있다. 내가 이르기를 "해가 하늘에 있으니 나는 반드시 살아서 돌아온다"라고 하였다. 도사都事가 이르기를 "저 아이(權紳)는 글 배우는 자라고 들었으니 돌려보내고 이 두 아이들은 마땅히 구금하여 조정의 명을 기다려 조치하겠다"라고 하니, 내가 "부자父子의 정리情理로 뒤따르고 싶어하는 것이 마땅한데 꼭 구금을 해야 하는가"라고 하자 묶음을 풀어 주었다. 내가 두 아이를 돌아보면서 "너희 둘은 집에 돌아가서 모친을 보필하고 맏이는 당연히 뒤를 따를 것이나 동행을 하지 못한다고 하니 행장을 갖추어서 뒤따라오너라"고 명했다.

그리하여 옹천, 영주, 순흥을 거쳐 죽령을 넘고 충주를 지나 4월 5일 서울에 도착한다. 당시 권구의 장남 권진은 32살, 차남 권즙權緝은 25살, 셋째 아들 권보는 20살이었다. 기록에 따르면 장남 권진만이 뒤를 따르고 권즙과 권보는 집으로 돌아가서 모친을 보필하면서 기다리고 있으라는 권구의 명령에도 불구하고 장남과 차남은 부친을 따랐으며 이후 충주 옥에 갇힌 것으로 전한다. 권구는 「무신록」을 통해 서울로 압송되는 과정과 당시의 심정을 소상하게 묘사하고 있다. 충주를 떠나 서울에 이르렀을 무렵에는

내가 고문을 당하고 능히 몸을 보전하지 못할 것인데, 비록 아이들이 뒤따라오지만 서로 만날 수도 없으니 죽음에 임하여 아무런 말도 남기지 못한다면 내가 원통하게 죽은 이유를 모를 것이다. 그래서 몇 자 적어서 옷소매에 넣어 두려고 했으나 여의치 않아 땅에 떨어져 있는 숯을 주워 옷자락에 적으려고 했지만, 두 손에 수갑이 채워져 있으니 종이와 붓이 있다고 한들 무슨 소용 있으리오. 그때서야 비로소 이런 계획을

세운 내 자신이 우습다는 생각이 들었다.

라고 당시의 급박했던 상황을 회고하고 있다. 서울에 도착한 권구는 4월 9일 의금부로 끌려가서 4월 11일에는 영조 앞에서 국문國問을 당한다.

권구는 수레에 탄 채 대칼을 머리에 쓰고 십자나무에 묶여 단좌를 한 상태로 낭청郎廳을 사이에 두고 영조의 국문을 받는데, 심문은 "이인좌를 만난 적이 있느냐? 1725년 예천 정산서원鼎山書院에서 우연히 만났습니다. 통성명을 했느냐? 나이 차가 많아서 서로 통성명을 하지 않았습니다"라는 식으로 이루어졌다. 오랜 심문 끝에 비로소 "대칼을 벗기고 발과 손의 수갑을 풀어라"는 영조의 명령이 떨어진다. 영조가 내린 판단은 "인좌와 우연히 만난 적이 있으나 대개 보지 못했다고 하는 것이 통상인즉 너는 숨김없이 바른 말을 하니 정직하다"라는 것이었다. 그리하여 5월 초순 비로소 가일마을로 돌아온다.

집에 당도하니 며느리와 딸아이들이 모두 와서 모였는데 꼭 꿈만 같더라. 다만 두 아이(권진과 권즙)가 아직 이르지 못한 게 마음에 걸린다. 내가 집에 이르자 석방을 축하하는 하객이 모여들어 문이 비좁을 정도였고 날이 가면서 20~30명이 넘었으며 하객들의 발걸음이 수개월 동안 그치지 않았다.

4월에 압송되어 약 한 달 만에 집으로 돌아온 셈인데 당시 구금된 사람은 권구, 장남 권진, 차남 권즙, 그리고 노비 4명이었다. 장남 권진의 기록에 따르면 가일마을 그의 고향 집에는 남자들은 없고 부녀자들만 울음으로 지새우고 있었다고 한다.[6] 그야말로 가일마을 안동권씨는 7대에 걸쳐 금부도사가 3번이나 다녀가는 엄청난 불행을 겪은 셈이다. 특히 권구의 7대조인 20세 권주와 그의 아들 권전이 잇달아 겪은 사화로 인해 엄청난 경제적·정신적 타격을 입게 되는데, 이러한 배경에서 안동권씨는 가일마을을 떠나 예천 용궁 오룡리로 터전을 잠시 옮기기도 하였다.

3. 가일에서 오룡리로 이주, 그리고 다시 귀향하다

가일마을에 살고 있는 안동권씨는 권주의 넷째 아들 권굉權硡(1494~?)의 후손들이다. 권주의 장남 권질은 딸만 셋을 두었고 차남 권전은 아들 권희경을 두었으나 손자 권순에 이르러 후사를 잇지 못했고, 셋째 아들 권석 역시 권효충, 권응삼으로 이어지다가 무후가 되었다. 넷째 아들 권굉은 아들 둘을 두었는데 장남 권기남은 외동딸만 둔 탓에 혈통을 잇지 못했고 차남 22세 권의남이 계승을 하였다. 그 후 23세 권호연權浩然, 24세 권경행權景行(1583~1651)으로 이어진다. 그런데 이들 안동권씨는 권경행에 이르러 예천 용궁면 오룡리(지금은 문경시 영순면 오룡리)로 이주하는데, 당시 38살이었던 권경행은 아들 4형제를 함께 데리고 갔다. 장남 25세 권박權博(1607~1661, 호는 九峰)은 14살, 차남 권변權抃은 9살, 셋째 아들 권정權挺은 3살, 넷째 아들 권륜權掄은 첫돌을 갓 넘긴 상태였고, 다섯째 아들 권만權挽은 오룡리에서 태어났다. 그러다가 26세 권징權憕(1636~1687, 호는 井谷) 때 가일마을로 돌아온 것이다.

이들이 오룡리로 이주한 데에는 경제적 이유가 가장 컸던 것 같다.

---

6) 權紹, 『霽谷遺稿』, 卷2, 「黃猿聞見錄」.

권주의 가계를 이어받은 넷째 아들 권굉은 부친과 형제들이 사화에 휩쓸려 참혹한 고초를 겪게 되자 자손들에게 "아예 벼슬길엔 나서지를 말라"는 유언을 남긴다. 이에 권의남, 권호연, 권경행은 과거에 응하지 않고 음직蔭職으로 지내 왔는데, 이로 인해 가세가 점점 기울어짐에 따라 오룡리로 터전을 옮긴 것으로 추정된다. 오룡리는 권경행의 외가 터전인데 권경행의 모친(권호연의 부인)은 오룡리 진주강씨 입향조인 사직공(姜子保) 종가의 종녀다. 진주강씨는 고려 말엽 중시조인 강자보가 당시 오룡리에 세거하고 있던 의령여씨宜寧余氏의 외손봉사를 하면서 정착하게 되었고 이후 천석꾼 집안이 나올 정도로 세력을 크게 확장하였다. 권구의 셋째 아들 권보가 작성한 「용곡리사강당상량문龍谷里社講堂上樑文」7)에 "사당(龍谷祠)을 지을 터를 찾고 있던 중 그 옛날 여余씨가 살던 빈터로 정했다"라는 대목이 있는데, 이로써도 의령여씨의 오룡리 세거를 확인할 수 있다. 이처럼 외손봉사로 들어온 진주강씨는 강응청姜應淸(1497~1569, 호는 三山)과 그의 넷째 아들 강제姜霽(1526~1582, 호는 白石)와 아홉째 아들 강우姜霳(1537~1617, 호는 石峯)를 배향하는 용곡사龍谷祠(龍谷里社)라는 사우를 건립할 정도로 막강한 세력을 행사하고 있었다. 용곡사는 대원군 시절에 철폐되어 지금은 유허비만 남아 있으며 앞서 인용한 권보의 「용곡리사강당상량문」이 전한다. 권경행의 모친 진주강씨는 오룡리 입향조 강자보의 5대손인데, 용곡사에 모셔져 있던 강응청의 손녀며 부친은 강영姜霙(1530~1614)이다.

 이후 진주강씨는 오룡리를 기점으로 인근의 금림리錦林里(작은애; 長

---
7) 權𥴊, 『樹谷集』(地).

▲ 오룡리에 자리한 용곡사 유허비(姜應淸, 姜𩅿, 姜㝢 배향)

隱)와 금포錦浦 등지로 세력을 확장시켜 진주강씨 동성마을을 형성했는데, 지금도 이들 마을에는 진주강씨의 정자, 유허비, 효열각孝烈閣 등이 다수 남아 있다. 현재 오룡리에는 파평윤씨, 개성고씨, 용궁전씨龍宮全氏가 살고 있으며 진주강씨는 5가구 정도다. 진주강씨와 마찬가지로 안동권씨 역시 오룡리를 기반으로 인근 지역까지 세거지를 확장시킨 것으로 여겨지는데, 이와 관련하여 이들 묘소의 위치를 살펴보기로 하자. 안동권씨 오룡리 이주 인물인 24세 권경행의 묘소는 백석산白石山에, 25세 권박은 장은산長隱山에 자리하고 있으며, 26세 권징부터는 가일마을에 묘소를 두고 있다. 또한 권경행의 부친 권호연의 묘소는 풍천 도양골에 위치하고 있는데, 특히 권경행의 윗대에서 오룡리 인근에 묘소를 두고 있는 경우는 없다. 그러므로 권경행에 이르러 오룡리로 이주했다는 사실은 매우 설득력 있는 듯하다. 그런데 권경행의 3형제 가운데 둘째 권덕행과 셋째 권민행의 묘소는 풍천 도양골에 있

▲ 백석산白石山에 자리한 권경행의 묘

다. 권민행(호는 觀澤亭)의 경우 지금은 전하고 있지 않으나 가일 못 서쪽 언덕에 관택정觀澤亭이라는 정자가 있었으며 유원지柳元之(호는 拙齋)가 정기정記를 지었다.8) 이러한 상황으로 미루어 볼 때 당시 권경행만이 오룡리로 옮겨간 것으로 보인다.

　권경행의 아들, 곧 권박의 형제들과 후손들의 묘소 위치를 살펴보면 5형제 중에서 다섯째는 후사가 없고, 첫째인 권박의 묘소는 장은산에 자리하고 그의 아들 권징부터는 가일마을에 위치하고 있다. 둘째 권변과 그의 후손들의 묘소는 백석산 등지에 있으며 32세 권강(1806~1854)부터는 풍산 인근에 자리하고 있다. 셋째 권정과 후손들 역시 오룡리 동마산東馬山에 있으며 27세 권익(1671~1733)부터 단촌·남선면 등지에 자리한다. 넷째 권륜은 권민행에게 양자로 갔으나 묘소는 백석산에 있으며 아들 26세 권열(1638~1696)부터는 풍산 인근에 있다. 이로써 권박의 형제들은 모두 용궁에서 세거한 것으로 추측된다. 이후 권

---

8) 柳元之, 『拙齋集』, 卷10, 「觀澤小亭記」.

▲ 정곡 권징의 묘

박의 장남 26세 권징에 이르러 가일마을로 귀향했는데, 권징의 3형제 중에서 둘째 권회權恢는 백석산에 묘소가 있고 아들 권집權集(1680~1719)부터는 풍천 도양골에 자리한다. 셋째 권협權悏(호는 長隱)과 후손들의 묘소는 장은산에 자리하며 30세 권각(1771~1811)부터는 군위 부계면 대율동(한밤마을)에 있다. 권각의 조부 28세 권괘의 부인이 한밤마을 출신의 부림홍씨인데 아마도 진외가의 인연으로 옮겨간 듯하다. 이처럼 권징이 가일마을로 귀향할 때 나머지 두 형제는 오룡리에 그대로 남아 있었던 것으로 보인다. 권구 역시 숙부 권협을 애도하는 제문에서 "각처로 (형제들이) 흩어져 함께 살지 못하였고 가세는 곤궁하여……"라고 했듯이 부친 권징의 귀향으로 오룡리에 남아 있던 부친의 형제들이 흩어지게 되었음을 밝히고 있다.9) 이재李栽(1657~1730, 호는 密菴)가 지은 권징의 묘갈명에는 "동생과 함께 살지 못함을 한恨으로 여겨 간혹 얼굴을 마주할 때면 눈물을 흘렸다"라고 적혀 있다.10)

---

9) 權榘, 『屛谷先生文集』 續集, 卷2, 「祭季父長隱公文」.

17세기 초엽 오룡리로 옮겨간 안동권씨는 17세기 중엽 권징에 이르러 가일마을로 귀향하므로 오룡리 일대에서 거주한 기간은 불과 50~60년에 지나지 않는다. 그러나 당시 가일마을로 돌아온 것은 권주의 직계 후손, 곧 권주-권굉-권의남-권호연-권경행-권박-권징으로 이어지는 시습재 종가의 직계 혈통들이고, 나머지 권박의 형제와 권징의 형제들은 용궁에 그대로 남아 있었다. 묘소의 위치에서도 확인했듯이 권박의 형제들 중에서 권변과 그 후손들은 용궁에 살고 있다가 19세기 초엽에, 32세 권강·권정의 경우에는 18세기 중엽에, 28세 권서·권륜과 그 후손들 역시 17세기 중엽인 26세 권열에 이르러 비로소 풍산으로 돌아온 것이다. 그리고 권징의 형제인 권협과 그 후손들은 18세기 말엽까지 용궁에 남아 있다가 30세 권각이 군위의 한밤마을로 이주하여 지금까지 세거하고 있다.

이로써 안동권씨가 오룡리에 살았던 실제 기간은 약 2백 년에 이르는 셈인데, 이 기간 동안 안동권씨는 오룡리 일대에서 경제적·사회적으로 세력을 크게 다져 나갔다. 대표적인 예로 권박의 묘소가 자리한 장은산 전체와 권경행의 묘소가 위치한 백석산 일부가 지금도 안동권씨 소유며, 재사齋舍를 비롯하여 상당량의 위토를 보유하고 있는 점을 들 수 있다. 오룡리에서 약 5킬로미터 거리에 자리한 장은산은 금릉1리에 속해 있으며 '작은애(자근애)'로 불리는 진주강씨 동성마을이다. 또한 권경행이 묻혀 있는 백석산은 오룡리에서 약 15킬로미터 떨어진 이목리에 속해 있으며 백포白浦(백석개)로 불리는 능성구씨 동성마을이다. 능성구씨 역시 의령여씨 사위가 되면서 이곳에 정착하여 진주강씨와 함께 외손봉사를 지내 왔다. 이러한 연유로 백석산 중턱에 위치

---

10) 『參議公派金石文集』, 「井谷公墓碣銘」.

▲ 장은산長隱山에 자리한 권박의 묘

한 백석정白石亭에는 진주강씨의 강제(호는 白石)와 능성구씨의 구선윤具善胤이 모셔져 있다. 이후 오룡리·장은·백석 일대는 의령여씨의 외손봉사를 하는 진주강씨와 능성구씨 그리고 진주강씨의 사위였던 안동권씨들이 장악하게 된다. 다만 진주강씨와 능성구씨에 비해 현재 안동권씨의 후손들은 살고 있지 않으나 묘소와 경제적 터전은 예전 그대로 남아 있는 것이다.

오룡리(용궁) 일대 안동권씨의 경제적 기반은 가일마을 경제적 중흥인물이라 할 수 있는 권환權院(1767~1852)의 행적에서도 확인된다. 권환은 가일마을에서 권보의 둘째 손자로 태어나 24세 권덕행(권경행의 아우)의 5대손 권성우에게 양자로 갔는데 백석에 묘소가 있다. 그런데 권경행이 오룡리로 옮겨갈 때 첫째 아우 권민행과 둘째 아우 권덕행은 가일마을에 그대로 남아 있었지만, 권덕행의 경우는 증손자 27세 권건에 이르러 용궁 일대에 묘소를 두기 시작한다. 따라서 권건의 손자였던 권성우도 용궁에서 살았을 것으로 추측된다. 이러한 상황에서 양자로 들어간 권환 역시 용궁에 터전을 마련했을 가능성이 높은데, 다만 권환의 묘갈명에 "1800년에 양부모를 가일마을로 모시고 돌아왔으니 이는 생양가의 봉친奉親에 편의를 취하려는 것이다"[11]라고 적혀 있으므로 이후 가일마을로 귀향한 것으로 보인다.

권환은 안동 향교 좌수를 역임했으며 양부로부터 물려받은 용궁 일대의 재산을 증식시켜 천석꾼 소리를 들을 정도로 엄청난 부富를 이루었는데, 지금의 수곡고택(권환의 생가)도 권환이 건립자금을 지원해 준 것으로 알려져 있다. 이처럼 권환은 가일마을의 경제적 기반 형성에 큰 도움을 주었으며 이런 까닭에 권환의 기제사 때 순흥안씨들도 참사했을 정도였다고 한다.(권대인, 62세) 관행적으로 볼 때 묘사나 불천위 제사와 달리 기제사에 친인척이 아닌 타성他姓이 참사하는 경우는 매우 드물다. 성씨에 상관없이 가일마을사람들에게 있어 권환은 근검과 절약을 강조하면서 치산治産활동에 힘을 쏟아 경제적 중흥을 이룬 인물, 곧 '가일마을 새마을운동의 창시자'로 기억되고 있는 것이다. 특히 권환은 용궁에서 노비들을 데리고 와서 토지를 개간하여 소작을 주거나 가일마을사람들을 용궁으로 데려 가서 농사를 짓도록 주선한 것으로 전한다.(권오식, 80세) 양부로부터 물려받은 용궁 일대의 재산을 바탕으로 가일마을의 경제적 부를 구축했던 것이다.

안동권씨는 오룡리·장은·백석 등지에서 '가일권씨'로 불리고 있다. 비록 지금은 장은산과 백석산에 흩어져 있는 묘소를 통해서만 '가일권씨'의 역사적 흔적을 더듬을 수 있지만, 그 옛날 기세당당하고 위세 드높았던 '가일권씨'를 기억하는 사람들이 상당수 있다. 용궁 일대에서 '가일권씨'는 세도가 대단했던 사람들로 평가된다. 이런 까닭에

---

11) 『參議公派金石文集』, 「處士公(諱晥)墓碣銘」.

▲ 장은산 아래에 위치한 안동권씨 재사齋舍

'가일권씨'가 터전을 이루고 살았을 당시에는 누구나 이들과 친분을 맺고자 했으며, 어느 자리에서나 "이쪽은 가일권씨 ○○ 어르신이다" 라는 소개를 받으면 절로 고개가 숙여질 정도였다고 한다.(강성준, 71세) '가일권씨'들의 드높은 위세는 오룡리를 떠난 이후에도 지속되었다. 장은에 살고 있는 강성준씨는 마을 어른들로부터 "가일권씨들이 묘사를 지내러 올 때는 4~5명의 사람들이 말을 타고 앞장서면 그 뒤로 사람들이 줄지어 뒤따랐는데, 구경꾼들이 모여들어 온 마을이 시끌벅적했다"라는 이야기를 자주 들었다고 한다. 또한 자신이 어렸을 적에는(약 60년 전) '가일권씨'들이 묘사를 지내러 오는 날이 작은애(長隱) 마을의 잔칫날이기도 했다. 50~60명의 사람들이 재사齋舍에 모여 떡을 찧고 음식을 만들면 남녀노소 할 것 없이 마을사람들이 모여들어 마치 잔치를 치르는 분위기였다. 또 밤이 되면 너나없이 이들에게 따뜻한 사랑방을 내주는 등 살갑게 지냈다고 회고한다. 이튿날 아침 '가일권씨'들이 묘사를 지내기 위해 장은산에 오르면 마을사람들은 재사

주변에서 기다리고 있다가 푸짐한 음복을 받기도 했다. 이 때문에 강성준씨는 어린 시절 가을만 되면 '가일권씨'들이 묘사를 지내러 오는 날을 손꼽아 기다렸다고 한다.

그러나 용궁 일대에서 아무리 굳건한 자리를 잡았다고 해도 '가일권씨'들에게 있어 가일마을은 조상들의 터전, 곧 자신들의 뿌리였다. 그리하여 시습재 종가의 직계 후손인 권징이 귀향을 하게 되는데 명확한 시기는 알 수 없고 대략 17세기 중엽으로 추정된다. 권징의 부인 풍산유씨는 유원지(호는 拙齋)의 딸이면서 유성룡의 증손녀기도 한데, 당시 권징이 가일마을로 돌아온 데에는 이들 풍산유씨의 경제적 뒷받침이 있었을 가능성이 높다.

4. 인물을 배출함으로써 '안동권씨 가일마을'로 우뚝 서다

사화士禍로 인해 엄청난 고초를 겪은 충격으로 "아예 벼슬길엔 나서지를 말라"는 유언을 남긴 권굉의 뜻을 받들어 아들 권의남, 손자 권호연, 증손자 권경행 모두 과거에 응하지 않았다. 그러나 3대에 걸쳐 벼슬이 없으면 반격班格이 떨어지므로 25세 권박에 이르러 과거에 응시하여 1630년(인조 8) 23살의 나이로 진사시에 합격하고 25살에는 문과급제를 했다. 조카인 권징의 아들 26세 권선權恮(1639~1682, 호는 龍谷)도 1663년(현종 4) 생원시에 합격하고 1669년(현종 10)에는 문과급제를 한다. 양대에 걸친 문과급제에 이어 28세 권치權緻(1693~1766, 호는 土軒)와 권서權紓(1698~1780, 호는 兩宜堂)가 생원시에 합격한다.

[표] 가일마을 안동권씨의 문집·유고 일람표

世代	성 명	號	생몰년도	문집 및 유고
20世	權柱	花山	1457~1505	花山逸稿
24世	權敏行	觀澤亭	?	遺稿(소실됨)
25世	權搏	九峰	1607~1661	遺稿(枝谷世稿)
26世	權惪	井谷	1636~1697	遺稿(枝谷世稿)
26世	權恊	長隱	1659~1733	遺稿(枝谷世稿)
27世	權榘	屛谷	1672~1749	屛谷先生文集
27世	權槮	止窩	1671~1733	遺稿(枝谷世稿)
28世	權綰	霽谷	1697~1777	遺稿(枝谷世稿)
28世	權緝	巢谷	1704~1763	遺稿(枝谷世稿)
28世	權紳	樹谷	1709~1778	樹谷集
28世	權紓	兩宜堂	1698~1780	遺稿
28世	權緻	土軒	1693~1766	土軒集
29世	權明佑	可齋	1722~1795	可齋集
29世	權尙佑	玉峰	1726~1792	遺稿
29世	權裴	南湖	1722~1788	遺稿
31世	權璋	野遺堂	1802~1874	遺稿
31世	權礏	石泉	1789~1855	遺稿
32世	權金翼	根窩	1821~1876	遺稿(三窩聯稿)
32世	權鍍	支窩	1823~1895	遺稿(三窩聯稿)
32世	權鑽	正窩	1826~1905	遺稿(三窩聯稿)
32世	權鍵	晦隱	1803~1873	遺稿
33世	權準羲	友巖	1849~1936	遺稿
33世	權準濩	定庵	1860~1930	遺稿
33世	權準河	正居齋	1845~1915	遺稿
34世	權述朝	小巖	1868~1944	遺稿
34世	權東稷	支山	1868~1921	遺稿
34世	權東萬	恥菴	1873~1951	遺稿

 가일마을 안동권씨의 위상을 높인 인물로는 27세 권구를 들 수 있다. 권구는 유성룡과 이현일의 학맥을 계승하면서 학자로서 명성을 드높였다. 특히 1728년 이인좌의 난으로 억울한 누명을 쓴 후 세상을 멀리하고 학문 탐구와 후진 양성에 진력하여 수많은 문인을 배출하기

도 했다. 사후 1859년(철종 10)에는 증직으로 사헌부지평이 되었으며 사림의 공의에 의해 불천위不遷位로 모셔졌다. 이후 1891년(고종 28)에는 이조판서에 추증되었다.

【그림】 문집・유고를 남긴 인물의 계보도(밑줄 친 인물)

```
<權柱의 계열>
20세   21세   22세   23세   24세   25세   26세   27세   28세   29세   30세   31세
 柱  →  碻  →  義男 →  浩然 →  景行¹ →  搏¹  →  憕¹  →  鏨¹  →  縉²  →  明佑¹ →  旭¹
                                      敏行²    抃²   愫²          緝²    尙佑²    彪²
                                      挺³    恬³          緰³          勉³
                                      掄⁴                              吉見⁴ → 王燮¹
                                                                              鑎²(出)

<權挺의 계열>
25세   26세   27세   28세   29세   30세   31세   32세
 挺  → 恬¹  → 栻¹  …  紞(系) → 斐  → 覞  → 琄  → 鍵
        樞²
        楢³(出)
 愃² …樯(系) → 緅
        紝²(出)

<權緝의 계열>
28세   29세   30세   31세   32세   33세   34세   35세
 緝  → 命佑 →  亳  →  璣  →  鏺  →  準河 →  述朝 → 五高¹
                                      五稷³

<權緰의 계열>
28세   29세   30세   31세   32세   33세   34세   35세
 緰  → 祖佑 →  眺  →  玶¹ …  鏻(系) … 準義(系) → 東稷¹ →  五尙
              璋²  →  鏻¹(出)              東萬²
                      錂²
                      鑽³  → 準義(出)
                      鏽⁴  → 準城  → 東浩 →  五雲
                      鉛⁵  → 準夏¹ → 東直 →  五昌
                              準濩²
```

『안동권씨참의공파세보』에서 34세까지의 인물을 중심으로 문집과 유고를 남긴 이를 확인한 결과 총 27명이었다. 이들은 크게 4개의 혈통집단에 각각 속해 있는데 권주의 직계후손, 25세 권정의 후손, 28세 권즙權緝의 후손, 28세 권보의 후손들이다.(참고로 권주의 후손 31世 權鑣은 權阪의 집으로 출계하였다) 흥미로운 점은 권주와 권민행을 제외한 나머지 모두 25세 이후의 인물이라는 사실이다. 이는 21세 권굉이 벼슬길에 나서지 말라는 유언을 남긴 탓에 22세·23세·24세까지는 과거에 불응하다가 25세 권박과 조카인 26세 권선에서야 문과급제를 한 것과 관련성이 엿보인다. 이들의 연이은 문과급제로 안동권씨는 사회적 기틀을 다지는 발판을 마련하게 된 셈인데, 이러한 안정된 기반 위에서 왕성한 학문활동을 전개한 결과 각종 문집과 유고를 남길 수 있었을 것이다. 아울러 용궁 오룡리로 옮겨간 안동권씨는 26세 권징에 이르러 가일마을로 귀향했으며, 27세에서는 권구라는 출중한 학자를 배출하기도 한다. 이와 관련하여 가일마을 안동권씨는 18·19세기를 기점으로 왕성한 문중활동도 펼치게 되는데, 이를테면 1711년 화산 권주의 신도비神道碑 건립, 1764년 병곡 권구의 부제학 증직, 1789년 『화산일고花山逸稿』 간행, 1797년 『병곡선생문집屛谷先生文集』 간행, 18세기 중엽의 시습재 종택 건립, 1792년 수곡 고택 건립, 1835년 노동서사魯東書社 건립, 1843년 선원강당仙原講堂 건립, 1860년 근와서재根窩書齋 건립, 1923년 동곡재사東谷齋舍 건립 등을 들 수 있다.

한편 이들 대부분이 권구의 아들 3형제 권진·권즙·권보의 후손이라는 점도 주목되는데 이는 아마도 권구의 학문적 영향을 직접적으로 받은 결과로 보인다. 또한 권보의 둘째 증손자인 권장權璋(1802~1874, 호는 野遺堂)의 후손들이 두드러진 활약을 하고 있는 점이 눈에 띈다.

▲ 화산 권주 신도비

　권장은 숙부 권환과 함께 가일마을의 경제적 중흥을 이루었을 뿐만 아니라 학문적으로도 출중했던 인물로 알려져 있다. 특히 아들 5형제에게 'ㅁ'자형 기와집 다섯 채를 지어준 일은 지금까지도 가일마을의 전설처럼 회자되고 있다. 그는 이러한 경제력을 바탕으로 안동권씨 능동재사陵洞齋舍(서후면 소재의 시조 權幸을 위한 재사)를 증축하였으며 노동서사와 선원강당 건립에도 큰 도움을 준 것으로 전한다.
　가일마을이 배출한 주요 독립운동가 역시 이들 계열에 속해 있는데, 권오설權五卨·권오직權五稷 형제는 28세 권즙權緝의 7대손이다. 또 권준희權準羲(권찬의 장남, 이후 권익에게 출계함), 권오상權五尙(권준희의 손자), 권오운權五雲(권숙의 증손자), 권오창權五昌(권석의 증손자) 등 4명은 권장의 후손들이다. 이와 관련하여 '가일마을 팔부자댁'으로 불리는 집들이 있다. 가일마을에는 'ㅁ'자형의 고택이 여덟 채 있는데, 권환의 가옥(일명 권태응씨 가옥), 권환의 둘째 아들 권우權瑀의 가옥(일명 권대형씨 가옥), 권환의 증손자 권준경權準經의 가옥 등 3채, 권장의 차남

▲ 근와서재

권도權鍍의 야유당野遺堂 고택, 셋째 아들 권찬權鑽의 가옥(비어 있음), 넷째 아들 권숙權繡의 남천南川 고택, 다섯째 아들 권석權鉐의 가옥 등 4채와 수곡고택이다.(권오연, 75세) 수곡고택은 권장의 장남 권익權鑧이 양자로 간 집이므로 결국 가일마을 팔부자에 권장의 다섯 아들과 권환의 후손들이 모두 포함되는 셈이다. 이와 달리 일설에는 권장의 다섯째 아들 권석의 가옥 대신에 시습재 종택이 포함된다는 견해도 있다. 이처럼 가일마을 팔부자를 탄생시킨 권환과 권장은 경제적 측면뿐만 아니라 후손들의 학문생활에도 큰 관심을 가진 것으로 전한다.

권환이 마을 뒤편 동곡東谷에 조그마한 재실齋室(동곡재사의 전신으로 여겨짐)을 짓고는 집안 자제들을 모아 놓고 공부를 시켰다. 그러고는 매일 밤마다 동향을 살피러 갔다. 하루는 눈이 많이 내렸는데 학동들이 "설마 오늘 같은 날은 감시하러 오지 않겠지"라고 생각하여 공부를 중단하고 삼삼오오 모여 잡담을 하고 있었다. 그러다가 소변을 보러 가려고 방문을 열자 권환이 머리 위에 눈이 수북이 쌓인 채로 우두커니 서 있었다. 겁에 질린 학동들이 뒤로 물러서자 권환은 "서방님들요! 제발 우리도 양반 한번 해보시더"라는 한마디만 남기고는 돌아섰다. 권환의 절실한 마음을 읽은 학동들은 그때부터 학업에 전념했다고 한다.

권환은 가일마을의 재도약을 위해 경제적 기반뿐만 아니라 학문적·사회적으로도 인정받는 인물을 배출할 필요가 있다고 판단했다. "제발 우리도 양반 한번 해보시더"라는 권환의 말에는 반격班格 상승 의지가 강하게 담겨져 있으며, 양대 사화에 휩쓸려 경제적·사회적으로 큰 타격을 입고 삶의 터전을 떠나 용궁 오룡리로 옮겨가는 등, 가일마을 안동권씨가 겪어 온 고난의 역사를 반영하고 있기도 하다.

5. 유력 가문과의 혼인으로 세력을 확장시키다

가일마을이 안동권씨들의 터전으로 널리 알려지게 된 데에는 지역의 유력 가문과 맺어 온 혼인관계도 적지 않은 작용을 하고 있다. 이들의 혼반은 가일마을이 위치한 풍천 인근의 서부지역, 안동 전역의 유력 가문, 예천·문경 지역, 기타 지역으로 분류된다. 서부지역의 대표적 혼반으로는 하회의 풍산유씨, 구담의 순천김씨, 소산의 안동김씨 등을 들 수 있다. 특히 가일마을에 함께 세거하고 있던 순흥안씨들과의 혼인관계도 적지 않은데 권질의 딸, 권보, 권회의 장남 권집權集 등이 혼인을 한 바 있다. 용궁 오룡리로 이주하고 나서는 그 지역 유력 가문과 빈번한 혼인관계를 맺고 있으며 대표적 성씨로 인천채씨仁川蔡氏, 영순태씨永順太氏, 개성고씨開城高氏, 부림홍씨缶林洪氏 등이 있다. 그 외 안동지역 의성김씨, 고성이씨, 진성이씨 및 기타 지역의 재령이씨와도 혼인을 하였다.

　이들 중에서 가일마을 안동권씨의 세력 형성 및 확장에 큰 영향을 끼친 것으로 여겨지는 혼인관계를 간략하게 소개하기로 한다. 가일마을과 이웃하고 있는 하회의 풍산유씨는 안동권씨와 매우 친밀한 관계를 유지하고 있는 성씨다. 안동권씨가 가일마을에 정착하게 된 것도 18세 권항이 풍산유씨(柳滑)와 혼인관계를 맺음으로써 비롯되었고, 또 유중엄(호는 巴山)은 21세 권질의 외손서다. 권질의 첫째 딸은 순흥안씨(安喜賓), 둘째 딸은 진성이씨(李滉), 셋째 딸은 영천이씨(李元承)와 혼인을 했는데 셋째 사위 이원승의 딸이 유중엄에게 출가한 것이다. 그리고 26세 권징은 유원지의 사위가 되면서 용궁 오룡리에서 가일마을로 귀향하게 되는 계기를 얻게 되기도 한다.

　안동권씨의 학문적·사회적 위상에 큰 영향을 미친 가문으로 영덕의 재령이씨를 들 수 있다. 27세 권구는 이현일의 손서가 되면서 재령이씨와 깊은 인연을 맺는다. 그런데 권구의 장인 이의는 이현일의 차남으로 태어났으나 백부 이휘일李徽逸(1619~1672, 호는 存齋)에게 양자로 갔기 때문에 결국 권구는 이현일과 이휘일의 손서가 되는 셈이다. 이러한 인연으로 권구는 이현일의 셋째 아들 이재의 문하에 들어간다. 이후 권장의 장남 권익(권평에게 出系)이 재령이씨와 혼인을 하며, 자신의 손녀 둘을 재령이씨에게 출가시키기도 한다. 첫째 손녀는 이휘일의 8대 종손인 이수악, 셋째 손녀는 이병칠과 혼인하였고, 현손자 권경혁(생부는 權五愼)은 이현일의 10대 종손 이철호의 딸과 혼인을 했다. 이러한 인연으로 이현일은 권주의 신도비명과 권박의 묘갈명을 지었으며, 아들 이재는 권징의 묘갈명을 지었다. 또한 이현일과 이재가 세상을 뜨자 권구는 슬픔에 찬 제문을 지어 바치기도 한다.

…… 선생(葛庵)은 세상에 보기 드문 기품과 순수한 품성을 가졌으며 일찍이 큰 뜻을 세워 경당敬堂 문하에 들어가서 학문을 이어받았습니다.…… 소자 선생의 문하에 드나들며 은혜 입은 바가 적지 않은데 도중 선생이 귀양을 가시고 소자는 가문의 화禍를 당하여 가까이서 모실 기회를 얻지 못했습니다. 경진(1700) 봄 비로소 고향에 돌아오셔 금수錦水의 북쪽에 새로운 터전을 마련하시니 거리도 멀지 않아 자주 찾아뵈어야 마땅하나 잇따른 상화喪禍로 가르침을 얻지 못했습니다. 언젠가는 선생의 은혜를 다시 입을 날이 있을 것으로 생각했으나 우연한 병으로 갑자기 천고千古의 영결이 될 줄 누가 알았겠습니까? 소자의 비통함을 미친 듯이 부르짖으면서 통곡합니다.[12]

이현일의 부친 이시명李時明(1590~1674, 호는 石溪)은 안동 서후면 장흥효張興孝(호는 敬堂)의 딸과 혼인함으로써 안동지역과 인연을 맺는데, 이로써 둘째 아들 이휘일과 셋째 아들 이현일은 외조부 장흥효의 문하에 들어간다. 이후 이현일이 갑술환국甲戌換局의 소용돌이에 휘말려 귀양을 가게 되고 7년간의 유배생활을 마감하면서 금소琴詔(錦水는 금소의 별칭)에 터전을 잡지만 4년 만인 1704년에 눈을 감는다. 당시 권구로서는 처조부 이현일이 가까운 곳에 자리를 잡았다는 소식을 전해 듣고는 "다시 돌아오시니 기쁘기 그지없습니다. 금소에 도착했다는 소식을 전해 들었습니다.…… 듣건대 그곳에 집을 지으신다니 자주 문안드릴 것입니다"라는 편지를 이현일에게 보낸다.[13] 이러한 상황에서 이현일이 갑작스런 죽음을 맞이한 것이다. 이후 1730년에는 이재가 세상을 뜨자 평생 동안 믿고 따랐던 의지처를 잃어버린 슬픔을 토로하

---

12) 權榘, 『屛谷先生文集』, 卷8, 「祭葛庵先生文」.
13) 權榘, 『屛谷先生文集』, 卷3, 「上葛庵李先生書」.

는 제문을 짓기도 한다.[14]

한편 21세 권질의 둘째 딸이 이황에게 출가한 것도 가일마을 안동권씨의 주목되는 혼인이다. 권질은 아우 권전이 기묘사화와 신사사화에 휘말렸을 때 예안으로 유배되어 9년간을 보냈는데, 당시 각별하게 지내던 이황에게 집안의 잇따른 불행으로 충격을 받아 정신이 온전치 못했던 딸을 맡기게 된다. 그리하여 이황은 전처인 김해허씨가 두 아들을 남겨 놓고 세상을 뜬 지 3년 만에 안동권씨 부인을 맞이한다. 안동권씨는 온전하지 못한 정신 탓에 '바보할매'로 칭해지면서 많은 일화를 남기고 있기도 하다.

하루는 퇴계가 제자들과 함께 글을 짓고 있었는데 마침 벼루에 물이 없던 차라 '바보할매'에게 물을 가져오라고 시켰다. 그러자 '바보할매'는 마당에 있는 우물로 가서 커다란 물동이에 물을 가득 채운 후 머리에 이고 방으로 들어와서는 물동이를 들고 벼루에 붓기 시작했는데, 신기하게도 바닥으로 흐르지 않고 정확하게 부었다고 한다.

한 번은 일가친척들이 제사를 지내려고 종가에 모여 제사상을 차려놓았는데 '바보할매'가 제사도 지내기 전에 제물을 집어 먹었다. 친척들이 은근히 퇴계를 힐난하는 눈치를 보이자 이에 퇴계는 "제사도 지내기 전에 며느리가 먼저 음복을 하는 것은 예에 벗어난 일입니다. 그러나 조상께서 후손을 귀엽게 여기실 터이니 손자며느리의 행동을 노여워하시지는 않으실 겁니다" 하고 감싸주었다고 한다.

퇴계가 상가喪家에 조문을 가려다가 흰색 도포자락이 해진 것을 보고 '바보할매'에게 꿰매 달라고 했더니 '바보할매'는 흰 도포에 빨간 헝겊

---

14) 權渠, 『屛谷先生文集』, 卷8, 「祭密菴李公文」.

을 대어 꿰매었다. 퇴계가 그것을 그대로 입고 갔더니 사람들이 그 모습을 보고 놀라며 "흰 도포는 원래 빨간 헝겊으로 기워야 하는 것입니까" 하고 물어보았다. 예학에 정통한 퇴계가 옷을 그렇게 입고 오자 그것이 예법에 명시된 것인지를 확인하고자 했던 것이다. 이에 퇴계는 빙그레 웃기만 했다고 한다.

이황은 권씨부인과 14년 동안 살면서 무척 애틋하게 여긴 것으로 전하는데, 일례로 1546년 부인이 세상을 뜨자 두 아들에게 친생모와 같이 적모복嫡母服을 입게 하고 시묘侍墓살이를 시켰다고 한다. 특히 권질에게 아들이 없는 것을 안타까이 여긴 이황은 그의 묘갈명에 "큰 집이 무후하여 내가 이 돌에 적어 새기노니 영원히 전하도록 하나다"라고 적었다. 권질의 묘소를 찾아가서는 "그 옛날 참사람을 몰라보고 까닭 없이 저승으로 이 분을 데려 갔네. 고향에 돌아와서 묘사를 지낸 후 매화 피는 모습 보고 장인 생각하옵니다"라는 시를 남기기도 했다.[15] 당시 이황이 지은 시는 가일마을 선원강당에 걸려 있다.

예안에서 9년에 걸친 유배생활을 마친 권질은 가일마을로 돌아가지 않고 안음현 영승촌(지금의 거창군 마리면 영승리)으로 가서 초당을 짓고 생활했던 것으로 전한다. 그러고는 이황에게 초당의 이름을 지어 줄 것을 부탁하여 '사락정四樂亭'이라는 정자 이름을 얻은 후 이를 자신의 호로 삼았다. 사락이란 '농사를 짓는 즐거움', '누에를 치는 즐거움', '강에서 고기를 잡는 즐거움', '산에서 땔나무를 하는 즐거움'을 뜻하는데, 당시 유배지로부터 돌아와서 세상을 멀리하면서 소박한 삶을 보내고 있던 권질을 비유한 것이라 할 수 있다. 그리하여 1543년 정월

---

15) 권오봉, 『퇴계선생 일대기』, 교육과학사, 1997, 108쪽.

이황이 이곳을 방문하여 인근의 아름다운 산수를 주제로 시를 읊기도 했다.

> 수승愁勝이라 이름하여 새로 바꾸니,
> 봄을 맞이한 경치는 더욱 아름답도다.
> 숲 속의 꽃들은 꽃망울 터뜨리려 하는데,
> 그늘진 골짜기 눈은 아직도 덮혀 있네.
> 먼 곳에서 수승대를 그윽하게 바라보니,
> 오로지 서로를 그리워하는 마음 더하기만 하구나.
> 언젠가는 한 두루미의 술을 가지고,
> 큰 붓 들고 단애丹涯의 아름다움을 그려 볼까 하노라.

수승대는 삼국시대 사신들을 전별하던 곳으로 원래 수송대愁送臺라 칭했으나, 이황이 주변 경관의 아름다움을 보고 속세의 근심 걱정을 잊을 만큼 승경이 빼어난 곳이란 뜻에서 수승대愁勝臺로 고쳤다고 한다. 이후 권질이 세상을 뜨자 권주와 권질 내외의 제사를 지낼 사람이 없었다. 맏사위 순흥안씨 안희빈이 있었으나 일찍 상처를 하고 자손이 없었으며, 또 권질의 첫째 아우 권전은 형장에서 숨을 거두었고, 둘째 아우 권석도 일찍 숨을 거둔 상태였다. 셋째 아우 권굉이 있었으나 이황보다 8년 먼저 세상을 떠났다. 이런 연유로 이황이 처조부모 및 장인과 장모의 제사, 곧 외손봉사를 맡게 되었다. 그러다가 권씨부인이 세상을 뜨자 권주 내외의 제사는 처질(권의남의 아들)에게 모셔 가도록 했고 장인과 장모의 제사는 직접 지낸 것으로 전한다.[16]

---

16) 권오봉, 앞의 책, 1997, 100쪽.

▲ 사락정 권질의 묘

한편 권구의 누이는 내앞 청계 종가 출신의 김이행金履行(김시온의 셋째 현손)에게 출가했는데, 사실 의성김씨와는 권구의 부친 권징이 최초로 인연을 맺는다. 권징의 장인 유원지는 김성일金誠一(호는 鶴峯)의 손자 김시추金是樞의 사위인데, 이로써 김시추는 권징에게 처외조부가 되는 셈이다. 광산김씨 김수는 18세 권항의 사위가 되는데 그의 증손자인 김언기金彦機(호는 惟一齋)는 24세 권민행의 처외조부기도 하다. 전의이씨 이산두李山斗(호는 懶拙齋)는 24세 권경행의 생질의 아들(離孫)이다. 권경행의 누이가 전의이씨 이명길李鳴吉에게 출가했는데 이들의 손자가 바로 이산두(부친은 이필李泌). 이후 이산두는 26세 권징의 죽음을 맞이하여 제문을 짓기도 한다. 예안이씨 이유장李惟樟(호는 孤山)은 권진의 처증조부기도 한데 이러한 인연으로 이유장은 권주의 묘갈명墓碣銘과 권징의 만가輓歌를 지었다. 그리고 고성이씨 이후영李後榮(호는 淸翁)은 28세 권즙權緝의 처조부다.

6. 고난의 역사를 되돌아보며

15세기 초엽 풍산유씨 사위가 되면서 가일마을에 터전을 잡은 안동권씨는 약 100년이 지난 16세기 초엽에는 두 차례에 걸친 사화에 휩쓸리면서 부자父子가 함께 목숨을 잃는 불행을 겪는다. 그로부터 100년이 흐른 17세기 초엽, 정들었던 세거지를 뒤로 하고 낯선 땅 예천 용궁 오룡리로 떠나기 위해 짐을 꾸렸다. 그리고 새로운 터전 오룡리 일대에서 '가일권씨'로 불리면서 이름을 드높인 결과 17세기 중엽 가일마을로 귀향하는 기쁨을 누린다. 그러나 이러한 기쁨도 순식간에 허물어져 1728년 권구가 억울한 누명을 쓰고 또 다시 부자父子가 옥살이를 하는 고난에 처하게 된다. 그야말로 가일마을 안동권씨가 수백 년에 걸쳐 겪어 온 고난의 역사라고 할 수 있다.

불초 소생은 종사宗祀의 중책을 이어받아 기업基業을 지키는 것이 마땅하고 함부로 이동하는 것은 옳지 못한 것으로 알고 있습니다. 그러나 상화喪禍를 겪으면서 가솔을 데리고 달아난 지 어느덧 9년이 되었습니다. 그러면서도 아직껏 마땅히 정한 곳이 없고 사우祠宇를 이곳저곳 의탁하면서 지내 왔으니 불초의 죄는 만 번 죽어도 용서받기 힘들 것입니다. 또 작년 겨울에는 마을에 변고가 생겨 안마을(內洞)로 옮겨가서 빈집을 빌려 지내고 있으나 지금도 이 생활을 벗어나지 못하고 있습니다. 그러나 구기舊基(時習齋)와 지금 사는 곳이 그리 멀지 않고 당숙의 집 또한 가까이에 있으므로 조금은 평안할 것 같습니다. 이에 지붕 손질을 약간 하고 길일을 택하여 감히 이안移安하고자 합니다. 5대조 고비위는 경진년(1700)에 불초가 면상免喪하면서 최장最長의 방으로 옮겨야 함이 마땅했으나 형편을 살피다 보니 좀처럼 예禮를 따르지 못했습니다. 그러다가 이제야 서쪽 벽에 동향으로 봉안하기로 하였습니다.[17]

권구가 조상들의 신주를 이안하면서 지은 글이다. 종손으로 태어나서 가문을 지키는 것이 마땅한 책무지만 잇따른 화禍로 가솔들을 이끌고 피해 다닌 탓에 조상들의 신주를 제대로 보전하지 못하고 이곳저곳 떠돌게 한 것이 무척이나 죄스럽고 가슴에 사무친다는 내용이다. 그야말로 "7대 동안 금부도사가 세 번 찾아온 영남의 유일한 집"의 종손이 가슴 깊은 곳에서 쏟아 내는 피눈물이라 할 수 있다. 이러한 고난을 겪어 온 때문인지 가일마을 안동권씨는 무엇보다 '집안 일으키기'에 큰 관심을 기울여 왔다. 그 결과 현재 이들이 보유하고 있는 종택, 재실, 문집 등과 같은 유교문화가 18·19세기를 전후하여 집중적으로 창출되기도 한다. 또한 일제강점기에는 수많은 독립운동가를 배출하면서 조상들의 위업을 계승하였는데, 이러한 역사적 과정을 통해 풍산유씨 이래 여러 성씨들이 모둠살이를 이루어 온 가일마을이 '안동권씨 마을'로 우뚝 서게 된 배경을 엿볼 수 있을 것이다. (김미영)

---

17) 『屛谷先生文集』 續集, 卷2, 「告由文」.

4장
살림 좋은 가일마을

1. 글 좋고 살림 좋은 가일마을

사학도로서 걸음마를 시작하던 20대에 선배들과 지표조사를 다니면서 안동의 마을마다 어김없이 나타나는 고와古瓦들에 놀라움을 금치 못했다. 유년시절 내가 자란 마을에도 큰 고와를 터전으로 삼고 삶을 영위하던 친구들이 있었다. 그러나 안동의 대표적인 하회마을이나 가일마을, 내앞마을처럼 고가가 즐비했던 마을에서 자라지 않았던 나는 그저 놀라웠다. 또 한편으로는 저 속에서 과거를 살았던 사람들과 현재를 살고 있는 사람들의 삶의 양태가 궁금하게 느껴지기도 했다.

가일마을을 처음 본 것은 대학시절이었다. 첫 여름방학을 맞아 안동의 풍천면 일대를 중심으로 지표 조사를 다니면서 가일마을에 처음 들렀다. 가장 인상 깊었던 것은 마을 어귀의 큰 연못, 지곡지枝谷池였다. 시커멓고 싸늘한 물빛이 나를 압도했다. 아마 그건 천년의 세월을 사람들과 함께한 생명수의 위력이었으리라! 그리고 두 번째로 나를

▲ 가일 못

압도한 것은 정연한 고와들이었다. 그 정도가 고등학교를 갓 졸업한 대학 1학년생이 느낄 수 있는 전부였다. 그러나 철이 들면서 안동의 마을들은 보다 복잡한 구조를 가지고 있으며 400~500년의 역사 속에서 나름의 질서와 삶의 양태를 지켜 오고 있다는 것을 알게 되었고 그걸 좀 더 깊이 알고 싶다는 생각을 하게 되었다.

가일마을은 안동의 대표적인 동성마을로 세칭 '글 좋고 살림 좋은 마을'로 알려져 있다. 영남학파의 중심부에 위치한 안동지역 문중들이 '글이 좋다'는 것은 흔히 들을 수 있는 보편적인 이야기다. 그런데 가일마을은 '살림 좋은 마을'이라는 수식어가 하나 더 붙는다. 안동에서 살림이 좋다고 해 봐야 평야지역 양반들과는 비교할 수 없을 것이다. 그러나 오히려 안동이란 세계 안에서 통용되는 큰 살림의 규모가 어느 정도인가를 들여다볼 수 있는 좋은 창구가 될 수 있다는 점에서 가일은 중요하다.

또한 가일은 일제강점기 이후 안동에서 '모스크바'로 불렸던 마을

▲ 가일못 놀이

이다. 그런 의미에서 가일의 경제구조는 마을이라는 작은 공간을 넘어 근대의 한 시기를 이해하는 창구라 생각한다. 이것이 가일마을이 가진 저력이고 차별성이다. 동시에 우리는 비록 마을이라는 작은 공간이긴 하지만 전통사회의 인간사를 이해하는 데 한발 더 다가설 수 있을 것이다.

2. 입향조 권항과 그 자손들의 경제적 기반

안동권씨의 가일 정착은 15세기 전반, 권항權恒(1403~1461) 대에 이루어졌다. 권항의 선대가 일정하게 세거한 곳이 어디였는지는 밝혀지지 않고 있으나, 대체로 평해平海 지방에 살고 있었던 것으로 보인다. 권항의 아버지 권심權深은 평해손씨를 부인으로 맞아 처향인 평해에 거주하면서 1403년 권항을 낳았다. 권항은 1423년 사마시에, 1441년 문과에 급제하였다. 문과급제 후 그는 중앙관직을 두루 거쳐 1456년에는

▲ 가일마을의 첫인상은 옛기와집이다

영천榮川(현재 영주) 군수로 임명되었으며, 1461년 그 임지에서 마지막을 맞았다. 그는 임종 후 3년째 되는 1463년 지곡(현재의 가일마을)에 안장되었다. 또한 가택이 지곡에 있었던 것으로 보아, 그의 임종시에는 이미 많은 가솔들과 토지가 가일마을에 기반을 두고 있었음을 알 수 있다.

가일마을에는 권항의 재산규모를 알려 주는 『권심처손씨허여문기權深妻孫氏許與文記』(1455~1468)와 『권이남매화회문기權爾男妹和會文記』(1474)가 전하고 있다. 『권심처손씨허여문기權深妻孫氏許與文記』(1455~1468)는 권항의 어머니 손씨부인이 자녀들에게 노비를 분재하는 내용을 담고 있다. 그 내용을 살펴보면 장자인 권항에게 13명, 장녀인 배효장裵孝長의 처에게 9명, 차남 권종權悰에게 11명, 차녀 권경행權景行의 처에게 10명, 첩의 여식에게 3명, 장손인 권이權邇에게 1명의 노비를 각각 분재하고 있다. 이때 권항은 아버지 쪽 노비와 어머니 쪽의 노비 13명을 물려받고 있는데 이 중 9명이 어머니 쪽 노비였다. 당시 권심이

▲ 입향조 권항의 묘

처향을 따라 옮겨 간 것은 처가 쪽의 이러한 경제적 배경이 작용했으리라 짐작할 수 있다. 그러나 어머니 손씨가 물려준 노비를 비롯해 분재기에 기록되지 않은 토지는 평해에 기반을 두고 있는 것으로 가일마을에 기반을 두고 있다고 보기는 어렵다.

그렇다면 가일마을에 있었던 기반은 권항 처가의 재산이 큰 비중을 차지했을 것이다. 권항은 어머니 손씨의 재산을 바탕으로 중앙으로의 진출과 처가재산의 분재를 통해 많은 재산을 증식시켰으며, 이들 중 상당수는 가일에 바탕을 둔 것이다. 『권이남매화회문기權爾男妹和會文記』(1474)는 이러한 정황을 담고 있는데, 당시 권항은 처가 쪽으로부터 분재받은 노비를 포함하여 150명에 달하는 노비를 소유하고 있었다. 이는 어머니 손씨로부터 물려받은 13명의 노비에 비하면 급격한 증가다. 권이 남매는 이를 거의 균등분배하고 있는데, 장녀가 32명, 차녀 28명, 장남 권이가 31명, 차남 권건權建이 31명, 말녀가 29명의 노비를 각각 분재받고 있다. 이 문기에는 그가 소유한 토지에 대한 현황은 없지만 150명의 노비를 소유했다는 것은 그에 상응하는 토지의 소유를 의미한다. 또한 이것은 그가 부유층으로 성장했음을 뜻하기도 한다.

노비의 분재와 더불어 권항은 큰 아들 권이에게는 서울의 와가瓦家 한 채가 분재되었는데, 그의 생활기반이 서울에도 있었음을 알 수 있다. 권항과 권이 부자는 사실상 관직에 나가 거의 서울에서 생활했으며, 이들 부자는 각각 임지인 영주와 서울에서 죽음을 맞았다. 그렇다면 오히려 차남인 권건 계열이 당시에 안동권씨의 가산관리를 맡아 가일마을 정착에 큰 영향을 미쳤을 가능성이 크다. 차남인 권건이 지곡의 집을 분재받고 있을 뿐만 아니라, 그가 이조좌랑을 거쳐 평안도사로 나갔다가 가일마일로 귀향하여 죽었던 것을 보면, 조카이자 권항의 손자인 화산花山 권주權柱(1457~1505)의 후손들이 낙향하기 이전까지 실질적으로 가일의 터전을 일군 사람이었음을 짐작할 수 있다.

권항의 경제력은 권이에 이어 화산에게로 이어졌다. 그러나 화산의 삶은 그리 순탄하지 않았다. 그와 그의 아들들은 당시 사림의 정계진출과정에서 겪어야 할 일대의 진통을 치러야 했다. 그로 인해 권항 대에 이룩한 경제적 기반 역시 타격을 입게 되었다. 권주에게는 권질權礩·권전權磌·권석權碣·권굉權硡 네 아들이 있었다. 이 중에 장남 질과 둘째 전은 갑자사화와 기묘사화에 거듭 연루되며 고난을 당하게 된다. 그로 인해 가일마을 안동권씨가의 기반은 권주의 넷째 아들인 권굉으로 이어졌다. 거듭되는 수난에도 불구하고『권굉허여문기權硡許與文記』(1563)에는 그가 8남매에게 재산을 분재하고 있는데, 이때까지도 약 80여 명의 노비를 분재하며 상당한 재산을 소유하고 있었음을 알 수 있다.

그러나 권굉의 손자 대에 이르러 경제적 기반이 매우 약화되었다.『권호연허여문기權浩然許與文記』(1618)에는 권호연이 5명의 자녀에게 재산을 분재하고 있는데, 그 중에 장자 권경행權景行(1583~1651)이 분급받은 재산은 노비 6명과 답 43두락, 전 55두락이었다. 당시의 일반농가와 비교했을 때 상농층에 해당하는 수준이지만 권항 대에 이룩했던 경제적 기반에 비하면 틀림없는 약체다. 이는 한편으로는 거듭되는 정치적 몰락과 궤를 같이하고 있으며 또 한편으로는 거듭되는 분재와도 무관하지 않을 것이다.

3. 가일사상계의 거두 병곡의 내정관, 절약하라!

가일 안동권씨는 권굉의 증손인 24세 권경행 대에 이르러 가일마을에서 예천 용궁 오룡리로 터전을 옮겼다. 가일을 떠났던 안동권씨들이 다시 가일로 귀향한 것은 27세 권징權憕(1636~1698) 때였다. 이 당시의 경제사정을 알려 주는 자료가 없으나, 후손들의 증언에 의하면 가세가 그다지 넉넉한 편은 아니었다고 전한다.

현재 가일마일에 살고 있는 안동권씨들은 주로 27세 병곡屛谷 권구權榘(1672~1749)의 후손들이다. 권구는 안동권씨들이 다시 가일에 자리를 잡고 새로운 문호를 열어 가는데 결정적인 역할을 한 인물이다. 그는 갈암 이현일의 손서가 되어 이현일의 문하에 들어감으로써 영남학파에서 인정받는 학자가 되었으며, 이후 가일 안동권씨 문중은 명망있는 가문으로 자리잡게 된다. 권구 이후 가일 안동권씨의 학문은 그의 아들 권진權縉, 권즙權緝, 권보權縛로 이어졌다. 또 권진의 아들 권명우權明佑(1722~1795)와 권상우權尙佑(1726~?)도 학자로서 이름을 날렸다.

18세기 전반 가일마을의 위상을 재정립한 병곡은 「내정편內政篇」을 통해 집안의 안주인이 살림살이를 어떻게 꾸려야 하는지를 잘 보여주고 있다. 이 「내정편」은 병곡이 자신의 장녀(金申錫의 妻)에게 직접 써 주었다고 하나 현재 친필은 전하지 않고, 필사본인 「병곡선생내정편」이 전하고 있다. 병곡의 가르침을 받들고자 했던 가일문중 여인네의 손때가 묻은 이 필사본에서 우리는 가일경제의 저력이 어디에서 왔는지를 짐작할 수 있다.

「내정편」은 경순敬順・치산治産・봉제사奉祭祀・접빈객接賓客・출납出納・절용節用・저축貯蓄・봉쇄封鎖・장치藏置・의복음식衣服飮食・어노비御奴婢・과역課役으로 엮어져 있다. 경순은 선비가의 여인이 가져야 할 가장 큰 덕목이 '경敬'과 '순順'임을 강조하면서 "경敬이란 일마다 마음을 놓지 않고 생각해서 하는 것이며, 순順이란 거스르지 않는 것"임을 명확히 하고 있다. '순順'의 덕목은 전통사회의 여성이 갖추어야 할 보편적인 덕목으로 치부하더라도, "일마다 마음을 놓지 않고 생각해서 해야 한다"는 '경敬'의 가르침은 현대를 살고 있는 필자에게도 꼭 필요한 조목이라 여겨진다. 봉제사와 접빈객은 당시 선비가의 중요한 덕목이었던 만큼 이에 대한 언급도 빠뜨리지 않고 있는데 제사에는 정성을 다하고 손님 접대에는 사람을 차별하지 말고 극진히 하라는 교훈이 담겨 있다. 또한 어노비에는 도연명이 아들에게 보낸 편지의 내용을 언급하면서 "이 또한 사람의 자식이니 잘 대하라"는 훈계를 내리고 있다.

'경순敬順'이 자신을 향한 부단한 정진을 필요로 한다면, 봉제사·접빈객·어노비는 비록 근원近遠의 차이는 있으나 타인을 향한 감내와 인내가 요구되는 덕목이다. 경순·봉제사·접빈객·어노비, 이 네 가지를 제외한 「내정편」의 다른 조목들은 모두 경제적 교훈을 담고 있다. 아울러 우리는 여기에서 18세기 후반, 초야에 묻혀 학문에만 진력했던 한 지식인의 경제관을 엿볼 수 있다. 그의 경제관을 몇 마디로 요약하면 "절약하라! 저축하라! 잘 지켜라! 사치하지 마라! 아침에 일찍 일어나 계획(Plan)을 짜고, 그 계획 아래 사람을 부려라!"이다. 현대를 살아 가는 우리, 특히 자신의 힘으로 일가를 이루어야 하는 사람들에겐 더없이 좋은 경제관이 아닐 수 없다. 고금을 통해 진리는 평범한 곳에 있다. 그러나 이를 실천하는 것은 각자의 몫이다.

그리고 병곡은 「내정편」의 곳곳에서 "있는 것에 족하며 모자랄 때를 미리 헤아려 쓸 것을 제한할 것"을 권장하고 있다. 이러한 병곡의 가르침은 가일마을 안동권씨 경제에 중요한 역할을 하였다. 이후 가일 경제의 중심에 있다고 해도 과언이 아닌 그의 손자 권환權晥은 엄격한 치산治産을 통해 우리가 알고 있는 세칭 '살림 좋은 가일마을'을 열어 가는 데 큰 역할을 하였는데, 그의 중심에는 병곡의 이러한 가르침이 있었음을 알 수 있다.

4. 조선후기 가일경제의 중심 인물, 권환

병곡 대에 가일 안동권씨들이 사상적·학문적 중흥을 맞이했다면, 그의 손자 권환權晥(1767~1852) 대에는 경제적 전기를 맞게 되었다. 수곡의 둘째 손자인 권환은 집안의 먼 친척인 권성우權聖佑에게 출계出系하여 예천 용궁에서 살다가 33세인 1800년에 양부養父를 모시고 가일로 돌아왔다. 묘갈명墓碣名에 의하면 그가 가일로 돌아온 것은 생부와 양부를 모시는 데 편이를 도모하기 위해서였다. 그러나 이때까지 그의 형이 생부를 모시고 있었으므로 그를 가일마을로 돌아오게 한 것은 양부兩父를 가까운 곳에서 함께 모시고 싶다는 열망과 더불어 가일문중에 대한 남다른 애착이었을 것이다. 권환에게는 형 권조權眺(1762~1815)가 있었으나, 그가 가일로 돌아온 지 15년째 되던 해에 세상을 떠나게 된다.

형인 권조가 세상을 일찍 떠난 상황에서 비록 출계하였으나 집안을 위한 그의 양 어깨는 더욱 무거웠을 것이다. 그는 두 가지 방향으로 가업의 중흥을 모색했다. 그 하나는 조부인 병곡과 부친인 수곡을 이어 가학家學에 정진해 학문을 계승하여 중흥시키는 것이고, 다른 하나는 경제적 성장이었다. 그의 묘갈명은 이러한 정황을 잘 보여

▲ 권환의 옛집

주고 있다.

연달아 동기의 상고가 있어 서로 의지할 곳이 없음을 슬퍼하고 가학이 영체해짐을 통탄하여 오로지 근본을 돈독히 하고 실천에 힘쓸 것을 결심하여 동곡洞谷에 작은 재실을 지어 자제들이 공부하는 곳으로 삼고 비록 바람이 불고 눈이 내리는 날이라도 부지런하고 게을리 함을 감시하였다. 공사간 대소사에 근기根基를 두어 성립하였으니, 안으로는 노동魯東을 경영하고 밖으로는 창고를 이건하여 문적의 비호와 이웃의 안업安業에 이르기까지 모두 공의 용력으로 이루어진 것이었다.

그는 직접 노동서사를 운영하면서 문중의 자제들이 학문에 진력하도록 권고하였으며, 치산治産에도 적극적인 모습을 보이고 있다. 지금도 마을에는 권환과 관련한 일화들이 전해지고 있다. 눈이 심하게 내린 어느 겨울날, 오늘은 처사공이 오지 않을 것이라고 생각한 부녀자들이 길쌈을 쉬고 있다가, 눈을 헤치고 마을을 순회하던 처사공이 지

▲ 원흥의숙교사, 현 노동서사

팡이로 문살을 긁고 지나가자 놀라 일어나 길쌈을 다시 시작했다는 이야기다. 그는 문중의 자제들이 학문에 정진하고 있는지 혹은 부녀자들이 길쌈을 열심히 하고 있는지 감시의 끈을 하루도 놓지 않았다. 그는 평소 "사람이 각기 맡은 소임이 있으니 어찌 힘쓰지 않고 잡되게 히히거리면서 날을 보낼까"라는 질책을 자주 하였는데 이는 사람마다 주어진 일을 열심히 해야 한다는 신념의 발로였다. 그것이 사대부에겐 학문의 길이고, 부녀자에겐 길쌈과 같은 살림살이인 것이다.

이러한 그의 노력 덕분에 가일권씨들은 경제적 교두보를 확보하는데 성공하였다. 그러나 그가 철저한 절약과 치산治産만으로 경제적 성장을 이루었다고 보기는 어렵다. 당시 가일의 정황으로 보아 그가 생부로부터 재산을 물려받기는 어려웠을 것이다. 또한 18세기에는 이미 형제균분 상속보다는 장자 중심의 상속제도가 굳어진 시점이라, 그의 재산의 근간은 양부 쪽의 재산이었음을 쉽게 짐작할 수 있다. 그는 양부로부터 물려받은 재산을 바탕으로 자신 스스로 절약과 치산에 힘썼을 뿐만 아니라 전 마을에 이를 파급시키는 역할을 하였다.

　권환과 더불어 경제적 성장을 이룬 또 하나의 인물은 바로 권환의 큰집 조카 야유당野遺堂 권장權障(1802~1874)이다. 그에게는 형인 권평權玶(1786~1813)이 있었으나 그가 12세 되던 해에 세상을 떠났다. 또한 아버지 권조마저 2년 후인 1815년에 세상을 떠나자 권장은 숙부인 권환을 섬기며 가학에 정진하고 가일문중의 창업을 도모했다. 숙부인 권환 또한 큰집 조카였던 권장에게 중요한 조언자 역할을 하며 가일문중을 일으키는 데 노력했다. 이러한 정황은『야유당묘표野遺堂墓表』에 잘 드러나 있다.

　순조 임술년 9월 24일에 태어났으며, 국량이 넓고 씩씩하며 성품은 효우孝友에 지극했고 재주가 호매豪邁하였다. 나이 13세에 장가를 들고 이듬해에 외간상을 당했다. 숙부공 환을 섬기되 일마다 품의稟議하였으며 이척易戚을 갖추었다. 공명과 이득에 힘쓰지 않고, 근검하여 집을 일으켰다. 그로 인해 과거는 폐하였다. 능동재사의 증축수리와 선원재실의 영건營建과 노동서사魯洞書社의 설립 등에 각각 성의를 다하였다. 또 본부本府의 환곡은 백성의 고질이 되기에 부군이 유금산령 도종道宗과 김은산령 용락龍洛과 함께 힘을 다하여 바로잡아 백성을 구제하였다.

　가일문중의 재사와 재실, 그리고 노동서사 등의 건축이 모두 권환과 권장 대에 이루어졌음을 알 수 있는 중요한 대목이다. 권장에게는 형에게 출계시킨 권익權鎰(1821~1876)을 비롯해 다섯 아들이 있었는데, 이들 모두에게 자신의 당대에 큰 기와집을 지어 분가를 시킬 정도로 가세가 부유하였다. 그 결과 권환과 권장은 세칭 '가일마을 팔부자'라는 신조어를 만들어 냈다. 현재 가일마을 안에는 12채의 큰 고와가 있다. 이 중 시습재 종택을 제외한 큰 와가들은 모두 수곡계의 후손 '가일마을 안동권씨 팔부자댁'과 관련이 있는 건물이다. 권장의 다섯 아들 권익權鎰・권도權鍍・권찬權鑽・권숙權鏽・권석權鉐과 권환의 후손들이 여기에 해당된다. '가일마을 팔부자'는 가일마을 밖의 사람들이 부르던 가일마을의 또 다른 표현이다. 이는 마을 내부 안동권씨들의 인식 여부를 떠나 마을 외부의 사람들이 가일을 보는 한 단면인 것이다.

【그림 1】권장・권환의 후손들

27세	28세	29세	30세	31세	32세	33세	34세	35세
권구	①縉(제곡)							
	②緝(소곡)							
	③鋪(수곡)	祖佑	①眺	①珏	(鎰/系)	準義(系)	東稷	①五寬
								②五愼
								③五尙
				②璋	①익(鎰/出)			
					②도(鍍)	準國	啓東	五寅
					③찬(鑽)	①準義(出)		
						②準和	寧復	五昇
					④숙(鏽)	準誠	東浩	五雲
					⑤석(鉐)	準夏	東直	五昌
			②晥聖佑에게 系	①奎(珪)	①성(鎰)	①準憲	寧植	五健
						②準悳	寧稙	五光
					②면(鎠)	①準弼	在東(系)	五塤
						②準經	在東(出)	
						③準杰(出)		
				②우(瑀)	①욱(鎰)	準興(系)	①寧郁	五元
							②寧達	五成
					②황(鎤)	①準興(出)		
						②準杓	寧春	勳
					③승(鎰)	準杰(系)	東綉	五一

110

5. 근대로 이어지는 권환가의 경제규모

이 당시 가일마을 팔부자댁의 경제상황을 알 수 있는 자료는 충분하지 않다. 안동권씨 팔부자댁의 하나였다고 하는 권대동權大東가에 전하고 있는 호구단자를 통해 단편적이나마 그 면모를 살펴보고자 한다. 권대동가에는 권환權晥(1767~1852)-권우權瑀-권황權鎤(1852~1900)-권준흥權準興(1881~1939)으로 이어지는 4대에 걸친 9건의 호구단자가 남아 있는데, 이 호구단자에서 이들이 소유한 노비의 숫자를 확인할 수 있다.

【표 1】 권환-권황-권준흥의 호구단자에 나타난 노비

번호	호주 (생산나이)	생산년도	가족	노비수 (단위 : 명)				비고
				계	솔거노	외거노	외거비	
1	권환(80세)	1847(丙午)	자부(유씨), 자(瑀), 자부(정씨), 손자(鎤), 손부(유씨)	47	1	23	23	
2	권황(19세)	1870(庚午)	모(정씨), 처(이씨), 형수	11	1	5	6	
3	권황(25세)	1876(丙子)	모(정씨), 처(이씨), 형수, 동생(권승), 제수(김씨)	16	1	7	8	
4	권황(49세)	1900(庚子)	형수(유씨), 출계자(준흥), 자부(이씨), 동생(권승), 제수(김씨)	20	1	8	11	
5	권준흥(24세)	1904(甲辰)	처, 양모, 생모	15	1	6	8	

18세기 후반에서 19세기 전반, 가일마을의 대표적인 치산자인 권환은 80세에 47명의 노비를 소유하고 있었다. 이 중에서 솔거노는 1명이며 나머지는 모두 외거노비였다. 이들 외거노비는 비안·상주·청송·용궁·의성에 거주하고 있다. 이는 권환의 농장이 이들 지역에도 분포하고 있었음을 알려 준다. 권환의 손자 권황은 19세에 조부로부터 11

▲ 1950년대 권대동가의 모습

명의 노비를 받아, 49세이던 1900년에는 20명의 노비를 소유하게 되었다. 권황의 외거노비 역시 비안·용궁·의성 지역에 거주지를 두고 있다. 권황의 장자이자 출자出子인 권준홍은 24세 되던 1904년에 15명의 노비를 소유하고 있다. 이는 아버지 권황으로부터 받은 노비다. 갑오개혁 이후 노비가 법제적으로는 없어진 신분이었지만 실질적으로는 여전히 존재하고 있음을 알 수 있다.

노비 이외에 권환-권황-권준홍가가 소유했던 토지의 규모를 살펴보면 1918년 당시 약 12만 평의 토지를 소유하고 있었다. 1918년에 작성된 권준홍·권영욱 부자의 「지세대장」에는 이들의 토지가 예천의 호명면과 안동의 풍산지역 일대에 넓게 분포하고 있음을 보여 주고 있다. 이는 가일마을의 다른 지주들과 거의 비슷하였으리라 생각된다. 가일마을에서 가장 부유하다고 전해지는 권환의 주손 34세 권영식權寧植은 천석千石지기로 알려져 있다. 그 외에는 대체로 500석을 했다고 전해지며, 권준홍가는 약 600~700석을 했다고 전해진다. 권준홍가의 재산규모와 비교하여 이들 농가의 재산 규모를 짐작할 수 있다.

6. 근대 가일마을의 경제구조와 상농층의 행보

2005년 동성마을 조사차 가일마을을 조사하던 중 필자는 근대기 가일 경제구조를 단면적으로 보여 주는 이야기를 들었다. 평소 가일마을이 다른 지역보다는 넉넉했다고 알고 있었기에 마을 어른들과의 면담 과정에서 "몇 사람이 부자지, 동네가 다 부자는 아니야", "1920~30년대 못 먹고 못 살아서 만주, 일본으로 떠난 집들이 1/3은 되지"라는 이야기에 처음에는 충격을 금하지 못했다. 그러나 곧 이러한 현상이 일제강점기의 보편적인 현상이었다는 것을 알게 되었다. 가일마을 역시 역사의 큰 흐름에서 빗겨 갈 수는 없었다.

18세기 후반에서 19세기 초에 새롭게 형성된 가일마을 안동권씨가의 경제적 기반은 근대로 그대로 이어지고 있다. 그것은 마을 내 타성들과의 토지소유 관계를 통해서도 확인할 수 있다. 1935년에 조선총독부가 간행한 『조선의 취락(朝鮮の聚落)』에 의하면 1930년 가일마을의 가구수는 모두 207가구였다. 그 중 동성인 안동권씨가 70가구, 기타 성씨가 137가구로 안동권씨가 전체가구의 약 34%를 차지하고 있다.

【표 2】 1930년 가일마을의 가구현황

동성성씨	마을형성	마을가구수	동 성		기타 성씨	
			가구수	인구	가구수	인구
안동권씨	500년	207	70	310	137	907

그런데 이보다 약 20년이 앞선 1910년대 초 「토지조사부」(조선총독부 임시토지조사국)에 나타난 가곡동의 토지소유자를 중심으로 한 성씨 비율은 이와는 다른 모습을 보여 주고 있다. 가일마을 내의 약 67만평에 달하는 풍서면 가곡동의 토지를 소유한 사람들 가운데 가일마을에 주소를 두고 있는 마을 내부인들은 모두 113명이었다. 이 중 권씨 성을 쓰고 있는 사람들은 63명으로 전체의 56%를, 안씨 성이 19명으로 약 17%를, 그 외 기타 성씨가 31명으로 약 27%를 차지하고 있다. 물론 토지조사부에 나타난 이들 개별 소유자를 세대주로 볼 수 없다는 문제점이 남아 있지만 토지조사부에 기재된 사람들을 호주로 보는 것에 별 무리는 없으리라 여겨진다. 일제는 농업생산에 있어서 소작경제체제를 뒷받침하기 위해 1909년 민적법民籍法의 실시를 통해 전통적 호적제도를 폐지하고 일본식의 가가제도, 호주 가족제도를 근간으로 한 일본식 호주제도를 강제하였기 때문에 토지조사부상에 나타난 소유주를 세대주로 보는 것은 무리가 없을 것으로 여겨진다. 이상의 결과에서 1935년 가일마을 안동권씨의 호수와 토지조사부에 나타난 안동권씨의 호수의 비율을 비교할 때 안동권씨의 토지 점유율이 매우 높다는 것을 알 수 있다.

【표 3】 가곡동 토지조사부에 등재된 성씨 분포 현황

구 분	權	安	金	崔	柳	鄭	姜	孫	李	趙	禹	張	全	池	계
사람수(명)	63	19	8	5	4	2	2	1	2	2	1	1	2	1	113
백분율(%)	55.7	16.8	7.0	4.4	16.1											100.0

　　이를 좀 더 구체적으로 살펴보면 아래의【표 4】와 같다. 1910년대

풍천면 가일마을(당시: 풍서면 가곡동)의 토지규모는 밭 275,451평(41.0%), 논 395,476평(59.0%)으로 총 670,927평이다. 약 67만 평에 달하는 가일마을의 토지를 소유한 사람이 모두 227명이다. 이 중 가일마을 내부인들 113명이 토지를 소유하고 있었는데, 【표 4】를 통해 소유규모의 측면에 있어서도 안동권씨들의 토지소유가 절대적으로 많다는 것을 알 수 있다. 통상 경영규모를 나눌 때 사용하는 분류 기준에 따라 5단계로 구분하기로 하겠다. 즉 5단보 미만의 영세농은 Ⅰ그룹, 1정보 미만의 소농은 Ⅱ그룹, 2정보 미만의 중농하층은 Ⅲ그룹, 3정보 미만의 중농상층은 Ⅳ그룹, 3정보 이상의 상농층은 Ⅴ그룹으로 나누었다. 그리고 이를 다시 성씨별로 분류해 동성성씨와 기타 성씨들의 영농규모를 살펴본 것이다.

【표 4】 가곡마을의 성씨별 토지(전답) 소유자수 및 소유면적

구분	계	Ⅰ (영세농)		Ⅱ (소농)		Ⅲ (중농하층)		Ⅳ (중농상층)		Ⅴ (상농층)	
		소유자	소유면적	소유자	소유면적	소유자	소유면적	소유자	소유면적	소유자	소유면적
姜	2			1	2,710	1	3,802				
權	63	30	18,746	5	15,864	13	54,053	6	42,319	9	221,286
金	8	6	2,880	2	3,485						
孫	1			1	1,956						
安	19	12	8,667	3	5,701	1	3,270	2	16,554	1	9,173
禹	1	1	947								
柳	4	3	2,538			1	5,157				
李	2	2	1,705								
張	1	1	929								
全	2			1	2,045			1	7,074		
鄭	2	2	1,995								
趙	2	1	279	1	1,550						
池	1	1	645								
崔	5	2	1,382	1	1,689	2	7,946				
계	113 (100%)	61 (54%)	40,713 (9.1%)	15 (13%)	35,000 (7.8%)	18 (15%)	74,228 (16.6%)	9 (8%)	65,947 (14.8%)	10 (9%)	230,459 (51.7%)

이 【표 4】를 통해 알 수 있듯이 1,500평 미만의 토지를 가진 영세농이 61명으로 54%에 해당된다. 이들은 최하층 영세농으로 자신들의 자작지만으로는 생계가 어려운 영세농에 해당되는 사람들이다. 그리고 1,500~3,000평 미만의 농지를 소유한 소농은 모두 15명으로 13%, 중농하층은 18명으로 15%, 중농상층은 9명으로 8%, 상농층은 10명으로 9%에 해당한다. 그런데 이중 상농층에 해당하는 10명 가운데 9명은 동성인 안동권씨다. 특히 상농층에 해당하는 권씨 9명은 가곡동 전답의 33%에 달하는 약 22만 평의 토지를 소유하고 있다. 이는 동성을 중심으로 경제적 기반이 편중되어 있음을 시사하는 것이다.

이들의 경영형태를 파악하려면 가일마을의 당시 인구를 알아야 한다. 그러나 자료의 부재로 1910년대 가일마을의 인구에 대한 정확한 자료가 없어 1930년대 가일마을의 인구대비 이들의 경영형태를 살펴보고자 한다. 1930년 가일마을은 전체호수 207호(1,217명), 동성인 안동권씨 70호(310명), 기타성씨가 137호(907명)였다. 그렇다면 가일마을에는 최소한 토지를 소유하지 못한 약 85호와 영세농 61호, 즉 총146호의 농가가 소작으로 살았음을 의미한다. 이는 가일마을 전체 호수의 70%에 해당하는 수치다. 1928년 9월 25일자 《동아일보》에 의하면 당시 가일동이 소속되어 있었던 풍서면의 총가구수 964가구 중, 농가는 860가구였다. 그 중 지주가 75가구(8.7%), 자소작농이 188가구(21.9%), 소작농이 597가구(69.4%)로 소작농이 약 70%에 달하고 있다는 기사는 이를 뒷받침하는 좋은 자료가 될 수 있다.

일제강점기 대한광복회에 군자금을 지원했던 권준희·권영식·권준흥은 모두 안동권씨 28세 수곡 권보의 후손들로 세칭 '안동권씨 팔부자댁'에 속한다. 18세기 후반에서 19세기 초에 형성된 가일마을 팔

▲ 지보공립보통학교운동회에서
아랫줄 세 번째 사람부터 차례로, 권대락(종손) · 권경혁(수곡종손), 한 사람 건너뛰고 권오원(권준홍의 손)
윗줄 두 번째 사람부터 차례로, 권영익 · 권오기(권오설의 제). 한 사람 건너뛰고 권영춘(권춘표의 자)

　부자는 근대기에도 그대로 이어지고 있다. 1910년대 초 토지조사부를 통해 가일마을의 상농층을 분석한 결과 마을후손들이 증언한 팔부자댁 중 다섯 집임을 확인할 수 있었다.

　일제강점기라는 격변기를 거치면서 가일마을의 지식인층은 본격적인 운동에 뛰어들었다. 팔부자댁 가운데 권준희 · 권영식 · 권준흥은 대한광복회 군자금 지원에 나섰다. 또한 권준희의 손자인 권오상은 사회주의의 길을 걸었으며, 권준흥의 동생 권준표는 풍산소작인회를 통한 농민운동에 뛰어들었다. 남천댁의 권오운 역시 사회주의의 길을 걷게 되었다. 이들이 사회주의를 택한 사상적 배경을 살피는 일은 쉽지 않다. 가일마을 사회주의자들의 중심에는 권오설이 있다. 권오설의 아버지 권술조는 가일마을 내에 2,649평(답 665평, 1984평)의 토지를 가진 소농이었다. 그에게는 세 명의 아들이 있었는데 2,649평의 전답으로는 생계를 유지하기 어려웠을 것이다. 권오설과 그의 동생 권오직이 사회

【표 5】 1910년대 초 토지조사부에 나타난 가일마을의 상농층 (단위:평)

소유자	총계	농지			垈地	墳墓地	林野	기 타
		畓	田	계				
權五運	17,690	3,335	6,219		1,679	1,070	5,387	* 종가대(시습제) 종손
①權東稷	61,553	34,497	23,950		3,106			珩—익—준희(爵)—東稷 * 수곡대 주손, 권준희 대한광복회 군자금지원
①權五愼	10,332	1,343	6,282		2,707			권동직의 次子 * 6·10만세운동 권오상의 형
②權寧植	66,994	38,236	23,498		5,260			수곡의 2子—권환의 주손
權寧植	27,527	21,073	6,297		157			晥—규—성—準惠—寧植
③權東浩	17,594	7,596	6,386		1,557		2,055	璋—鏞—準誠—東浩 * 남천대 / 사회주의운동가 權五雲의 父
④權五寅	13,664	4,309	8,370		985			璋—鏒—準國—啓東—五寅
權台中	18,874	2,256	3,420			898	12,300	
⑤權準興	21,933	7,430	13,360		1,143			* 대한광복회 군자금지원
⑤權寧郁	9,044	7,564	1,480	-	-			권준흥의 長子
安相鎬	19,138	4,516	11,253		1,491	1,878	-	

주의의 거장이 된 것은 이러한 경제적 배경이 하나의 원인으로 작용했을 것이다. 그러나 이러한 경제적 배경만으로는 1920년대 사회주의자들의 행보를 설명하는 것은 매우 위험하므로 사상적 배경을 함께 이해해야 할 것이다.

가일마을의 팔부자들은 격변기를 맞아 독립자금을 지원하고 사회주의를 지향했던 사람들이 고초를 겪으면서 그 재정적인 기반이 점차 와해되었다. 일제강점기 후반에 어느 정도의 경제적 와해가 이루어졌는지에 대한 정확한 근거는 없다. 이는 해방 후 농지개혁 자료로 역추적해 봐야 정확한 이해가 가능하리라 여겨진다. (강윤정)

5장

가일마을의 중흥조 병곡 권구

1. 집안 내력과 어린시절

권구權榘(1672~1749)의 자는 방숙方叔, 호는 병곡屛谷이다. 관향은 안동으로 시조는 태사太師 권행權幸이다. 가일마을 입향조 권항權恒(1403~1461)이 그의 9대조다. 그의 7대조는 화산花山 권주權柱(1457~1505)인데, 권주는 뛰어난 문장과 꿋꿋한 절개와 바른 행실로 세상에 이름났으나 연산군시대 갑자사화(1504)에 참화를 입었다. 권구의 집안은 증조 권경행權景行(1583~1651) 대에 가일마을을 떠나 예천 용궁 오룡리로 옮겼다가 아버지 정곡井谷 권징權憕(1636~1698) 때에 가일로 다시 돌아왔다. 어머니는 졸재拙齋 유원지柳元之(1598~1678)의 딸로 서애 유성룡의 증손녀가 된다. 아버지 권징이 가일로 다시 돌아오게 된 것은 아마도 풍산유씨 가문에 장가들면서 조상 대대로의 터전이자 처가에 가까운 이곳에 자리 잡기 위해서였기 때문일 것이다. 평생을 벼슬길에 나가지 않고 처사로 보냈으나 학문과 인격이 뛰어난 인물이었던 권구는 가일의 권씨가문을 중흥시키는 데 결정적인 역할을 하였다. 그의 아들과

▲ 병곡 권구의 묘소

▲ 병곡 권구의 묘비

손자 대에 그를 이어 뛰어난 인물이 많이 나왔기 때문이다.

그는 어려서부터 매우 총명하고 침착하였다. 8세 때 외가인 하회에 가서 놀다가 자물쇠를 거꾸로 잘못 잠궈서 열 수가 없었는데, 외숙인 익찬공翊贊公 유의하柳宜河(1616~1698)가 꾸짖으니 스스로 열겠다고 청하며, "제갈공명은 팔진도八陣圖도 풀었는데 천하의 물건에 어찌 사람으로서 못 풀 것이 있겠습니까"라고 대답하였다. 이에 외숙 유의하가 매우 기특하게 여겼다.

항상 "한가지 일, 한가지 사물이라도 통하지 아니하면 이는 나의 부끄러움이다"라 하며 여러 방면에 걸쳐 수많은 책을 두루 보았다. 천문, 주역의 괘상, 예학, 산수, 병법, 음률 같은 것에도 해박하였으며 그 대의를 깨달았다. 어떤 대상이든 정밀하고 상세하게 연구하여 그 이치와 의미를 잘 파악하였다. 비록 풀기 어려운 문제나 대상이라도 반드시 그 끝까지 궁구하였다. 심지어 곤충 같은 미물이나 초목까지도 대충 지나쳐 보지 않았다.

그러다가 그는 나이가 들어가자 유학, 즉 육경六經과 사서四書와 정주程朱의 학문에 뜻을 두고 집중해서 공부하였다. 학문에 있어서 근본되는 것과 지엽적인 것, 중요한 것, 덜 중요한 것을 헤아려 공부한 것이었다. 그는 유학의 깊은 의미를 궁극적으로 연구하다가 때때로 침식을 잊기도 하였다. 그는 여러 방면의 학문을 두루 공부하는 박학으로 출발하여 다시 유학의 경전으로 돌아와 요약하는 학문과정을 밟았던 것이다. 권구는 이렇게 학문에 매진하면서 평생을 벼슬하지 않은 꿋꿋한 선비로서 보내게 된다.

그러나 그의 학문은 당시의 일반적 학문경향과는 좀 달랐다. 당시의 일반적 학문경향이 과거준비를 위한 것이거나 아니면 성리학의 이

론탐구에 치우쳐 있었다면, 그의 학문은 성리학의 이론에도 밝으면서도 경전이 지닌 본래의 뜻을 밝혀 마음으로 체득하고, 그 뜻에 따라 삶을 살아가는 것이었다. 그는 지식과 실천을 모두 학문으로 보았던 유학 원래의 의미에 충실했다고 할 수 있다. 바꾸어 말하면 그는 삶 속에서 실천을 통하여 옛 성현의 학문을 밝혀 나갔던 것이다.

2. 마음가짐과 삶의 태도

권구의 삶은 유가 선비의 전형적인 삶의 모습 그대로였다. 그가 삶을 사는 모습은 자기 자신에 대한 성찰과 실천, 부모 형제에 대한 효도와 우애, 종족을 비롯한 이웃에 대한 배려와 교화, 신의로 맺어진 벗들과의 교유 등에 있어서 그대로 드러난다. 수신제가치국평천하修身齊家治國平天下라는 『대학』의 실천단계론으로 미루어 볼 때, 그의 삶은 비록 겉으로 드러난 모습에서는 제가와 치국에 머물렀으나 실제로 수신이 바로 제가요, 치국이요, 평천하이므로, 그는 『대학』에서 말하는 유학적 실천을 몸으로 평생 동안 실천한 실천가였다.

그는 몸이 약하여 옷 한 벌도 이기지 못할 것 같았다고 한다. 그러나 그는 자기 자신에 대한 성찰을 통하여 마음을 늘 경건하게 가다듬고 견고하게 지켰다. 그는 "마음은 반드시 가늠하고 드러내는 바가 반듯해야 하고 추호라도 더럽혀서는 안 된다. 항상 스스로 경계하고 살펴서 어둡거나 거꾸로 나아가지 않아야 할 뿐이다"라고 하였다. 또 "마음은 불(火)의 장기다. 자연히 빛이 밝다. 다만 물욕에 가려서 그 밝음을 잃고 어둡게 된 것이다. 마음을 잘 다스려 그 어두움을 제거하면 마음이 진실로 스스로 밝은 그 본래 모습대로 될 것이다. 마음을 잘 다스리는 방법은 다른 것이 아니다. 공경(敬)일 뿐이다. 공경의 본질은 오직 살피고 조심하는 것이니, 주자는 그것을 '범의 꼬리, 봄의 살얼음에 이 목숨을 맡긴 것이다'라 하였다. 주자가 무슨 무서워할 일이 있겠냐마는 다만 이 마음을 함부로 내버려두지 말라는 뜻일 뿐이다"라 하였다. 그는 이처럼 늘 공경하는 자세로 마음을 가다듬었던 것이다.

그는 앎 자체도 마음의 깨달음을 중요하게 여겼다. 그는 "이치를 탐구하는 것은 스스로 깨닫는 것이 가장 중요하다. 내가 만약 다만 다른 사람의 말에만 의지한다면 자기에게 무슨 구할 것이 있으랴? 뜻을 세워 오로지 성실하게 하면 금석이라도 뚫을 수 있다. 글이란 나의 마음 가운데 진실로 있는 바를 말함이니, 열심히 읽고 깊이 생각하면 문득 스스로 깨달을 곳이 있으리라"라 하여 마음의 깨달음을 강조하였다. 마음이 깨달음에 이르면 몸의 행위와 삶의 모습은 자연스레 바르게 된다.

이렇게 항상 경건하게 마음을 가누어 깨달음을 얻은 그의 몸가짐은 늘 단정하고 중후하며 기상이 온화하였다. 법도가 몸에 자연스레 익어 겉으로는 남달라 보이지 않았으나 움직이고 쉬고 잠자고 일어나는 등의 모든 일상행위가 모두 적절하였다. 그렇게 하려고 해서 된 것이 아니라 저절로 그렇게 된 것이다.

일상생활의 먹고 입고 자고 하는 의식주의 문제에 있어서도 그는 담백하였다. 음식은 주림을 채우는 것, 의복은 몸을 가리는 것일 뿐이라고 생각하였다. 거처하는 방이 매우 소박하고 누추했으되 그곳에 편안하게 거처하였다. 일찍이 손수 벽에 "가난함에 세 가지 즐거움이 있으니, 입은 채소와 거친 밥에 익숙하여 어떤 음식이든 쉽게 만족하였으므로 다른 사람들의 기름진 음식을 바라지 않았다. 몸은 베옷과 갈옷에 익숙하여 어떤 옷이든 편하게 여겼으므로 다른 사람들의 비단 옷을 원하지 않았다. 거처는 오막살이에 익숙하여 어떤 집이든 편하게 살았으므로 다른 이들의 화려한 집을 바라지 않았다"라고 써 붙이고서 자신의 삶의 태도를 되새겼다. 그는 마음의 깨달음으로 담박한 삶의 태도를 자연스레 받아들였던 것이다. 그는 "옛 사람이 담백하고 소박한 것을 편안하게 여겼던 까닭은 일부러 춥고 괴로움을 선택한 것이 아니다. 그들은 마음속에 지닌 바가 참되었으므로, 어떤 음식을 먹든 어떤 옷을 입든 어떤 집에서 자든 그런 것들이 자연스레 마음에 두어지지 않는 것이다. 만약 육신의 편안이라는 조그마한 것에 마음을 둔다면 그 마음 가운데 보존하는 바 큰 뜻이 없는 것을 알 수 있다. 배우는 자는 모름지기 먼저 뜻을 세워야 하니, 뜻이 세워지지 않으면 작은 일도 이루지 못할 것이거늘 하물며 큰일에 있어서랴? 비록 그러하나 또한 마땅히 지향하는 바가 어떤 것인지를 보아야 한다"고 하였다.

 이러한 마음가짐은 모든 부분에서 삶의 태도를 바르게 결정하는 바탕이 된다. 부모에 대해서는 효성으로, 형제간에는 우애로, 벗에게는 신의로, 아랫사람에게는 너그러움으로 나타나는 것이다. 그는 지극한 효성으로 부모를 섬기었다. 늘 온화한 낯빛으로 어버이를 모시었으며, 그분들의 뜻에 순종하였고, 크고 작은 일 모두를 반드시 아뢴 뒤에 행하였다. 혹 부모가 편찮으면 약과 미음을 반드시 몸소 달이고, 남에게 맡기지 않았다. 아버지 권징이 병환중에 감주를 먹고 싶어하였다. 그러나 의원의 말이 해롭다 하여 드리지 않았는데 아버지가 죽자 마침내 죽을 때까지 감주를 마시지 않았다. 돌아가신 부모에 대한 권구의 애절함과 효성이 가득 드러나는 일화다.

 권구는 형제 사이에는 끊을 수 없는 의리가 있다고 보았다. 그러므로 "만약 허물이 있으면 충고하고, 충고해서 순종하지 않으면 성의를 쌓아서 감동시키는 데 힘써야 하고, 끝내 마음을 돌리지 못하면 그 노력을 그만두고서 형제 사이의 우애를 보전함이 마땅하다"고 하였다. 또한 "사람들은 형제나 종족 같이 가까운 사이에는 기대와 바람이 많은 까닭에 조금이라도 맞지 않으면 원망과 노여움이 오히려 쉽게 생겨난다. 자기의 손과 머리로 하는 일도 도리어 마음에 들지 않을 때가 있는데 형체가 이미 나누어진 뒤에 어찌 매사가 마음에 맞겠는가? 일가 사이에 지나친 책망은 옳지 않다. 지나간 일은 곧 잊고 마음에 두어서는 안 된다" 하면서 형제를 대할 때는 물론이고 일가 사람을 대할 때마다 화평함과 돈독한 친목의 마음으로 대하였다.

이러한 마음과 태도를 미루어서 그는 노복을 부리거나 이웃을 대할 때도 한결같이 성실하게 대하였다. 혹 잘못하는 일이 있으면 순순히 가르치고 경계하였고, 성난 소리나 화난 낯빛을 보이지 않았으므로 사람들이 모두 그 위엄을 두려워하고 덕을 사모하였다. 그리하여 종족 사이에 헐뜯거나 이간질하는 말이 없었으며, 종들도 차마 속이고 저버리지 못했으므로 이웃에 거처하면 사람들의 풍습이 고쳐지고 그 가르침에 감화되었다고 한다.

『병곡집』에는 그 사례 2가지가 기록되어 있다.

권구는 1700년에 병을 피해 마을 밖 동네에서 6~7년을 머물렀는데, 그곳은 오래된 민촌이었다. 그런데 그곳 백성의

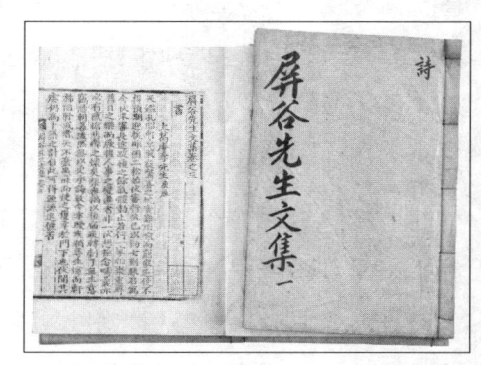

▲ 병곡선생문집

풍속이 본래 못되어서 더러운 욕지거리가 끊이지 않고 싸우기를 좋아했다. 그런데 권구가 거주한 뒤 욕지거리가 그치고 못된 풍습이 점차 고쳐졌다. 그 뒤에 마을 노인들이 말하기를 "우리 마을이 본래 사납다는 이름이 있었는데 이제는 순후하다 하니 병곡이 가르쳐 감화시킨 힘이다"라 하였다.

 1716년에는 병산 서쪽 마을에 집 하나를 빌려 거처를 마련하였다. 그 지세가 그윽하니 깊고, 경치가 좋았기 때문이었다. 그는 마을 이름을 병곡屛谷이라 고치고 스스로의 호로 삼았다. 그곳에 머물던 시절, 그는 그 부근의 경치 좋은 곳을 노닐면서 그 경치를 글의 제목으로 삼아 시를 읊어 기록하였다. 이것은 여가에 시를 읊으며 두루 돌아다니며 유연하게 속세의 티끌을 벗어나고자 한 생각이었다. 그러면서도 마을 백성들의 삶이 곤란하고 고생스러운 것을 보고, 이를 벗어나는 방법의 하나로 사창저축법社倉貯蓄法을 만들었다. 이는 먼저 민생을 보전한 후에 교화를 시행하고자 하는 의도였다. 그 내용은 이전의 향약을 가감한 것이다. 비록 여러 가지 이유로 사창법을 시행하지는 못했으나 그 마을 사람들의 풍속은 사람으로서 마땅히 행해야 할 도리를 알게 되어, 그 완고하고 못된 습관이 점차 변해 갔다고 한다.

 그는 온화하고 너그러운 성품을 지녔고 다른 이에게 성실하였으므로 손님이나 벗과 있을 때면 자기 자랑이나 상대방을 구속하는 태도를 짓지 아니하였다고 한다. 생질 김서경金瑞景이 『논어』「자로子路」에서 "집에 거처할 때 태도를 공손히 하며, 일을 처리할 때 마음을 경건하게 하며 다른 이를 대할 때 충심으로 하라"는 말을 물으니 권구는 "집에 거처할 때 태도를 공손히 하며, 일을 처리할 때 마음을 경건하게 하는 일은 오히려 쉬우나 사람을 대함에 충심으로 함은 어렵다. 사람을 대할 즈음에 있어서 친소귀천親疎貴賤의 차이를 불문하고 충심으로써 대접하면 한결같을 것이다. 충이란 진실하고 잡됨이 없고 미리 멋대로 정하지 않는 것을 말하는 것이니 어찌 어렵지 않을까"라 하였다. 집에 거처하고 일을 처리하는 것은 나의 일이다. 그러나 다른 이를 대하는 일은 나와 다른 이의 관계에서의 일이다. 그러므로 더욱 어렵다고 한 것이다. 그는 그 점을 강조하여 "사람의 도리는 사람과의 만남에 있으니 진실로 사람과 만날 적에 소홀하거나 거짓된 생각이 있으면 그 나머지는 볼 것도 없다"고 하였다.

또한 그는 "남과 더불어 일을 논할 적에 자기의 견해를 반드시 주장할 필요는 없다. 자기가 자기의 의견을 펴려고 하면 상대방도 또한 자기의 견해를 펴려고 할 것이다. 그러므로 자기와 남을 따지지 말고 오직 옳고 그름의 다툼이 무엇 때문에 일어나는가를 살펴야 한다. 만약 논의가 과연 의리를 해치고 일을 망치는 경우에는 부득불 변론하지 않을 수 없지만, 그러나 마음을 평안히 하고 기운을 온화하게 하면 스스로 움직이게 할 수 있으리니, 사람이 혹 한때 어지럽고 동요하더라도, 오래되면 스스로 안정될 것이다"라 하였다. 권구는 늘 그런 태도를 지니고 있었으므로 어떤 일에 부딪쳤을 때 비록 서로 의견이 다르고 대립되더라도 한사람도 감정이나 원한을 품는 이가 없었다고 한다.

그는 일찍이 『주역』 규睽괘 「상전象傳」의 '동이이同而異'(같으면서도 다르다) 석자를 벽에 써 붙이고, "이것이 처세의 큰 방법이다. 이천伊川이 이르기를 '일이 의리에 해가 없다면 세속을 따르는 것도 괜찮다. 의리에 해가 되면 따라서는 안 된다'고 한 것이 바로 이 뜻을 말한 것이다. 특히 의에 해로우면 따라서는 안 된다는 구절은 더욱 살펴볼 말이다"라 하였다. '동이이'란 군자가 힘을 합해서(大同) 해야 할 일은 소인과도 같이하되 스스로의 바름은 잃지 않는다는 뜻이다. 권구는 진실하고 너그러운 마음으로 사람을 대하였지만 의리에 벗어나는 일에 대해서는 단호하게 대처하였던 것이다.

3. 나를 완성하는 학문

1) 스스로 깨달음을 강조하다

권구의 학문은 어떤 특별한 학맥의 학문을 이었다거나 특정한 스승이 있어 그 학문을 이어받은 점은 두드러지지 않는다. 다만 학문적 배경은 튼실한 편이다. 그는 화산 권주 이래 가학의 전통을 이어받은 데다가 외가를 통하여 서애 유성룡, 졸재 유원지의 학문적 영향을 받았을 것이고, 처가를 통하여 또한 갈암 이현일, 밀암 이재 부자의 학문적 영향을 받았을 것이며, 가깝게 지낸 권두경·권태시·유후광 등 선배들을 통하여 지역의 학문적 흐름의 영향을 받기도 했을 것이다.

권구의 아버지 권징은 문집이 없어서 그 내용을 짐작하기 어렵지만 학문이 깊고 행동이 독실하였다. 졸재 유원지의 딸인 어머니는 경서와 역사를 널리 섭렵하였으며, 바깥일을 잘 가늠하였고, 자녀를 기르는 데 법도를 지녔다. 외삼촌들도 훌륭하여 권구는 그들의 영향을 받아 덕성을 배양하였다. 즉 권구는 기본적으로 친·외가의 견문으로 그 학문과 덕성의 바탕을 길렀던 것이다. 약관을 벗어나서는 갈암葛菴 이현일李玄逸(1627~1704)의 문하에 출입하였다. 그가 이현일의 손녀와 결혼을 하였으므로 자연히 그렇게 된 것이다. 이현일은 이 손녀사위를 한 번 보고 크게 칭찬하며 큰 학문을 이루리라 기대하였다. 그런데 이현일이 곧 이어 버슬살이에 나아가고 또 뒤이어 여러 해 동안 귀양살이를 한 까닭에 조석으로 문하에서 가르침을 받지는 못했다. 그러나 짧은 기간이나마 권구는 이현일로부터 매우 친절한 가르침을 받았다.

그는 이현일이 죽은 뒤에는 처숙부가 되는 밀암密庵 이재李栽(1657~1730)를 통하여 학문의 깊이를 더하였다. 이현일·이재 부자는 퇴계학맥의 정통을 이었다고 평가되는 사람들이다. 그러므로 그는 퇴계학파의 학문의 흐름을 잘 이해하였을 것이다. 동시에 권태시, 권두경, 유후광, 김명기 등 선배들과 나이를 접고 벗하면서 절차탁마하였다. 그들은 권구에 비하여 많게는 마흔 살 정도, 적게는 스무 살 정도 연장자들이며, 학문과 덕행으로도 이름난 이들이었다. 권두경은 "권모는 나이는 젊어도 아는 것은 많으니 우리들이 미칠 바가 아니다"라고 말하였다. 유후광도 그의 깊은 학문에 깊이 탄복하여 일마다 자문을 구하였고, 임종시에는 두 아들을 부탁하기도 하였다. 권구는 그들과의 관계를 회상하며, "내가 젊은 날, 선배들과 더불어 종유한 일이 많았다. 선배들은 기상이 충후하여 후진을 장려하여 나아가게 하는 뜻이 있었으되, 지나치게 치켜세워 주고 인정하는 말이 있었다. 내가 그래서 헛된 명성과 세상을 속이는 근심을 면하지 못하였다. 그러나 이러한 사람들이 죽은 뒤부터는 귓가에 올바른 소리를 듣지 못하였으니 매양 한 번 그들을 생각할 때마다 실로 말할 수 없는 그리움이 있다"고 하였다.

그는 두루 좋은 배경을 지니고 학문에 힘을 쏟았다. 좋은 배경을 지녔으므로 어린 시절에는 자연스레 배운 바를 세상에 펼 뜻을 지니게 되었다. 게다가 기상은 크고 뜻이 넓었으므로 세상에 어려운 일이 없을 것으로 생각하였다. 그러나 나이가 조금 들어서는 본말·완급의 차례가 있음을 알고, 자신을 위한 공부로 돌아와 육경, 사서 및 정주의 여러 책들에 온 마음을 기울이고 힘을 쏟았다.

그러다가 그는 부모가 상을 당하자 본래 약한 몸이 더욱 약해졌다. 게다가 나라가 어지럽고 도리가 무너져서 구제할 방안이 없음을 보고, 탄식하기를 "지금은 벼슬에 나아갈 때가 아니다. 그저 내 좋아하는 것이나 하겠다" 하고 드디어 과거를 단념하고 두문불출하며 성실하게 학문에 열중하였다. 특히『중용』·『대학』·『주역』의 정문正文을 묵묵히 암송하는 것이 날마다의 일과로 정해져 있어서 병들었을 때도, 손님이 왔을 때도, 심지어는 출입하는 말 위에서도 한 번도 거르는 일이 없었다. 그는 총명한 재주와 신묘한 자질을 지닌데다 이처럼 독실하게 학문을 갈고 닦았으므로 큰 학문적 성과를 이루었던 것이다.

권구의 학문의 기본은 나를 완성하는 학문이었다. 이른바 위기지학 爲己之學이다. 그는 "도체道體가 비록 크다 하나 실로 내 마음에 갖추었고, 사물이 비록 많다 하나 실로 내 몸에 근본한다"라 하였다. 앎도 행함도 모두 내 자신이 주체가 되어 이루어진다고 본 것이다.

권구는 스스로 깨달아 가는 학문방법을 강조하였다. 이른바 자득自得을 강조한 것이다. 그는 정밀하게 생각하고 탐구하였으며, 거듭 숙독하여 환히 깨달아 알 때까지 계속하였다. 그는 "성현의 글은 내 마음과 본성 가운데 고유한 일을 말씀한 것이다. 진실로 조급한 마음으로 서둘지 않고 게으른 마음으로 내버려두지 않으며, 꾸준히 오래 연구하면 자연 환하게 꿰뚫어 아는 때가 있을 것이라"고 하였다.

그는 경서를 볼 때 각주를 보지 않고 오직 경문經文에서 그 뜻을 찾았다. 거듭 읽고 꾸준히 읽어서 대의를 분명히 안 뒤에야 비로소 다시 각주와 대조하여 보면서 그 뜻을 음미하였다. 그는 "경서를 읽는 자가 만약 먼저 각주를 보고 다시 생각하지 않으면 자기의 정신을 개발할 수 없다. 그러니 먼저 정문을 보고 일단 대의를 깨달은 뒤에 주석의 학설과 서로 참고하여 그것을 살펴 깨달음의 경지를 높여야 한다"고 하였다.

그가 경전을 공부하여 그 깊은 뜻을 깨닫고자 한 것은 실천을 위한 것이었다. 그는 "경서를 읽고 스스로 돌이켜 반성하고 실천하지 않으면 다만 어구를 표절하여 글을 지어내는 데 그치는 것이니, 쇠나 나무를 다루는 공인이 오직 겉치장만 하여 사람들의 눈을 기쁘게 하여 좋은 값을 구하는 것과 다름이 없다. 이러한 사람은 실로 선비가 아니다"라고 하였다. 그의 앎은 실천을 위한 앎이었다.

그는 당시의 학문풍조를 비판하여 "책을 끼고 경전을 논하는 자 가운데 성명性命·이기理氣를 말하지 않는 자가 없건마는, 말하기만을 좋아하고 자기의 심신에 있어서는 일 푼의 도움도 없으니 근래 학문을 연구하는 자가 과거 공부를 하는 자와 매양 같다"고 하였다. 학문이란 깨달음과 실천이 중요한 것인데 그것을 도외시하고 이론적 탐구만을 일삼는 당시의 풍조를 비판한 것이다. 그는 "성인의 말씀은 위아래로 이치가 갖추어지지 않음이 없다. 진실로 능히 깊이 체인하여 힘써 행하면『논어』·『맹자』중의 한 장 한 구절이 한평생 써도 다함이 없을 것이다. 어찌 많은 것을 구할 필요가 있을까?"라 하였다. 중요한 것은 깨달음과 실천이라는 것이다. 만약 깨달음을 얻는다면 그것은 "성인이 눈앞에 있어서 모든 것을 친히 가르침 받는 것 같을 것이다"고 보았다.

2) 앎과 실천의 길

권구는 이러한 학문방법과 태도로써 연구하여 경전, 이기, 심성론,

예론, 역사, 정사, 천문, 의학 등 다방면에 걸친 저술 및 논설을 남겼다. 특히『대학』,『중용』,『주역』에 힘썼다. 평생토록 이 세 경전의 정문을 암송하였으며, 돌아가기 직전까지도 암송하였다고 전한다.

원래『대학』은 유학의 목적과 정치의 큰 줄기를 설명한 책이다. 그는『대학』공부는 지행知行 두 자를 벗어나지 않는다고 하면서, "『대학』의 본말시종本末始終은 마치 바둑판 같고, 삼강령三綱領 팔조목八條目은 바둑알과 같으며, 그 먼저 하고 나중에 할 바를 아는 것(知所先後)은 바둑을 두는 것과 같다"고 하였다. 본말시종本末始終은『대학』의 내용이 놓이는 전체 틀이며, 유학의 이상과 목적인 명명덕明明德, 신민新民, 지어지선止於至善의 삼강령과 삼강령에 이르는 순서인 격물치지성의정심수신제가치국평천하格物致知誠意正心修身齊家治國平天下의 팔조목은 그 틀에 놓여질 내용이오, 먼저 하고 나중에 할 바를 아는 것은 그것을 공부하여 깨닫고 실천한다는 의미일 것이다. 그는 이러한 자신의『대학』이해를 바탕으로『대학취정록大學就正錄』을 짓고 도圖를 그려 공부하는 다른 사람들도 대학의 큰 뜻을 깨닫고 바르게 실천하기를 바랐다. 그의 학문을 구성하는 중요한 틀 가운데 하나가 바로 지행이었던 것이다.

권구는『중용』을 도道로써 이해하였다. 그는 "『중용』은 본래 도를 전하는 글이다. 그러므로 도 자字 하나가 전편의 골자가 된다. 예컨대『중용』수장首章 수절首節(天命之謂性, 率性之謂道, 修道之謂敎)의 성性·명命·교敎는 또한 도 자를 설명하기 위한 것이다"라고 하였다. 권구는『중용』수장 수절의 핵심어를 도道라고 이해한 것이다. 나아가 권구는 천명이란 도의 근원이고, 성은 도의 본체며 교는 도의 쓰임이므로 도는 체용을 겸하였다고 하였다. 또한 그는『중용』1편의 대의는 도를 밝힘(明道)에 있으며, 도는 바로 중용의 도요, 시중時中이 바로 『중용』 전편의 주된 뜻이라고 보았다. 그는 이러한 『중용』 이해를 바탕으로 『중용취정록中庸就正錄』을 지어 읽는 사람이 스스로 깨달아 얻기를 바랐다.

권구는 『주역』에 대하여 "또 천하사물은 수數가 아님이 없는데 그 이치는 역易이다. 배우되 이에 밝지 아니하면 비록 성현의 말을 의지하여 따라서 조금의 잘못이 없더라도 끝내는 하나의 죽은 법이 되리라" 하였다. 또 "역을 읽을 때에는 현묘한 곳에 나아가서 구할 필요가 없고, 다만 평범한 눈앞의 사물 및 일상생활에 비유하고 추론하여 변통하면 통할 것이다. 역은 꽉 묶여진 사물이 아니다. 진실로 그 변통하는 마땅함을 잃지 않으면 자연히 서로 합하는 곳이 있어 스스로 하나의 설이 됨을 방해하지 아니한다"고 하면서 『주역』을 읽고 그 이치를 낱낱이 분석하여 그 자세한 뜻을 설명한다는 의미의 『독역쇄의讀易瑣義』를 지었다.

『독역쇄의』에는 「하도십오위낙서지도河圖十五爲洛書之圖」, 「횡도합원도지도橫圖合圓圖之圖」, 「음양체수용수지도陰陽體數用數之圖」의 3도설과 주렴계의 「태극도설太極圖說」과 소강절의 도설을 바탕으로 한 「이오교감도二五交感圖」가 들어 있는데 「이오교감도」는 「제일음양변합지도第一陰陽變合之圖」, 「제이오기순포사시행지도第二五氣順布四時行之圖」, 「제삼감리유통화생만물지도第三坎離流通化生萬物之圖」로 구성되어 있다. 이들 도와 도설 모두는 자연의 순환과 우주만물의 전개과정을 설명한 것이다. 밀암 이재는 권구의 역에 관한 논설과 「이오교감도」를 보고 사람들에게 "이 사람의 역학은 동방 일인자다. 소강절 이후로 아마도 이 이치에 이른 사람은 없을 것 같다"라 찬탄하였다고 한다.

권구는 이재와 이기론에 관하여 편지를 주고받은 사실이 있고, 또 사단칠정설을 짓기도 하였으며 이기론에 관한 논설도 몇 편 지었다. 그 내용을 보면 이기론과 사단칠정설은 대체로 이황의 학설과 크게 차이가 나지 않는다. 그러나 권구의 논설에서는 이기론이나 사단칠정론의 논리적 분석을 시도하고 있기는 하지만 그 내용이 소략한 것으로 보아, 이기심성론은 그의 학문의 주된 관심사가 아니었던 것으로 생각된다. 그러나 소략한 그 내용 또한 스스로의 자득이었다. 그는 사단칠정설에 관해 "내가 말한 것은 곧 내 스스로의 설에서 나온 것이고, 고인이 아직 말하지 않은 바다. 그러니 과연 어긋남은 없을까"라고 하였다.

그는 경전 본문에는 성현의 모든 가르침이 들어 있으며 그것을 스스로 깨달아 실천하는 일이 바로 이치를 깨달아 실천하는 일이라고 여기었다. 그래서 그는 어린이의 공부를 위해 성현의 중요한 가르침을 요약하여 『초학입문初學入門』을 짓고, 또 부녀자가 덕을 쌓고 집안을 다스리는 법을 국문으로 번역하여 『내정편內政篇』을 펴서 부녀자에게 주어 익히도록 하였다. 그는 『역대연혁고歷代沿革圖』를 지어 중국과 우리나라의 역사를 연대별로 정리하였다. 그것은 중국 제왕을 큰줄기(大統)로 삼고 우리나라를 그 사이에 덧붙인 것이기는 하지만 단군으로부터 조선조에 이르기까지의 역사를 나름대로 명확히 밝힌 것이었다.

권구는 『정시관규政始管窺』를 지어 백성을 다스릴 때 우선적으로 시행할 바를 밝혔다. 이 글은 1720년 토지경계 구획을 할 때, 안동부사 권이진權以鎭(1668~1734)의 청에 따라 대략의 강목을 알려 주는 방법으로 일을 돕고 나서 그것을 바탕으로 지은 것이다. 그 내용은 "백성을 잘 기르려면 우선 재물이 잘 관리되어야 하고, 재물이 잘 관리되려면 우선 세금을 고르게 부과하여야 한다. 국가의 법이 모두 여우·쥐와 같은 천한 무리에게 맡겨져서 왕의 부세와 정당한 공물, 백성들의 고혈이 모두 이 무리의 주머니 속으로 들어갔다. 지금 아전들의 전횡을 방지하고 백성들을 구제하려면 새로운 법을 만들어서 토지의 등급을 고려하고 해마다 흉년인가 풍년인가에 따라 세금을 정하도록 하여 윗사람이 잘 감독하여야 한다. 그렇게 되면 아래에서 제멋대로 그 간사한 짓을 하지 못하리라"는 것이다.

권구는 『대학』 전傳 10장의 "재물이 모이면 백성들의 마음이 흩어지고, 재물이 흩어지면 백성들의 마음이 모인다"(財聚則民散 財散則民聚)를 "윗사람에게 재물이 모이면 백성들의 마음이 흩어지고 윗사람이 재물을 흩어 분배하면 백성들의 마음이 모인다"고 보았다. 이는 주자가 윗글을 덕과 재물의 관계로 설명하면서, "재물을 위주로 하면 백성들의 마음이 흩어지고 덕을 위주로 하면 백성들의 마음이 모인다"고 본 것과는 다르다. 요즘말로 말하면 분배의 정의를 주장한 것으로 큰 의미가 있다. 평생 벼슬 한 번 한 일 없는 권구였으므로 비록 정치문제에 대하여는 큰 관심을 두지 않았으나 백성과 나라를 위하는 마음만은 간곡하였던 것이다.

그는 "우리나라는 토지가 좁지만 풍습과 기운이 온유하여 사람들끼리 서로 포악하게 대하지 아니하므로 내란도 가히 생길 일이 없으며, 남으로 사귀고 북을 섬김에 별다른 큰 문제는 없으므로 외환도 우려할 것이 아니다. 다만 걱정되는 것은 흉년이다. 국가의 운영비용이 매양 모자란 것이 걱정인데, 검은 욕심이 풍속이 되어 민생이 날로 곤궁해졌다. 만약 수년간 수해와 가뭄의 재앙이 있으면 장차 나라의 기틀이 무너져 수습할 수가 없으리니, 명나라 말년이 그러하였다. 그러니

▲ 노동서사와 재사

모름지기 엄히 방비하고 비용을 줄여서 재정을 넉넉히 하여야 한다. 비록 세금을 거두더라도 때론 가감하여 백성을 구제하여 급히 인심을 화합하도록 하면 자연 뜻밖의 걱정은 없을 것이다" 하였다. 1736년 조정에서 세금을 줄이도록 하라는 명령이 있자 기뻐함을 낯빛에 드러내면서 이르기를, "이것이 백성을 모으고 흩어지게 하는 기틀이다. 다만 이 한 가지 일로써 국가의 원기를 보호하고 얻음이 적지 않다" 하면서 사람을 대할 때마다 칭송하였다.

권구의 문집에서 아주 특별한 글은 『천유록闡幽錄』이다. 이는 당시의 천인·민중 가운데 특이한 행적과 삶의 모습을 지닌 인물과 심지어는 동물까지를 발굴하여 13개의 일화로 소개한 것이다. 그는 그들의 삶과 행적에서 효도와 우애 같은 유가적 덕목의 진정한 실천을 보았고, 예의 참된 실천 모습을 보았으며, 이웃에 대한 배려를 살폈고, 타인에 대한 한없는 시혜를 보았으며, 온 마음을 기울여 신통한 경지에 이른 모습을 찾아 그것들을 글로 그려 내었다. 그는 제자 권혜에게

『천유록』의 「동곡산척론東谷山尺論」을 보이며, "나의 마음은 하늘의 마음이고 마음의 신령스러움은 곧 기의 신령스러움이다. 지극히 텅 비고 (至虛) 지극히 신령스러워 한량이 없다. 오로지하면 하나가 되고 하나가 되면 통하며, 통하면 신령스러움이 행해지게 된다. 동곡의 여우잡이와 응립應立의 의술은 그런 까닭에 그러할 뿐이다. 조승발 이하도 보라" 하며 "그대도 이와 같은 기록을 하라"고 권하고 있다.『천유록』은 주로 착한 행실을 권하며 욕심을 경계하라는 의미를 지녔지만 떳떳한 행실과 바른 삶의 모습을 일반 천인과 민중 가운데서 찾았다는 데 큰 의미가 있다.

4. 무신년 이인좌의 난과 권구의 고난

권구는 무신년(1728) 소론 남인이 주축이 되어 노론을 축출하고 나아가 영조까지 물러나게 하려는 시도인 속칭 이인좌의 난에 연루되었다는 혐의를 받고 붙잡혀 임금 영조의 친국親鞫(임금이 중한 죄인을 몸소 심문함)을 받는 데 이른다. 비록 혐의가 풀려 방면되기는 했으나 그 과정에서 그가 겪은 고초는 매우 혹독한 것이었다. 더구나 아버지의 압송을 뒤따르던 두 아들 권진權縉·권보權補 형제 또한 충주에서 옥에 갇혀 고생하였다.

사실 숙종조 초기부터 남인 중심의 영남유림은 우계 성혼과 율곡 이이의 문묘종사 문제와 예론을 통해 서인 또는 기호학파와 심각하게 대립·반목하였다. 이는 정권의 측면에서는 몇 차례 서인과 남인 정권이 서로 바뀌는 환국으로 나타났다. 그러다가 1690년 숙종 20년에 일어난 갑술환국甲戌換局으로 남인이 완전히 축출되고 서인(주로 노론)이

정권을 장악하였다. 권구는 이러한 일련의 과정 속에서 더욱더 당론의 문제에서 마음이 멀어졌던 듯하다. 더구나 갑술환국에서는 처조부이자 스승인 이현일이 축출되어 귀양을 가기도 하였던 터였다. 그래서 아들들에게 훈계하기를, "금세의 선비라 이르는 자가 당론에 간섭하지 않는 자가 없으나 한발 잘못 내디디면 반드시 환난에 빠져 들게 된다. 이것이 내가 평생토록 두문불출한 까닭이다"라 하였다.

그런데 1720년 숙종이 승하하고, 경종이 즉위하면서 다시 남인과 소론이 득세하기 시작하였다. 이에 안동의 사람들은 이현일의 억울함을 풀어 달라는 상소를 올리고자 했다. 권구는 그 상소에 관한 의논이 분분하다는 소리를 듣고서 탄식하기를, "이 의론이 만약 이루어지면 반드시 우리 영남에 누를 끼칠 것이다"라 하면서 문생과 자제에게 경계하여 참여하지 못하게 하였다. 스승이자 처조부의 억울함을 풀어 달라고 청하는 상소이므로 인정으로서야 권구가 앞장서야 할 일이었다. 그러나 그는 그것이 당파간 정치싸움의 빌미가 될 것을 걱정하였다. 그는 확고한 신념으로 사람들이 헐뜯어도 동요하지 않았다. 다음해 경종 원년 1721년 권구는 돌림병으로 집에서 앓고 있었다. 벗 유후관이 편지를 써서 상소를 올리는 모임을 갖는다는 기별을 보내 오자 그는 세상일에 관여하지 않겠다는 뜻을 전하였다. 유후관이 직접 찾아와 그 모임의 대략을 전하자 노한 안색을 드러내며, "꼭 우리 영남을 망하게 하려는가? 나에게 그 상소의 대표자가 될 것을 청하는데 나는 진실로 여기에 응할 수 없다" 하고 평생의 정분을 돌아보지 않고 거절하였다.

그는 "영남에서 상소를 올린 것은 1565년(乙丑) 문정왕후가 돌아간 후 (당시 국사로 있던) 중 보우를 처단하라는 상소에서 비롯되었는데 퇴계 선생은 그것을 만류하였고, 1617년(丁巳) 대북정권의 이이첨이 폐모(인목대비의 폐위)를 획책할 때 또 상소가 있었는데 우복 정경세와 수암 유진이 그것을 경계하였다. 그 상소는 정당하고 옳은 것이었는데, 세 분이 그것을 몰라 그렇게 했겠는가? 영남의 상소로 보우를 귀양 보내고 이이첨의 행위를 저지하였다. 그로부터 조정에 일이 생겨 의논이 심각하게 대립되고, 시기와 분노가 한창일 때, 번번이 상소해서 그 대립과 분노의 소용돌이에 휘말리고 미움을 받은 것은 스스로 잘못한 것이니 누구를 탓할 일도 못된다. 상소란 위급한 때에 하는 것이지 아무 때나 하면 안되는 것이다. 어찌 일이 급한지 급하지 않은지, 중요한지 덜 중요한지를 따지지 않고 사사건건 꼭 참여하고 알려 하는가"라고 유생들의 상소가 정치싸움의 도구가 되는 풍속이 유행하는 것을 한탄하였다. 한편으로 그는 이러한 유생들의 상소가 영남사림이 차별을 받아 정권에 진출하지 못하는 한 이유가 된다고도 생각하였다.

그가 정치싸움의 소용돌이에 초연하고자 했던 이유를 나름대로 짐작해 보면 아마도 선조들이 사화에 참혹한 피해를 입었던 데 그 까닭이 있지 않은가 한다. 7대조 화산 권주가 연산군 때 갑자사화에 참화를 입었고, 종 6대조인 권질과 권전이 중종 때 또한 참화를 당하여 가문이 심각한 타격을 입었던 역사적 사실이 그를 당론에서 초연하게 하는 한 원인이 되었을 것이라 짐작하는 것이다.

어쨌든 이처럼 당론에 초연하고자 하였던 그가 어찌해서 이인좌의 난에 휘말리게 되는가? 이인좌의 난이 발발하기 직전인 1728년 봄, 권구는 어사 박문수에 의해 학문과 행실이 뛰어난 인물로 밀암 이재와 함께 천거되었다. 아마도 노론정권에 불만을 지닐 수밖에 없는 영남남인들을 다독이기 위한 조치였을 것이다. 이는 또한 당시 안동에서 권구가 이재와 같이 거론될 정도로 신망을 받고 있었다는 것을 알려 주는 징표기도 하다.

이인좌의 난은 1728년 3월에 발생했지만 이미 1724년 영조 즉위 초부터 소론·남인·북인 등 외형상 반노론 연합세력이 주모하여 비밀리에 준비되고 있었다. 그들은 영조 및 노론세력을 축출한 뒤 밀풍군을 추대해 반노론 연합정권을 수립하는 것을 목표로 하고 있었다. 그러나 준비가 철저하지 못했고, 동조자를 확보하는 일도 실패하였으며, 명분과 개혁방향 또한 애매모호하여 이미 실패를 예견하고 있었다.

권구가 이인좌의 난에 휘말려 압송되어 영조의 친국을 받게 된 이유는 이인좌의 취조문서(招辭)에 '안동 권모가 군을 거느리고 왔다고 김홍수에게 들었다'는 말이 있었기 때문이고, 또 난이 발생하기 전에 영남의 사람들이 난을 일으켜 올라온다는 유언비어가 떠돌았기 때문이다. 더구나 권구는 난이 발생하기 직전인 3월 12일 이인좌의 동생인 이능좌와 본의 아니게 접촉을 하였다.

『병곡집』의 「무신록(戊申錄)」, 「가장(家狀)」 등의 기록에 의하면 3월 12일 저녁 이능좌가 병졸을 거느리고 들이닥쳐 거사에 참여할 것을 강요하였다. 이에 권구가 거절하며 차라리 목을 베라고 하자 이능좌는 물러났다. 권구는 이능좌가 다녀간 사실을 관에 고하지 않았다. 시끄러운 정국에 괜히 혐의를 받지 않으려는 것이었을까 모르겠다. 15일에 이인좌가 청주에서 병졸들을 데리고 난을 일으켰다는 소식을 전해 들은 그는 벗 권덕수 등과 대책을 논의하는 등 움직이다가 29일 병산서원에 모여 의병을 일으킬 계책을 세우고 돌아왔다. 이튿날 초호사 조덕린과 안무사 박사수가 도착했다는 소식을 들었으며 이어 안동 향교에서 있었던 의병을 일으키자는 모임에 참여하러 갔다가 의금부 도사에게 구속되어 서울로 압송되었다. 여러 날의 고생스러운 압송 길을 거쳐 4월 5일에 서울에 도착하여 6일에 병조의 국청에 나아가 실정을 진술하고 9일 의금부로 옮겨져 11일에 영조 임금 앞에서 심문을 당하였다. 권구는 차분하고 솔직하고 조리 있게 사정을 진술하였고, 이에 영조는 의심을 풀고 권구를 석방하였다. 한편 반란 세력을 문초하는 가운데 안동의 세 사람이 더 지목되었다. 그들은 풍산의 유몽서柳夢瑞 내앞의 김민행金敏行, 그리고 권구와 가까운 벗이었던 서후의 권덕수權德秀였다. 영조는 그들 안동 사람들을 탕척蕩滌(죄를 깨끗이 씻어 줌)시킨다는 교지를 내렸고, 이 교지를 4월 29일 경상감사 박문수가 직접 받들고 안동에 가서 사인士人들을 향교에 모이게 하여 낭독한 후 전하였다. 이로써 표면적으로 이인좌의 난과 안동과의 관련은 진정되었다. 이인좌의 난은 노론들이 영남을 반역의 고장으로 몰아 철저하게 배제하는 계기가 되었지만, 그 이후 반란에 직접 연관된 경상우도와 모의과정에 직접적으로 가담하지 않았고, 난 발생 후 즉시 관군 편에 서서 의병을 일으킨 안동 등 경상좌도는 조금은 다른 입장을 지니게 되었다.

5. 고난 이후

권구는 이인좌의 난으로 고난을 겪은 뒤 더욱 세상일에 뜻이 없어 부득이한 일이 아니면 동구 밖을 벗어나지 않았다. 날마다 옷깃을 바르게 여미고 꿇어앉아 책상을 대하고 마음을 가라앉혔다. 얻음이 있으면 반드시 기록하였다. 때로 몸이 피곤하면 눈을 감고 정신을 안정하든지 아니면 지팡이를 집고 산책하였다.

1738년 마을 젊은이들이 여섯 칸의 서실을 집 남쪽 편에 짓자, 권구는 거기에 『논어』의 '학이시습學而時習'(배우고 때로 익힘)을 따서 시습재時習齋라 이름 붙였다. 그는 시습재명時習齋銘을 짓고 창문과 북쪽 벽에 인의예지를 주제로 해서 명을 써 붙였다. 권구는 시습재명에서 "마음은 몸을 주재한다. 마음은 텅 빈 듯하나 신령스럽고 밝아 만사만물에 대응하며, 모든 이치가 다 갖추어져 있다. 어찌 스스로 어두워져서 도리어 몸의 부림을 받을 것인가? 그래서 군자는 반드시 학문을 하는 것이다. 학문을 하는데 또한 익히지 아니하면 무슨 이로움이 있을까? 익힘(習)이란 무엇인가? 조금도 끊이지 않고 지속하는 것이다. 어느 때 어느 곳에서나 이 뜻을 바꾸지 말라. 말 한마디한마디를 반드시 삼가며 행동 하나하나를 반드시 경건하게 하라. 날이 가고 달이 가면 조금씩조금씩 쌓여서 살에 스미고 뼈에 배어서 가득 스스로 얻게 될 것이다. 성현이 되는 것은 특별한 방법이 없다. 아아 젊은이들이여. 내 말을 소홀히 여기지 말라" 하였다.

권구의 학문관은 마음의 깨달음과 행동의 경건함에 있다. 그가 『대학취정록』에서 강조한 지행은 바로 마음의 깨달음이오, 행동의 경건함이다. 그는 마음을 깨닫는 방법으로 성리학적 수양론을 택하기보다는 차라리 경전 원문을 통하여 성현의 마음을 깨닫고 그것을 바탕으로 모든 행동 하나하나를 경건하게 실천하고자 했던 것이다. 일일이 꼼꼼하게 살펴보지는 못했으나 그의 학설에는 주자·퇴계와 같은 선유의 학설이나 주장을 들어 자신의 학설을 합리화하고 정당화하는 내용은 거의 없다. 그는 그야말로 정문을 통하여 자득하고자 했던 것이다. 그의 학문은 세 아들 제곡霽谷 권진, 소곡巢谷 권즙權緝, 수곡樹谷 권보와 손자 가재可齋 권명우權明佑, 옥봉玉峯 권상우權尙佑 등으로 이어졌다.

권구는 평소에 어지럼증이 있어 고통스러워했다. 그런데 1748년 다

▲ 시습재 전경

▲ 병곡 권구의 불천위사당

른 증상이 더해졌다. 그때부터 병이 깊어져 자주 눕고 일어나거나 앉을 때에는 도움을 받을 정도였다. 그래도 멀고 가까운 인사들이 문병을 오면 곁에 있던 의관을 갖추고 만나 보면서 말하기를, "삶과 죽음이 갈리는 즈음에 어찌 한마디 고별의 말이 없을 수 있겠는가"라 하였다. 좀 엉뚱한 생각이지만 권구는 만년에 조금은 외로웠을 것 같다. 그와 나이를 떠나 마음을 터놓고 벗하던 선배들은 이미 세상을 뜬 지 오래였다. 권두경, 유후광, 권태시 등이 그들이다. 병세가 심각해졌을 때, 가만히 들으니 목소리가 은은히 앓는 소리 같더니 홀연 눈을 뜨고 미소 지으며 말하기를 "『중용』과 『대학』의 본문은 내가 일생동안 외우던 것이다. 그런데 구두에 착오를 일으키니 아마 정신을 회복하지 못할 듯하다"고 하였다. 1749년 정월 78세로 세상을 떠났다. 1859년 철종 때 사헌부지평의 직첩이 내렸고, 1891년 고종 때 이조판서로 증직되었다. 사림의 공의公意로 불천위로 모셔졌다. (이해영)

6장

수곡 권보의 학문경향과 시인정신
— 경세의식을 중심으로

1. 가학적 전통과 생애의 면모

권보權誧(1709~1778)는 자가 계응季凝, 호는 수곡樹谷, 본관은 안동이다. 그는 1709년(숙종 35) 아버지 구榘(호 屛谷)와 재령이씨載寧李氏 의櫶(호 梧村)의 딸인 어머니 사이에서 3형제 중 막내로 태어났다.

안동권씨는 고려 태사 행幸이 권씨 성을 하사받아 대대로 안동에 살게 된다. 권행의 10세손 권수홍權守洪을 파조로 하는 복야공파僕射公派가 이 지역에서 가장 큰 문벌을 자랑하고 있는데, 그 대표적인 세거지로 풍산 가일佳日, 북후 도촌道村, 예천 맛질, 봉화 유곡酉谷(닭실) 등지를 들 수 있다. 수곡은 이 가운데서 풍산 가일 출신이다.

가일에 안동 권씨가 들어와 살게 된 것은 세종 때 문과에 급제한 후, 성균관사예成均館司藝를 거쳐 영천군수榮川郡守를 역임한 권항權恒(1403~1461)이 인근의 하회유씨 집안의 유서柳湑의 사위가 되어 이곳에 정착하면서부터다. 그러니까 권항은 가일 권씨의 입향조가 된다.

권항의 손자 화산花山 권주權柱(1457~1505)는 타고난 인품이 강정하고 어려서부터 총명하여, 8세에 사서를 읽었고, 10여 세에 경사經史에 박통博通했으며 13세에 문장에도 뛰어난 솜씨를 발휘하였다. 그 뒤 조정에 출사하여 성종의 지우를 받아 청요직을 두루 역임하며 국가의 주어진 소임을 충실히 수행하였다. 연산군이 즉위하여 난정亂政을 행하자 화산은 직언으로 간했으나, 이후 갑자사화(1504) 때 연루되어 자신은 죽임을 당하고 부인은 자결하였으며 장남인 권질權礩(1483~1545)은 거제도로 귀양가는 참혹한 화를 입게 된다. 중종반정(1506)으로 가세가 다시 회복되는 듯싶더니 기묘사화(1519)가 일어나 화산의 둘째 아들 권전權磌(1486~1521)은 파직당하고, 곧이어 신사무옥辛巳誣獄(1521)에 연루되어 죽임을 당했으며, 그의 형 권질은 예안으로 다시 또 유배를 당하고 만다. 퇴계는 화산의 인품을 한편의 시로 압축하여 나타내었다.

참찬 권주의 묘도에 제하다(題權參贊柱墓道)

어려운 때 겪은 고난 운명이 아니랴,	明夷蒙難豈非天
무성한 송백에 푸른 연기만 자욱하네.	茂柏深松鎖翠烟
절행이야 훗날에 역사에 남겠지만,	節行他年應有史
문장이 전하지 않아 천고에 한이로다.	文章千古恨無傳

(『退溪續集』 권2)

퇴계는 "화산이 겪은 고난은 운명이기에 어찌 거부할 수 있겠는가? 하지만 그의 본마음은 추운 겨울에도 변하지 않고 푸르름을 간직하고 있는 송백만은 알아줄 것이다. 그래서 훗날 역사가들은 화산의 높은 절행을 기록할 것이지만, 정치적 소용돌이 속에 그의 뛰어난 문장이 전해지지 못함이 천추의 한이 된다"고 하였다. 퇴계는 이 시를 통해 화산의 절행과 문장을 늘 변하지 않는 송백에 견주어 칭송하였다. 또 화산 부자의 처신은 폭군과 소인이 용사用事하는 시대적 현실을 좌시하지 않고 바로잡으려고 한 강직한 삶의 태도에서 연유한 것이라 하였다.

집안을 휩쓸어 버린 참혹한 정치적 시련은 화산 권주 이후 4대에 걸쳐 벼슬길을 포기하고 초야에서 선비로서의 삶을 살아가도록 규정하였다. 그런 가운데 권경행權景行(수곡의 고조부)은 선대의 삶의 터전이었던 가일마을을 떠나 예천 용궁의 오룡리로 이주를 하게 되었고, 그의 아들 권박權搏(1607~1661, 호는 九峰, 수곡의 증조부)대까지 용궁에서 살게 된다. 여기서 한 가지 주목할 것은 권박이 삶의 태도를 바꾸어 다시 출사를 한다는 점이다. 이는 4대 사화가 사림파의 승리로 끝나고 새로운 정치적 환경변화에서 다시 과거를 통해 침체된 가풍을 일으켜 세우려는 의지로 해석된다.

권박의 아들 권징權憕(1636~1698, 호는 井谷, 수곡의 조부)은 출사에 자유로웠지만 과거와는 끝내 인연이 없어 그 길을 단념하고, 심신을 수양하고 학문을 강마하는 청빈한 선비의 삶으로 여생을 마쳤다. 고산孤山 이유장李惟樟(1625~1701)은 그의 인품을 한마디로 "빙옥 같은 인물"이라고 평가하였다. 그러나 권징의 삶에서 중요한 결단은 용궁의 삶을 청산하고 다시 선대의 가장이 있는 가일로 삶의 터전을 옮겨간 것이라 할 수 있다. 이는 입향조로부터 내려오던 가문의 전통을 계승하여 지켜 나간다는 의미를 지니고 있다. 한편 권징이 다시 가일로 삶의 거처를 옮겨가는 데 있어서 하회유씨와의 세연世緣을 언급하지 않을 수 없다. 권징은 졸재拙齋 유원지柳元之(1598~1674)의 딸에게 장가를 가는데, 졸재는 서애西厓 유성룡柳成龍(1542~1607)의 장손으로 서애의 학문을 이어받아 정착시킨 인물이다. 권징이 장인인 졸재에게 경제적 후원은 물론이고 학문적 영향을 받았음을 미루어 짐작할 수 있다. 특히 서애-수암(유진)-졸재로 내려오는 하회유씨 집안의 서애학풍이 권징의 아들 권구의 학풍 형성에 직·간접적으로 영향을 미친 것으로 보여진다.

병곡屛谷 권구權榘(1672~1749, 수곡의 아버지)는 평생 동안 출사하지 않고 학문과 저술, 그리고 후진교육에 전념하였다. 그는 화산 권주로 내려오는 가학적 전통 위에, 외가를 통해서 서애와 졸재의 실용·실천적 학풍을, 처가를 통해서 갈암葛庵 이현일李玄逸(1627~1704)과 밀암密

▲ 수곡 권보의 고택 전경

庵 이재李栽(1657~1730)의 학문적 영향을 받아들여, 영남학파의 보편적 학풍과는 다른 병곡 나름의 학풍을 추구하게 된다. 당시 영남의 주류적 학풍은 성리학적 이념탐구나 번쇄한 예학에 치중된 감이 있는데, 병곡이 추구한 학풍은 성리학과 예학은 물론, 육경六經과 사자四子, 백가서百家書, 역사歷史, 문학文學, 천문天文, 산수算數, 복서卜筮, 군사軍師(병법), 율학律學(법률) 등 학문의 대상과 관심의 폭이 훨씬 넓고 굉박하다는 것이다. 얼핏 근기의 남인 학풍과 유사하다. 병곡의 학문은 17세기 갈암 사후, 18세기 중후반 대산大山 이상정李象靖(1711~1781)이 학문의 종장으로 등장하기 전인 18세기 전반에 명실공히 이 지역을 대표하는 중요한 위치를 차지하였다. 그런데 그가 지향했던 학풍은 이인좌의 난(1728)의 여파로 학문의 이념성이 강화되면서 지역적으로 확산되지 못하고, 가학의 형태로 명맥만 유지하는 쪽으로 기울어져 버린 감이 있다. 우리는 가학적 측면에서 병곡의 셋째 아들 수곡 권보를 주목해 본다.

수곡 권보는 어릴 때부터 영특하여 남보다 뛰어난데다 아버지 병곡의 자상한 가르침에 힘입어 학문적 성취도 빨랐다. 약관 무렵에 재주와 식견이 일취월장하여 경전과 역사서 및 제자백가와 전기傳記에 대해 두루 꿰뚫어 보았고, 천문天文과 역법曆法, 그리고 수학에도 밝았다. 수곡은 항상 큰형인 제곡霽谷 권진權縉과 작은 형인 소곡巢谷 권즙權緝과 함께 이택麗澤의 벗이 되어 학문을 연마하였다. 어느 날 3형제가 병곡을 모시고 고금 인물의 조예를 논할 적에, 병곡은 "너희들의 명민한 자질로 노선생의 문하에 이르러 달재達材의 품등(科)으로 성취하지 못하게 한 것이 한스럽다"고 하여, 장래가 촉망되는 세 아들을 외부의 훌륭한 스승에게 나아가 더욱 분발할 수 없도록 한 것이 마음에 걸린다고 하였다. 이는 병곡이 세 아들에게 거는 기대가 평범하지 않음을 엿볼 수 있게 한다.

1728년(영조 4)에 이인좌의 난이 일어난다. 이인좌의 난은 병곡과 그의 세 아들의 삶에 큰 변화를 가져오게 된다. 병곡은 뜻하지 않게 이인좌의 난에 연루되어 서울로 압송되어 왕의 친국까지 받게 되고, 수곡의 두 형들은 병곡을 수행하다가 충주옥에 갇혀 수난을 겪게 된다. 사건의 진상을 밝히는 친국에서 병곡의 인품과 학문에서 우러나오는 조리있는 답변으로 병곡 부자는 무죄 석방되었고, 나아가 안동지방도 이인좌의 난의 참혹한 피해를 벗어날 수 있었다. 이인좌의 난 이후 병곡은 물론 삼형제 또한 두문불출하고 근신할 수밖에 없었으며, 오직 자신의 뜻을 기르고 학문을 독실하게 함을 임무로 삼았다. 그런 가운데 수곡 형제들은 이따금 서너 사람의 명망 있는 인사들과 문장을 통해 자신의 회포를 토론할 뿐, 한가롭게 문밖을 출입하지 않았다.

1749년(영조 25, 수곡의 나이 41세) 아버지 병곡이 죽자 수곡은 더욱 바깥일에 신경을 쓰지 않았고, 후진을 훈도하고 가학을 보수하는 것을 자신의 최종 목표로 삼았다. 이때의 유일한 즐거움은 형들과 책상을 나란히 하여 시를 주고받는 일이었으며, 대부분 남들이 음미하지 않은 것을 음미하였다. 이것은 수곡의 시경향이 영남사인의 일반적인 시풍과는 다른 면모가 있음을 예감케 한다.

그런가 하면, 수곡은 선친의 유고를 정리하여 조례條例를 세우고, 평소 일언일행一言一行 중에 모범이 될 만한 것을 상세히 기록하여 「상기근서詳記謹書」로 편찬하였다. 뿐만 아니라 화산 권주가 경상도관찰사 시절에 주민들에게 받은 작은 병풍이 있었는데, 세월이 오래되어 해지고 낡아서 펼쳐볼 수가 없었다. 수곡은 이것을 전문가에게 부탁 수선하여 「남향자첩南鄕子帖」으로 만들고, 화산의 「연행첩燕行帖」·「동사첩東槎帖」과 함께 집안 대대로 전해지는 보첩寶帖으로 새롭게 만들었다. 「서남향자첩후書南鄕子帖後」는 그 일의 과정을 자세히 기록해 놓고 있다. 이렇듯 수곡은 선대의 유물을 보존하고 선친의 유고를 정리 간행하는 등 가학을 지켜 나가는 데 전념하였다.

수곡은 일생동안 바깥출입을 한 적이 없기에 교유의 폭도 그리 넓지 않다. 가깝게 지내며 마음을 터놓은 이들로는 하회의 외재畏齋 유종춘柳宗春(1720~1795)과 풍산 우렁골의 하지下枝 이상진李象辰(1710~1772), 그리고 예천 금당실의 남야南野 박손경朴孫慶(1713~1782)과 임하 내앞의 구사당九思堂 김낙행金樂行(1708~1766)을 들 수 있다. 이들은 모두 당시 각 문중을 대표하는 명망 있는 인물이다. 특히 상주 출신인 추담秋潭 고유高裕(1722~1779)와는 여러 번 편지를 통해 경전의 뜻과 국조사적國朝事蹟 및 산천풍물山川風物의 의문점, 그리고 환정還政에 대해 깊은 토론을 나누었다. 고유는 상세하게 알기 어려운 부분에 대해서도 촛불처럼 환하게 지적하여 진술해 주는 수곡에 대해 깜짝 놀라워하며, "내가 비록 사환에 종사한 지 몇 년이 지나도록 미처 보고 듣지 못한 것인데, 공은 어떻게 이런 것까지 안단 말이오?"라고 하며, 수곡의 박식함에 감탄을 금치 못하였다. 어느 날 고유가 율리栗里 홍치룡洪穉龍과 수곡에 대해 말을 하다가, "수옹樹翁(수곡)은 내가 자세히 압니다"라고 하자, 외재 유종춘이 이 말을 듣고, "순지順之(고유의 자)는 수옹을 안다고 말하나, 내가 수옹을 깊이 알고 있는 것만 못하오"라고 하였다. 우리는 이 대화에서 격이 없는 벗들간에 교유의 한 단면을 엿볼 수 있다. 비록 수곡이 교유한 인물의 폭이 좁고 지역적 한계를 벗어나지 못하지만, 추담과 사회현실의 제도모순에 대해 심도 있게 논의한 것은 이와는 별도로 중요한 의미를 지닌다고 할 수 있다. 그 외에 교유한 이들로는 임여재臨汝齋 유규柳奎(1730~1808), 수오재守吾齋 안민수安敏修(1724~1790), 국창菊窓 김필형金弼衡(1725~1800) 등을 들 수 있다.

요컨대, 수곡은 평생 동안 초야에 묻혀 청빈한 선비학자의 삶을 살아왔다. 그런 속에서도 화산 권주에서 선친인 병곡에게로 전해지는 학문과 문학의 사회적 역할을 충실히 이어받아 자기 대에 이르러서는 적극적으로 추동시켜 나갔다.

2. 학문경향과 경세의식

수곡의 가계는 세 차례나 큰 정치적 화를 입었다. 갑자사화로 인한 화산 권주의 죽음, 기묘사화의 여파로 일어난 신사무옥으로 화산의 아들 권전의 죽음, 그리고 이후 이인좌의 난에 연루되어 갖은 고초를 겪은 병곡 부자의 시련 등을 들 수 있다. 가문이 되살아나는 듯싶으면 다시 정치적 타격을 입어 주저앉고 마는 고초를 되풀이하여 왔다. 이런 가운데 과거로 발신하여 사환의 길을 걷기보다는 초야에서 은둔하며 학문에 침잠하는 생활을 하게 됨은 어쩌면 당연한 일인지도 모른다. 요란한 현실생활을 단념하고 학문에만 전념할 수 있다는 것은 그만큼 주류적 학문뿐만 아니라 다양한 학문을 접할 수 있는 계기로 작용한다. 그래서 병곡에 이르면 다양한 학문세계에 대한 탐구가 이루어진다. 다양한 학문체계 안에는 성리학과 경학뿐만 아니라 현실에 대한 경세적 내용들이 포함되어 있음은 물론이다. 이 같은 병곡의 학문은 고스란히 그의 아들 수곡에게로 전해진다. 수곡의 문집을 일별해보면 아버지 병곡의 학문경향과 유사하다는 느낌을 받는다. 그러나 그럼에도 병곡과 수곡이 지향한 학문세계 중에 다른 면이 있음도 부인하지 못한다.

  수곡은 병곡이 지향한 학풍을 이어받아 다방면에 걸쳐 작품을 남기고 있다. 그렇지만 병곡은 경학과 성리학 및 예학에 대해서도 많은 저술을 남기고 있는 데 반해, 수곡은 형이상학적이고 이념성이 강한 학문과 예학에 대해서는 저술을 남기고 있지 않으며, 주로 역사에 대한 논문과 현실에 대한 작품이 다수를 이루고 있다. 병곡이 지향한 학풍보다는 학문의 대상과 관심의 폭이 좁지만, 반대로 현실에 대한 애착이나 비판적인 측면에서는 훨씬 강도가 높다고 할 수 있다. 이는 성리학이나 경전에 대한 관심이 엷어지고 상대적으로 역사와 사회제도에 대한 관심이 높아진 것과 연관이 있는 듯하다. 이점을 염두에 두면서 수곡의 주요 작품을 통해 학문경향과 현실인식을 간략히 알아보기로 한다.

  수곡은 도학자라기보다 경세가이자 문장가다운 면모가 강하다. 그

▲ 권보의 문집인 『수곡집』
(6권 3책)

의 독서이력 중에 남다른 것은 『맹자』와 『한시외전韓詩外傳』을 매우 중요시 여긴다는 것이다. 수곡은 일찍이 자질子姪들에게 "내가 젊었을 적에 『한시외전』에서 구어句語의 체격을 터득했다"고 했으며, 또 "나는 『맹자』에서 가장 득력得力한 부분이 있다"고 할 정도로 『한시외전』과 『맹자』에 대한 자신의 학적 관심을 드러내었다. 심지어 "너희들은 이들 책에 대해 익숙하게 반복하고 정밀하게 연구한다면 효과를 얻을 수 있을 것이다"고 하여 자질들에게도 학문적 효과를 얻으려면 이들 책을 반드시 읽을 것을 권면하였다. 그렇다면 수곡이 왜 이토록 『한시외전』과 『맹자』를 중요시하였을까? 『맹자』는 유가의 경전이기도 하지만 문장가들에게 있어서 고문古文의 전범역할을 하는 문학지침서기도 하다. 반면 『한시외전』은 서한西漢 초기 한영韓嬰이 역대 고사와 『시경』의 시구를 긴밀하게 교직하여 『시경』을 새롭게 해석한 주석서다. 수곡은 이들 두 책이 지닌 문학정신, 즉 『맹자』에서는 맹자의 시대정신에 대해 『한시외전』에서는 시를 통한 사회적·시대적 역할에 대해 많은 시사를 받은 것이 아닌가 한다. 한마디로 『맹자』의 산문정신과

『한시외전』의 시 정신에 입각하여 수곡은 다수의 현실지향의 작품들을 창작해 내었다고 할 수 있다.

　수곡은 역사에 대한 관심이 각별하였다. 수곡은 "역사는 이미 지난 행적을 보존하여 보고 반성하는 것을 대비하고 권선징악의 교훈을 주는 것이기에 효용 가치가 크다. 그래서 성현도 역사를 소중히 여긴다"고 하였다. 역사를 통한 현재적 삶의 반성과 미래에 대해 교훈을 주는 역사적 가치를 소중히 생각한 것이다. 그래서 수곡은 이와 같은 역사의식에 입각하여 역사에 관련한 글들을 많이 남기고 있다.

　「독사차기讀史箚記」는 역사서를 읽고 자신의 느낌과 생각을 수시로 기록해 놓은 것이다. 전반부는 동주東周 이후 한漢·당唐에 이르기까지 문제가 있거나 의문 나는 역사적 사실들에 대해 15조항으로 나누어 짤막하게 논평을 가하였고, 후반부는 우리나라의 역사에 대해 10조항으로 나누어 논평을 하였다. 특히 우리나라 역사는 오운吳澐(1540~1617)이 편찬한 신라와 고려의 역사서인 『동사찬요東史纂要』를 읽고, 잘못된 사례들에 대해 각 항목을 세워 자신의 관점에서 논평을 가하였다. 수곡은 『동사찬요』의 조항 아래 "우리나라 역사와 문물의 아름다움은 중국에 비해 부끄러울 것이 없는데, 유독 역사적 사건에 대해 결정하여 판단을 내린 적이 없으니, 제가들이 기재한 것을 끝내 찾아볼 수가 없다. 그런데 이 『동사찬요』의 차례는 조금 명백한 것 같으나 역시 크게 사람의 뜻에 흡족하지 못하다. 편년編年과 기전記傳이 함께 한 책 안에 섞여 있으니 이것 또한 하나의 병통이다"고 하여, 자신이 역사를 대하는 인식과 『동사찬요』에 대한 비판적 입장을 밝혀 놓고 있다. 이외에도 「서통감권후書通鑑卷後」는 『통감』 가운데 소략하거나 잘못된 네 가지 큰 사안에 대해 구체적으로 문제점을 지적하여 평가하였고,

「서황명기략書皇明紀略」은 김육金堉(1580~1658)이 편찬한 명대의 역사서인『황명기략皇明紀略』에 대해 혹독한 평가를 가하였다. 이처럼 수곡은 중국과 우리나라의 역사서적을 꼼꼼히 따져 읽은 뒤, 역사가들의 이치에 어긋난 사례에 대해 명의名義의 엄정하지 못함을 토론하고 심술心術의 은미한 것을 증명하여, 손 가는 대로 기록하여 춘추의 의리를 드러내었다. 이는 수곡의 역사에 대한 해박한 지식과 그에 따른 나름의 역사인식의 결과에서 나온 것이라고 할 수 있다.

「기문記聞」은 '들은 것을 기록한다'는 뜻이다. 수곡은 유진柳袗, 유단柳褍, 김성탁金聖鐸, 권상정權尚精, 유성천柳聖天, 배작裵綽, 강유姜濡, 홍치룡의 딸, 박준朴潗, 김리행金履行(고모부), 춘양春陽의 홍씨洪氏 성을 가진 사람, 신씨申氏 부인(수곡의 부인), 상주 의곡蟻谷의 가노家奴 귀필貴必에 대해 각각 그들의 행적을 기록으로 남기고 있다. 「기문」에 소개된 인물은 양반사대부들은 물론 여성과 천민에까지 이르고 있다. 수곡은 자칫 묻혀 버릴 이들의 가언선행嘉言善行을 기록함으로써 후세의 권계의 자료로 삼고자 하였다. 특히 여성과 천민에 대한 기록은 병곡이 하층민들의 행적을 기술하여 타락한 사대부층의 도덕심에 경종을 울린 「천유록闡幽錄」의 작가의식을 이어받고 있으며, 나아가 역사와 인간의 일에 애착을 지닌 수곡의 현실인식과 맞물려 있다고 할 수 있다.

다음은 「여고순지론환정與高順之論還政」을 통해 수곡의 현실에 대한 인식, 즉 경세론의 한 면모를 알아보기로 한다. 고유는 앞에서 잠시 언급했지만 1743년(영조 19) 과거에 급제한 이후, 직강直講·정언正言·장령掌令 등을 거쳐 경상도도사慶尙道都事·창녕현감을 지낸 뒤, 1777년(정조 1) 동부승지同副承旨에 올랐고, 1796년 청백리에 녹선된 인물이다. 「여고순지논환정」은 고유와 수세收稅제도인 환정에 대해 토론한 내용으로, 고유가 제시한 환정에 대해 수곡이 비판적인 안목으로 자신의 의견을 개진한 것이다. 수곡은 중국의 『주례周禮』와 각종 사서史書, 이를테면 『수기隋紀』, 『당기唐紀』, 그리고 주자의 각종 사창기社倉記에 나오는 진대賑貸제도에 대한 역사적 고찰을 먼저 한 다음, 우리나라 진대의 최초의 기록인 흑창黑倉제도와 고려 성종 때 시행한 의창義倉(1474)과 상평창常平倉(1481) 제도를 고찰한 뒤, 조선시대의 환정에 대해 상세히 논하고 있다. 예를 들면, 균부均敷 · 색목色目 · 정액定額 · 방납防納 · 대납代納 · 두곡斗斛 · 모곡耗穀 · 조개操槩 · 모맥牟麥 · 녹두적두진맥綠豆赤豆眞麥 등 10가지 세목으로 나누어 그 제도의 폐단과 해결책까지 제시하고 있다. 뿐만 아니라 이 글의 앞부분이 전체적인 큰 틀에서 환정에 대한 논의가 이루어졌다면, 뒷부분은 환정의 본래 취지와 수곡이 속해 있는 본읍에서 시행되고 있는 환정의 제도 모순에 대해 구체적으로 거론하고 있다. 환정은 흉년이 들었을 때 기근에 시달리는 백성들을 구휼하기 위한 제도적 장치로, 봄에 환곡을 빌려 주었다가 가을에 약간의 이자를 덧붙여 받아들이는 흉년대비책이다. 조선 후기에 오면 이 흉년대비책인 환정이 제대로 시행되지 않아 갖가지 사회적 문제를 일으킨다. 수곡은 단적으로 환정의 제도가 제대로 시행되지 않는 것은 국가의 기강이 무너져 결국 아전들의 횡포가 극심하기 때문이라고 하였다. "한 고을의 고혈을 모두 짜내어, 십여 명의 간교하고 교활한 아전들을 살찌우게 해도 금할 수 없다"(刮盡一邑膏血, 以肥十數奸猾, 而莫之禁)는 언표에서도 알 수 있듯이, 당시 지방민들에 대한 아전들의 횡포가 심각함을 일깨우고 있다. 나아가 수곡은 국가에서 염치를 권면하고 기강을 진작시키는 대책이 없다면 아전들의 수탈은 백성들을 상하게 할 뿐만 아니라 나라까지도 병들게 한다(傷民病國)고 충고하였다.

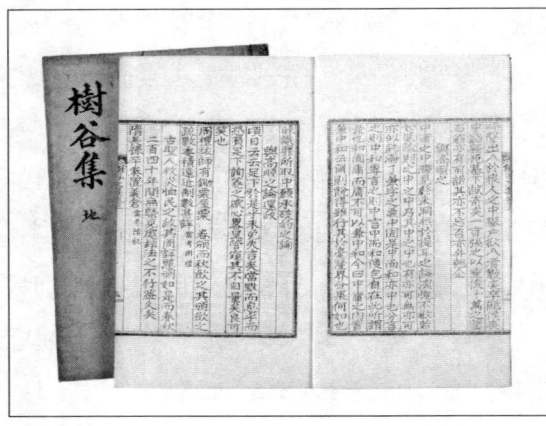
▲ 경세의식이 드러난 대표적 작품 「與高順之論還政」

수곡이 제시한 환정에 대한 의견은 탁상에서 이루어진 것이 아니라, 수곡이 직접 본 것을 가지고 구체적으로 거론하고 있어 훨씬 절실하게 다가온다. 우리는 이 글을 통해 수곡의 사회에 대한 관심과 경세의식의 단면을 확인할 수 있다.

「여고순지논환정」은 수곡의 사회에 대한 관심과 경세가로서의 경세의식이 잘 드러나 있는 글이다. 17세기 갈암 이현일(1627~1704)이 『홍범연의洪範衍義』를 편찬한 이후, 영남사인들은 경세론에 대해 그다지 관심을 갖지 않거나 외면하면서 성리학이나 예학에 침잠한 것은 사실이다. 이러한 영남사인들의 학문적 분위기 속에서 수곡이 경세론을 남겼다는 것은 주목할 만하다. 수곡의 「여고순지논환정」은 아버지 병곡이 저술한 『정시관규政始管窺』의 가학적 전통을 계승함은 물론, 갈암의 『홍범연의』와 그의 제자인 영천의 훈수塤叟 정만양鄭萬陽(1664~1730), 지수篪叟 정규양鄭葵陽(1667~1732) 형제가 지은 『치도의설治道擬說』의 맥락을 잇고 있다고 할 수 있다. 아울러 동시대의 봉화의 용촌春村 이태춘李泰春(1704~1785)의 「경륜편經綸篇」과 계촌溪村 이도현李道顯

(1726~1776)의「기서箕書」(5책)의 경세의식과 같은 차원에서 논의될 수 있는 작품이다. 이들이 제기한 경세론의 구체적인 내용은 조금씩 다르지만, 당대 정치현실을 주시하여 사회제도의 여러 모순에 대해 개선책을 제시한다는 것은 출사의 여부를 떠나 지식인으로서 바람직한 태도라고 할 수 있다.

3. 나라와 백성의 고통을 걱정하는(國憂民隱) 시인정신

수곡은 340여 수(343수)의 시를 지었는데 그 가운데서도 7언율시(121수)를 가장 많이 지었다. 시 전체의 분위기는 철학적 함의를 담은 철리시哲理詩(자연시)보다는 수곡 자신이 주변의 객관 경물을 보고 느낀 정감을 읊은 시(경물시)와 일상적인 삶에서 오는 정회를 읊은 시(술회시)가 많은 부분을 차지하고 있다. 그러나 수곡시의 특징은 단연 사회시 계열의 창작에 있다고 할 수 있다. 예를 들면, 30편의 연작시로 이루어진「우중즉사寓中卽事」와 장편고시인「복족福足」을 비롯하여「차백형운次伯兄韻」(3수),「고우苦雨」,「차백형次伯兄」(2수) 등을 들 수 있다. 이 장에서는 사회시 계열의 대표적 작품인「우중즉사」와「복족」을 통해 수곡의 시 창작 정신을 알아보기로 한다.

「우중즉사」는 몇 해를 연이은 큰 흉년에 백성들의 굶주린 참상을 보고 사실적으로 그려 낸 대표적인 사회시다.「암계喑鷄」는「우중즉사」30수 가운데 제일 첫 번째 시다. 새벽에 울지 않는 벙어리 닭을 소재로 하여, 흉년 든 마을, 하루의 시작을 여는 새벽의 닭 울음 대신에 집집마다 탄식하는 소리가 들려옴을 비유적으로 표현하였고,「취연炊煙」은 마침 관에서 구휼미를 나누어 주어 온 동네가 잠시 생기가 도는 것을 '밥짓는 연기'로 형상하였다.「유아流兒」는 끼니를 때우기가 어려워 거지가 된 아이들이 밥 짓는 연기만 보면 떼 지어 몰려가는 모습을 그렸고,「자채煮菜」는 간신히 나물죽을 끓여 먹으려고 연기를 피우면, 그것이라도 얻어먹으려고 몰려드는 거지 아이들의 모습을 그렸다. 피죽이라도 먹기가 어려운 형편에 거지 아이들이 닥친다면 그것 마저 먹지 못할 처지였다.

이른 아침에 먹다(早食)

새벽같이 한주발의 죽을 먹으니,	侵晨一椀粥
아침도 되기 전에 먹기를 마쳤네.	食訖未朝時
봄날의 일이 급해서가 아니라,	不是春務急
거지 아이들 몰려올까 해서라네.	恐被流人窺

다 같이 어려운 처지인지라 거지 아이들이 들이닥칠 경우, 음식을 안 주자니 마음이 편치 않고, 주려고 하니 음식이 모자라는 형편이다. 그래서 한 그릇의 나물죽이라도 온전하게 먹으려면 다른 방법이 있을 수 없다. 이른 새벽, 밥을 지어 거지 아이들이 오기 전에 몰래 먹는 수밖에 없다. 고단한 백성들의 삶이 마치 눈앞에서 펼쳐지듯 너무나 핍진하게 다가온다.

「간기揀飢」는 아전들이 마을에 찾아와 굶주린 자를 가려 뽑을 적에, 굶주림에 시달린 백성들이 한곳에 모여 상심스럽게 쳐다보는 상황을 그렸고,「고소顧笑」는 열 명에 한 명 꼴로 굶주린 사람을 택하는데, 선택된 사람과 그렇지 않은 사람의 현재적 심리상태를 표현하였다. 모두가 굶주림에 허덕이는데, 어느 누가 잘 먹고 잘 사는가? 관에서 내려온 아전들의 처방이 한심스럽기 짝이 없음을 은연중에 내비치고 있다. 「맥경麥耕」은 보리를 파종하기 위해 보리갈이를 해 보지만, 야윈 소는 눈밭을 갈지 못하고, 주림에 지친 농부는 힘이 없어 소를 호통치지 못하는 안타까운 모습을 그리고 있다.

「송처送妻」, 「문복問卜」, 「실자失子」, 「애닉哀溺」의 작품은 이산의 아픔을 잘 그리고 있다. 「송처」는 아내를 처갓집으로 보내면서 길 위에서 통곡하며 헤어지는 남편의 심정을 그렸고, 「문복」은 집 나간 남편을 찾기 위해 점쟁이에게 물어보는 아낙의 애달픈 심정을 그렸으며, 「애닉」은 환곡을 타기 위해 남창南倉에 나갔다가 물에 빠져 죽은 아들의 사연을 노래하였고, 「실자」는 남편이 집을 나가고 아들마저 집을 나가 버려 홀로 남아 있는 어미의 절규에 가까운 심정을 나타내었다.

자식을 잃다(失子)

네 애비는 나가서 들어오지 않고,	汝父出不入
너 또한 나를 버리고 가는구나.	汝又棄我行
문 앞에서 통곡을 하려고 해도,	臨門欲痛哭
주린 창자라 소리도 나오지 않네.	腸枯不成聲

흉년으로 제 몸 하나 간수하지 못하기에 남편도 집을 떠나 버렸고, 뒤를 이어 아들마저 집을 나가 버렸다. 졸지에 집에 남아 있는 어미만이 홀로 버림받은 처지가 되었다. 너무나 원통하고 억울해서 문 앞에서 통곡하고 울부짖으려고 하지만 이것마저 할 수가 없다. 몇날 며칠을 곡기를 끊었기에 주린 창자에서 소리가 안 나오는 것이다. 기가 막히는 현실이다. 어려운 시어를 쓰지 않으면서도 상황설정이 절실하

고 생동감 있게 전달되고 있다.

「환상還上」과 「석용夕舂」은 봄날의 춘궁기에 환곡으로 받은 곡식을 가을에 거두어들이는 환정의 제도에 대한 잘못된 점을 드러내었다. 당시 환정에 대한 비판과 해결책에 대해서는 수곡이 「여고순지론환정」에서 구체적으로 제시하였던 터다. 「환상」을 둔 목적은 흉년을 대비한 것이다. 목적의 취지에 맞게 시행되어야 함에도 아전들의 농간으로 제대로 시행되지 못하였다. 그 결과 백성들만이 이중 삼중의 고통을 견뎌야 했다.

「찬송餐松」은 흉년에 하도 먹을 것이 없어 소나무 껍질과 솔잎을 먹고 살아야 하는 고단한 삶을 읊조렸고, 「진엽陳葉」은 겨울이면 눈을 헤치고 묵은 나물잎을 채취하여 굶주림을 충당하는 백성들의 삶을 노래하였다. 그런데 이것마저 배불리 먹고 싶어도 실컷 먹을 수가 없다. 지나치게 먹으면 위장에 통증이 오기 때문이다. 「산송山松」은 금령을 어기기까지 하면서 소나무를 취해 양식으로 대용하여 북산北山이 민둥산이 되어 간다고 하였다.

산의 소나무(山松)

무성한 푸른 솔, 산에 가득하여,	菀菀青滿山
산의 모습 윤기가 났네.	山容曾沃若
백성도 야위고 산도 야위어,	民瘦山亦瘦
날마다 그 골각을 드러내네.	日日露骨角

푸른 솔이 무성하여 윤기가 흐르는 산. 이 산은 출입할 수 없다고 금령으로 정해져 있는 산이다. 그러나 백성들은 하도 먹을 것이 없어

서 금령을 위배해 가면서 이 산에 올라가 소나무를 취해 온다. 하루 이틀 산에 들어가 소나무를 취해 오니, 그 전의 윤기나는 무성한 솔산의 모습은 점점 민둥산이 되어 간다. 이와 더불어 곡기를 전혀 먹지 못하고 솔만을 주식으로 대용하는 백성들도 무성한 솔산이 민둥산이 되어 가듯, 점점 야위어 간다. 수곡은 백성들이 점점 야위어 가는 모습을 소나무산이 민둥산이 되어 감에 비유하여, 고단하고 힘겹게 살아가는 그들의 삶을 재치 있고 탁월하게 묘사하였다. 「차염借鹽」은 당시 소금 값이 금보다 더 귀한 비정상적인 생활현실을 그려 내었다. 「도기度飢」는 곡기에다 소금이나 젓갈을 곁들여 먹으면 우리 몸에 좋음에도 불구하고, 곡기를 끊고(辟穀) 솔잎을 먹는 것(餐松)을 배운다고 하였다. 곡기를 끊고 솔잎을 먹는 것은 선가에서 행하는 신선술의 하나로서 오래 살기 위해 그렇게 하는 것이다. 그러나 여기서는 진정 오래 살기 위해 곡기를 끊고 솔잎을 먹는 것이 아니라, 흉년이 들어 그렇게 밖에 할 수 없음을 역설의 논리로 설명하고 있다.

「예근瘞瘽」과 「고장藁葬」은 계속되는 흉년에 제 명대로 살지 못하고 이 세상을 떠난 백성들의 안타까운 현실을 노래하였고, 「도적盜賊」은 자신이 살기 위해 도적이 될 수밖에 없는 현실을 노래하였다.

도적(盜賊)

대면하여 죽음을 무릅쓰고 다투니,	當面競冒死
먹을 것만 보지 사람은 보지 않네.	見食不見人
누가 알리, 풍년이 든 해가 되면,	誰知在樂歲
이 무리들 모두 양민이 될 줄을.	此輩皆良民

먹고 살기 어려운 때 자신을 보존하는 유일한 방법은 도적이 될 수밖에 없다. 백성들은 선비가 아니다. 가만히 앉아 죽음을 기다리기보다 도적질이라도 해서 자신의 생명을 보존하는 것이 뭐 그리 죄가 될까? 도적질을 하는 것은 먹고 살기 위한 최후의 수단이지 애초부터 사람을 해치려고 하는 것이 아니다. 더군다나 이 도적들도 태어날 때부터 도적으로 태어난 것이 아니고, 이 사회가 돌봐 주지 않아 부득이 도적이 된 자들이다. 바로 그들은 일반 백성들인 것이다. 우리는 수곡이 이 시를 통해 양민이 도적이 될 수밖에 없는 조선 후기 사회의 현실상을 넌지시 풍간하고 있음을 알 수 있다.

한편 수곡은 혹독한 겨울이 지나고 봄이 되면 형편이 조금 낫겠지 하는 기대감을 지니고 있었다. 「산설山雪」은 눈으로 뒤덮인 산이 삼월이 되어 녹으면 봄 산의 본래 진면목을 볼 수 있을 것이라는 희망을 드러낸다. 그런데 「춘한春寒」은 삼월 초하룻날에 얼어 죽은 자를 목격했다는 내용을 노래하고 있어, 상당히 극과 극의 대조를 보여 주고 있다. 여전히 어려운 현실에서 쉽게 벗어날 수 없을 것 같은 생각을 갖게 한다.

「호표虎豹」와 「제오啼鳥」는 백성들은 흉년에다 기근정책이 제대로 시행되지 않아 죽음을 면치 못하고 있는 데 비해, 미물인 호랑이와 표범은 대낮에 횡행하여 관가 옆에서 사람을 잡아먹어도 손을 쓸 수 없고, 까마귀는 도랑에 나뒹구는 인간의 육신을 쪼아 먹으며, 요사스럽고 거들먹거리게 울어대고 있는 상황을 읊고 있다. 만물 중에 으뜸인 인간이 이렇게 내동댕이쳐지는 현실과는 달리, 호랑이와 표범, 그리고 까마귀는 반대로 자기가 하고 싶은 대로 하거나 자기가 먹고 싶은 대로 거리낌 없이 한다. 이것은 분명 불공평한 처사며 현실이다.

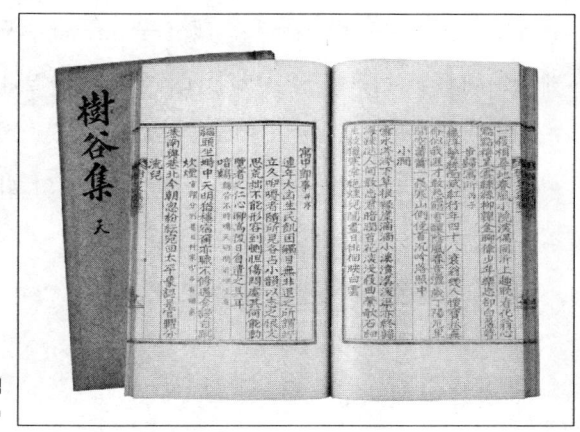
▲ 사회시 계열의 대표적 작품 「寓中卽事」

그래서 수곡은 이 땅에 존재하는 모든 것들이 잘 되기를 바라는 뜻을 「우중즉사」의 마지막 시에서 노래하고 있다.

제물(齊物)

밭 갈던 소는 땅에 쓰러져 굶어 죽으려 하고,	倒地耕牛飢欲死
하늘에서 나는 솔개는 배부르게 무리를 지었네.	盤天飛鳶飽成群
장자는 강하게 제물齊物할 수 있다고 말했지만,	莊生强道能齊物
제물하려 할 때 가지런함 다시 어지럽네.	物欲齊時齊更棼

수곡은 위아래 할 것 없이 지구상에 존재하는 모든 것들이 다 같이 잘 되기를 염원하였다. 그런데 세상은 불공평하여 인간의 편에서 열심히 일을 하는 소는 제대로 먹지 못해 굶어 죽으려고 하고, 반면 휘휘 나는 솔개는 높은 데서 내려다보고 자신의 욕심을 다 채운다. 흡사 죽을지 살지도 모르면서 열심히 일을 하는 백성들의 삶은 항상 피폐하고, 백성들의 위에서 군림하는 관리들은 자신의 사욕을 채우기에

급급해하는 양상과 비슷하다. 그래서 수곡은 이 극단의 문제를 장자가 제창한 제물의 논리를 끌어다가 해결하고자 하였다. 위와 아래, 즉 관리들과 백성들이 다 같이 잘 사는 그런 사회를 희망하였다. 그러나 이 시의 마지막 구에서 말했듯이 수곡은 자신의 희망이 쉽게 이루어질 수 없는 현실을 예감하고 있다.

다음은 「복족」의 내용을 살펴보기로 한다.

복 받은 다리(福足)

범을 쏘았는데 죽지 않고 범이 나를 물어,	射虎不殊虎我嚼
나의 한쪽 발을 떨어뜨렸네.	嚼我一足落
한쪽 발이 떨어져도 죽지 않고,	一足落不得死
양손으로 지팡이 짚고 절뚝거리며 가네.	兩手扶杖行踙踔
주위사람 다투어 위문할 필요 없으니,	傍人不須競來唁
한쪽 발이 어찌 나의 복이 아니리요?	此足焉知非我福
범에게 죽지 않았으면 몽둥이에 죽으리니,	不以虎死當死杖
불행히도 이름을 관청 문서에 올렸네.	不幸名掛官籍上
관에선 비단 무늬 화려한 호피를 좋아하지만,	官愛虎皮錦文炳
황급히 생각하니 어리석은 백성도 목숨은 있는 것.	遑念愚民亦有命
해마다 사람들 묶어 산림으로 들이니,	年年結束入山林
숨은 그루 드러난 돌에 모두 마음 놀라네.	隱株露石俱駭心
잠시 훔쳐보느라 일어났다 잠복했다 하니,	俄瞷倏矚起又伏
생명이란 이때엔 보잘것없는 데 맡겨지네.	性命此時寄毛粟
공연히 혈육이 범의 조아爪牙에 할큄을 당해,	公然血肉試爪牙
치마 찢어 상처 싸니 꽃처럼 얼룩덜룩.	裂裳裹瘡斑似花
하산해서 골짜기 나옴에 어깨는 붉었고,	下山出谷擔肩頳
시렁 위에 웅크려도 사나운 마음 생기네.	架上蹲踞猶生獰

추녀에 임해 함께 파하고 한바탕 웃지만,	臨軒供罷一莞然
떠나면 어떤 사람 자리 아래 방석에 충당될까?	去充何人座下氈
세 말의 조와 쌀에 한 동이 간장을 받아,	粟米三斗醬一盆
문을 나서자 강포한 서리들 다투어 차지하네.	出門豪胥爭來分
빈손으로 돌아와서 팔을 베고 누우니,	歸來空手臥枕臂
꿈속에서 이따금씩 경기가 일어나네.	夢中往往生驚悸
한쪽 발만 남아도 아전들의 호통 면할 길 없으니,	自吾一足無免被官人呼
이지러지고 상한 형체 어찌 괴롭지 않으랴마는,	虧形毀體豈不苦
문에 임해 호통치는 소리 없어 기뻐하네.	臨門喜無聲哮怒
자리 짜다 피곤하면 처마 끝에서 잠을 자니,	織席倦來眠簷隙
피가 쏟아져 산돌에 바르는 것과 어찌 같을까?	何如瀉血塗山石
주린 처는 산골에서 도토리 주워 오니,	飢妻中谷採橡歸
이 물건으로도 조석으로 배 채우기에 족하네.	此物亦足充朝夕
화는 어디서 오며 복은 어디에 연유하나,	由來禍兮福所因
바야흐로 내 발이 없어야 내 몸을 지키네.	無足吾方有吾身
어제는 남산에서 총포소리 들었는데,	昨聞南山砲響起
가련토다 어느 곳에 두 발 가진 사람인가?	可憐何處兩足人

「복족」은 '복 받은 다리'라는 뜻으로, 호랑이에게 한 쪽 다리를 잘린 산척山尺의 기구한 삶을 장편고시로 형상화하였다. 사냥을 업으로 하는 산척들은 호피를 바치라는 관가의 독촉에 목숨을 걸고 호랑이를 잡으러 산속으로 간다. 온갖 위험을 감내하면서 호랑이를 잡으려다 도리어 호랑이에게 다리가 잘려 나가는 중상을 입게 된다. 그래도 산척은 개의치 않고 도리어 자신의 중상이 복이 되지 않겠느냐고 자신을 위로한다. 어차피 호랑이에게 물려 죽지 않아도 호랑이를 잡지 못

하면 관청의 아전들의 몽둥이에 맞아 죽을 처지기 때문이다. 어쩌다 화려한 호랑이 가죽을 관아에 바치는 날이면, 그 보상으로 세 말의 곡식과 한 항아리의 간장을 받게 된다. 그러나 기쁜 순간도 잠시 잠깐, 관청 문을 나서자마자 그 보상품은 모두 아전에게 빼앗기고 만다. 산척의 기구한 삶은 호랑이를 잡지 못하거나 잡아서 관청에 바치거나 상관없이 산척 자신에게 돌아오는 것은 몽둥이로 매를 맞는 것이 아니면 아무것도 없다. 차라리 그럴 바에야 호랑이에게 물려 다리가 잘려 나가 신역을 면하는 편이 훨씬 정신적으로 편하다. 물론 자신의 거동이 불편하여 가난을 면치 못해, 굶주린 아내가 산속에서 도토리를 주워서 조석으로 끼니를 때우는 경제적 불편함은 있어도 말이다. 그래서 수곡은 산척의 다리가 잘려 나간 것이 결코 화가 되지 않고 '복받은 다리'가 됨을 상기시키면서, 지금도 두 다리 성성하게 산속에서 화승총을 쏘며 호랑이 사냥을 하는 동료 산척들에게 가련한 마음 금치 못한다고 끝을 맺고 있다. 아울러 수곡은 산척들의 비참한 현실을 시로써 뿐만 아니라 「산척설山尺說」이란 산문으로도 남기고 있는데, 그만큼 천민에 대한 수곡의 관심을 알 수 있다.

　이제까지 우리는 「우중즉사」와 「복족」을 통해 수곡시에 나타난 시인의 내면의식을 살펴보았다. 백성들과 천민의 고단하고 비참한 삶에 대해서는 관심과 애정어린 시선을 주고 있으며, 이와는 반대로 제대로 시행되지 않는 사회제도의 모순과 중간계층인 하급관료, 즉 아전의 횡포와 수탈에 대해서는 날카로운 비판을 가하고 있다. 뿐만 아니라 천민계급에 속하는 산척들의 삶에 대한 관심은 병곡 권구가 편찬한 「천유록」의 작자의식과 하층민의 행적을 기술한 수곡의 또 다른 글인 「기문」의 기록정신과 맥이 닿아 있다고 할 수 있다.

수곡이 추구한 사회시 계열의 작품은 위로 화산 권주가 「인참친수因讒親讐」, 「불회완풍不回頑風」, 「천지불화天地不和」, 「비명피륙非命被戮」의 작품을 지어 임금을 풍간한 정신을 본받고 있음은 물론, 아래로 아버지 병곡 권구의 「귀촌가는 길에서 떠돌아다니는 거지가 촌가 문밖에서 방황하는 것을 보니 그 형상이 가련하다(龜村路上見流丐彷徨村家門外其狀可憐)」, 「속죽가粟粥歌」, 「습상옹拾橡翁」, 「고우탄苦雨歎」 등의 창작정신과 동궤에 있음을 알 수 있다. 그러나 수곡의 작품은 가풍으로 내려오는 시 창작의 정신을 이어받으면서도, 위에서 열거한 시들보다 사회현실에 대한 비판의 강도가 훨씬 강하게 나타난다.

한편 이 같은 수곡의 사회시 계열의 작품은 18세기 영남남인들의 시 창작의 정신과는 상당히 다른 면모를 띤다. 퇴계의 학문적 전통을 존중하는 이 지역의 사인들은 철학적 함의를 담은 철리시 계열의 작품이나 시인 자신의 일상적인 정회를 드러낸 술회시 계열의 작품을 주로 남기고 있다. 또한 사회시 계열의 작품을 남기고 있는 시인도 작품 전체의 수에 비해 단지 몇 수의 사회시 계열의 작품을 남기고 있는 것에 불과하다. 그러나 수곡의 사회시 계열의 작품은 당대 영남사인의 한시 경향에 비추어 볼 때 질적·양적으로 단연 뛰어나다고 할 수 있다.

다산 정약용(1762~1836)은 빼어난 사회시를 창작하여 당시 사회의 여러 모순을 날카롭게 비판하였다. 수곡은 다산보다 50여 년 전에 영남지방에 태어나 산발적으로 창작되어 오던 소외된 사회시 계열의 작품을 적극적으로 창작하였다. 수곡이 창작한 사회시 계열의 작품은 영남남인들의 한시의 사회적 역할을 강화시켰을 뿐만 아니라, 18세기 한시사에 그의 이름을 올리는 계기로 작용할 것이다.

4. 학술사적 위상과 의미

17세기 말 경신환국(1680) 이후, 1차적으로 영남남인들의 정치적 진출이 좌절되었고, 그 뒤 이인좌의 난(1728)으로 영남남인들의 정치적 진출은 더욱 실현될 수 없는 분위기였다. 대부분의 영남남인들은 정치적 진출을 꾀하기보다는 향촌에서 재야지식인으로서의 삶을 살아가기에 이르렀다. 이러한 삶의 태도는 퇴계학을 학문적·정신적 준거로 삼아 자신의 심성수양과 학문탐구, 저술활동으로 나타났다. 아울러 그들이 추구한 학문경향도 현실에 대한 경세적 내용보다는 이념성이 강한 성리학이나 경학적 내용과 번쇄한 예학에 관한 글들이 주를 이루고 있다. 이 같은 학문경향은 현실로 진취할 수 있는 길이 막힌 상태에서 취할 수밖에 없는 당연한 선택이었다고 할 수 있다. 하지만 그렇다고 이들이 완전히 현실정치를 떠난 것은 아니었다. 초야에 묻혀 처사적 삶을 살아가면서도 현실의 여러 모순에 대해 강한 비판의식을 보여 주는 문인학자들이 있었다. 이를테면 갈암 이후, 그의 제자인 정만양·정규양 형제, 봉화의 이태춘과 이도현, 그리고 수곡 등의 인물을 대표적으로 들 수 있다.

수곡은 화산 권주와 병곡 권구로 전해지는 가학적 전통과 갈암 이현일과 밀암 이재의 학문적 영향, 그리고 서애학맥의 실용·실천 중시의 학풍을 받아들여, 18세기 영남남인의 보편적 학문경향과는 달리 경세의식에 기반한 실천지향적 학문경향을 추구하였다.

특히 수곡이 창작한 한시에 나타난 현실비판 정신은 매우 중요한 의미를 지닌다고 할 수 있다. 영남남인들은 대부분 철학적 사유를 담은 이념성이 강한 시 작품을 창작하거나 아니면 사회현실을 비판하는 시를 창작한다 해도 몇 수에 불과한 것이 사실이다. 수곡은 퇴계와 학봉 이후, 간간이 지어지는 사회시 계열의 전통을 이어받아 강렬하면서도 다량의 사회시 계열의 시를 창작하였다.

　수곡이 이렇게 사회시 계열의 작품을 창작할 수 있었던 배경은 무엇일까? 단순히 처사적 삶에서 오는 우환의식으로 치부해도 될까? 그 내면에는 수곡의 선대로부터 겪은 집안의 정치사와 관련이 깊을 듯하다. 연산군에 의한 화산 권주의 죽음, 그리고 그 아들들의 정치적 음모에 따른 죽음과 귀양, 그 뒤 이인좌의 난으로 권구의 정치적 시련에 의한 칩거의 생활태도가 결국 수곡 삼형제에게까지 그 영향을 미치게 된다. 수곡 삼형제는 두문불출하며 서로를 이택의 벗으로 삼아 학문을 강론하며 여생을 살기로 규정지었다. 그러나 수곡은 아버지 병곡과는 기질적인 측면에서 다른 면을 지니고 있었다. 젊어서『맹자』와『한시외전』, 그리고 각종 역사서적을 두루 섭렵한 수곡은 처사적 삶으로 일관했지만, 그의 의식 속에는 정치에 대한 열망과 비판의식이 잠재해 있었다. 그러나 현실정치에 가담할 수 없는 수곡으로서는 현실정치에 대한 불만을 학문적 저술과 문학적 작품으로 드러낼 수밖에 없는 처지였다. 그래서 결론적으로 집안이 겪은 정치적 시련과 그에 따른 현실지향적 학문경향, 그리고 수곡 자신의 기질적 측면이 어우러져 그의 시 작품이 영남남인의 주류적 시 경향과는 달리 현실지향성을 강하게 드러낼 수 있었다고 본다.

　수곡이 창작한 사회시 계열의 작품은 영남남인의 한시의 사회적 역할을 강화시켰을 뿐만 아니라, 수곡 자신도 18세기 한시사에 당당하게 자리매김하는 계기가 될 것이다. 수오재 안민수는 수곡의 평생 행적을 평가하기를, "마음 위의 경륜이요, 의중에 민물이라"(心上經綸, 意中民物)고 하여, 한평생 재야지식인으로서의 삶을 살았지만, 세상을 경륜할 만한 능력과 백성을 사랑하는 어진 마음을 지닌 인물이라고 하였다.

　요컨대, 수곡의 경세의식은 수곡 개인의 기질적 측면과 가학적 전통, 그에 따른 다양한 학문의 추구를 통해 형성된 것이며, 수곡에 와서 그 파고가 제일 높았다고 할 수 있다. 이 같은 현실적·실천적 학문경향은 가일권씨들이 추구한 학문의 보편성과 특수성인 동시에, 우리 지역에 산재해 있는 다른 동성마을과의 학문과 문학의 동질성과 차별성을 보여 주기에 충분하다고 할 수 있다. (권진호)

7장

조선시대 가일마을의 문학

1. 조선 전기의 가일문학 – 화산 권주

가일마을은 안동권씨가 550여 년간 세거해 온 마을이다. 실제로는 가일마을의 안동권씨는 마을 전체 가구수의 35% 내외이고 그밖에 순흥안씨, 의성김씨, 광산김씨, 김해김씨, 전주이씨, 공주이씨 등 여러 성씨가 함께 살고 있지만, 그래도 가일하면 봉화의 유곡酉谷(세칭 닭실)과 더불어 대표적인 안동권씨의 동성마을로 인식되고 있다. 뿐만 아니라 가일마을을 대표하는 문인들은 거의가 안동권씨라 해도 과언이 아닌데, 순흥안씨를 비롯한 다른 성씨들이 같은 양반임에도 불구하고 이렇다 할 문인학자들을 배출하지 못한 이유가 무엇인지 밝히는 것도 조선시대의 동성마을을 이해하는 중요한 문제점 가운데 하나라 할 수 있다.

가일마을에 안동권씨가 정착하게 된 것은 조선 초기 인물인 권항權恒(1403~1461)부터라고 알려져 있다. 권항이 어디에서 풍산현의 가일마을로 이주했는지는 알 수 없으나 모친이 평해손씨인 점으로 미루어 평해에서 안동으로 이주했을 가능성도 있을 것으로 보인다. 권항은 1403년에 태어나서 1423년 사마시와 1441년 문과에 급제한 뒤 영천榮川(지금의 경상북도 영주시)군수로 재직하다가 1461년에 세상을 떠났다. 그는 지금의 가일마을인 지곡枝谷에 안장되었고 또 가택이 지곡에 있었다. 그러나 권항은 물론이고 그의 아들인 권이權邇, 손자인 권주權柱까지도 관직에 있었기 때문에 거의 서울에서 생활하였다고 보아야 할 것이다. 권이가 서울에서 벼슬살이 하는 동안 가일의 집과 농토는 동생 권건權建이 관리하였다. 권건 자신도 이조좌랑을 거쳐 평안도사까지 지냈지만 귀향하여 가일에서 타계한 것으로 보아 권건의 생활근거지는 가일이었던 것이 확실하다 할 것이다.

▲ 가일 입향조 권항의 둘째 아들 지산 권건의 묘

입향조인 권항과 그의 둘째 아들 권건이 모두 과거에 급제하였고 특히 권건은 알성문과에 장원급제한 인재인 점으로 미루어, 그들의 문학적 역량이 상당했으리라는 점은 짐작하기 어렵지 않다. 다만 현재 전하는 작품이 없어 그들의 문학세계를 알 길이 없다. 이런 사정으로 가일마을의 문학은 화산花山 권주權柱(1457~1505)로부터 시작된다고 보아야 할 것이다.

권주는 가일에서 태어나서 8세에 사서四書를 읽었고 10여 세 무렵에는 경사經史에 두루 통했다는 신동이다. 13세에 경상감사가 보는 안동 백일장에서 장원을 하였는데, '하운다기봉夏雲多奇峯'이라는 시제詩題에 따라 7언 24구의 과체시科體詩를 능숙한 솜씨로 지어 바쳤다고 한다. 당시 경상감사는 장원을 한 권주의 나이가 너무 어린 데 의심이 생겨 앵두가 담긴 쟁반을 가리키며 운韻을 불러 주고 시를 지으라 하니, 권주는 즉석에서 "동글동글한 예쁜 과일 금쟁반에 가득한데 / 붉은색은 술 취한 서시의 뺨보다 아름답네"(團團嘉果滿金盤, 色奪西施醉後顏)라고 읊어 감사를 다시 한 번 놀라게 했다고 한다.

권주는 1474년 18세의 나이로 진사시에 합격하였고 1480년 성종의 친시親試에서 갑과 2등으로 급제하였다. 성종 재임 중에는 사헌부지평, 사간원헌납, 홍문관부응교·응교 등 청요직淸要職을 두루 역임하였다. 특히 외교 분야에서 활약이 두드러졌는데 신진관료 시절인 1485년에 성절사강의생聖節使講疑生으로 북경北京에 다녀왔다. 1489년에는 공조정랑으로 있으면서 한어질정관漢語質正官으로 뽑혀 중국어를 배우게 되었다. 당시 중국 사신을 응접할 때에는 통사通使들이 통역을 담당하였지만 중요하거나 기밀을 요하는 문제를 의논할 경우에는 해당 관원이 직접 대화를 나누는 것이 중요하다고 인식되어, 권주를 비롯한 젊고 재주 있는 관리들을 한어질정관으로 뽑아서 직접 중국어를 학습하도록 하였던 것이다.

1493년 제포薺浦에 거주하는 왜인들이 조선의 관원들을 구타하는 사건이 발생하자 성종이 대마도에 조관朝官을 보내어 범인을 엄벌하도록 하였는데, 모두들 가기를 꺼려하는지라 성종은 어려운 과업을 감당할 만한 인재를 골라보라고 지시하였다. 이에 권주가 뽑혀 대마도경차관對馬島敬差官이 되어 대마도로 가서 위엄으로 대마도주를 경복시키고 돌아왔다. 1494년 성종이 승하하니 홍문관응교로 있던 권주는 성종의 시책문諡冊文과 행장行狀을 지었다.

성종의 뒤를 이어 연산군이 즉위하자 권주는 사헌부집의를 거쳐 홍문관직제학, 우부승지가 되어 당상관이 되었다. 1496년에는 편수관이 되어 『성종실록』의 편찬에 참여하였다. 연산군은 직간을 싫어하여 직간하는 신하들을 승정원에 모아 놓고 매일같이 시를 수십 편, 수백 편씩 지어 바치게 함으로써 상소문을 쓸 틈을 주지 않았다. 권주 또한 승지로 있으면서 매일 시를 지었는데, 이때 지은 시 가운데 네 편의 초고가 지금까지 남아 있다. 이 네 편의 제목은 「인참친수因讒親讐」, 「비명피륙非命被戮」, 「불회완풍不回頑風」, 「천지불화天地不和」인데, 모두 임금을 풍간하는 내용이다.

그래도 화를 입지 않고 도승지를 거쳐 충청도관찰사, 경상도관찰사를 역임했으나 1504년 갑자사화 때 의금부에 나포되어 태장 70대를 맞고 평해平海로 정배되었다. 그의 죄목은 1482년 폐비 윤씨가 사사될 때 승정원의 주서注書로 있으면서 이에 관여했다는 혐의였다. 1505년 6월 마침내 권주에게 사형 명령이 떨어졌는데, 연산군은 폐비 윤씨가 죄를 받을 때 사약을 가지고 간 사람이 권주이니 마땅히 교살하고 그 아들을 절도에 위리안치하며 가산은 적몰하라고 지시하였다. 권주는 유배지인 평해에서 생을 마쳤고, 권주의 부인 고성이씨도 이 소식을 듣고 높은 누각에서 뛰어내려 자살하였으며, 장남 권질權礩(1483~1545)은 거제도로 귀양갔다. 1506년 중종반정으로 연산군이 물러난 후 복권되어 의정부우참찬 겸 홍문관·예문관대제학이 증직되었다. 원래 양관 대제학은 증직이라 하더라도 함부로 주지 않는 벼슬인데 그에게 양관 대제학이 증직된 것은, 그가 성종·연산군 때를 대표하는 문인임을 사후에나마 인정받은 것이라고 할 수 있다.

그런데 사화에 몰려 죽는 바람에 권주의 문집은 편찬되지 못했고, 생전에 지은 글들은 거의 산일되고 말았다. 그러다가 숙종 말년에 후손 권구權榘가 남은 작품을 수습하여 『화산일고花山逸稿』로 간행하려 하였는데, 권두경權斗經에게 발문跋文까지 받아 둔 상태에서 어떤 연고에서인지 간행되지 못하였다. 결국 1789년(정조 22) 『화산일고』에다 일본과 중국을 여행한 기록인 동사록東槎錄과 연행록燕行錄을 덧붙여

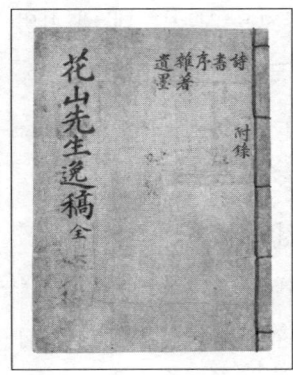
▲『화산일고』

옥연서당玉淵書堂에서 간행하였다.

현재『화산일고』에는 8편의 시와 두 편의 편지, 한 편의 서문序文, 한 편의 시책문諡冊文이 권주의 글로 실려 있을 뿐이고, 나머지는 모두 권주와 연관된 글들을 여기저기서 찾아 모아 부록附錄으로 수록한 것이다. 그 가운데「송반성위부경送班城尉赴京」은 서거정이 편찬한『동문선東文選』에도 수록되어 있는 시다. 서거정이『동문선』을 편찬한 것이 성종 때이고 또 그가 권주보다 37세나 연상인 점으로 미루어, 이 시는 권주의 젊었을 때 작품일 것이다. 지어진 시기나 장소는 명확하지 않으나 중국에 사신으로 가는 왕가의 종친 반성위班城尉 강자순姜子順을 전송하며 지은 시다.

북경北京으로 가는 반성위를 전송함(送班城尉赴京)

만릿길의 풍운이 장쾌한 회포를 품게 하는데,　　萬里風雲入壯懷
서쪽으로 떠나 금대金臺에 오를 그대를 전송하네.　送君西去上金臺
이별의 자리 서글퍼서 나그네 옷자락 펄럭이는데,　離亭草草征衫動
한 잔 술에 칼 두드려 가며 호탕하게 노래 부르세.　擊劍高歌酒一杯

이 시에서 권주가 강자순을 군君이라 호칭한 것으로 보아 두 사람은 평교하는 사이였던 것으로 추증된다. 또한 젊은 시절 권주가 외직으로 나간 일이 없는 것으로 미루어, 이 시에서 이별의 장소로 등장하는 정자는 한양 가까이에 있는 정자일 것이다.

▲ 화산 권주가 공부하던
선원강당과 화산신도비

　남쪽 끝에서 북쪽 끝까지 간다 하더라도 삼천리를 채우지 못하는 조선 땅에서 북경까지의 사행길은 넓은 세상을 경험해 볼 수 있는 유일한 기회였다. 만릿길을 6개월에 걸쳐 왕복하는 사행은 무척 고달픈 여정이지만 드넓은 만주 벌판과 국제도시 북경을 직접 볼 수 있다는 점에서 견문을 넓힐 수 있는 좋은 기회였다. 역사적으로 볼 때 북경은 전국시대 연燕나라가 자리했던 곳으로서 중국의 동북방에 위치한 변경이었다. 흉노·오환·선비·거란·여진 등 동북방의 유목민족과 끊임없이 전투가 벌어지는 전란의 땅이며, 불우한 협객과 지사들이 전국에서 모여드는 의협의 고장이기도 하였다. 젊은 나이에 북경을 찾아가는 강자순에게 권주는 만릿길을 오가며 장쾌한 기상을 기르기를 당부하고 있는 것이다. 또한 북경은 연나라 소왕昭王이 이런 협객과 지사들을 불러 모으기 위하여 대臺를 쌓고 그 안에 많은 황금을 비축해 놓았던 황금대黃金臺의 유적이 남아 있는 곳이었다. 권주는 강자순이 황금대에 올라도 부끄럽지 않을 인재임을 은연중에 강조하기 위하여 장차 금대에 오를 그대를 전송한다고 읊고 있는 것이다.

이렇게 권주는 기구起句와 승구承句에서 강자순이 장차 만나게 될 만리풍운萬里風雲과 황금대를 통하여 드넓은 기상과 회포를 노래한 후, 전구轉句와 결구結句에서 다시 분위기를 바꿔 옛날의 협객들처럼 술잔을 나누면서 칼을 두드려 박자를 맞추면서 호탕한 노래를 높이 부르자고 끝맺고 있다.

비록 8수의 시만을 남기고 있지만, 이 시를 읽어 보면 권주가 왜 사후에 양관 대제학을 증직받았는지 알 수 있고, 서거정이 『동문선』을 편찬하면서 손자뻘밖에 되지 않는 권주의 시를 두 편이나 선정하여 실었는가를 알 수 있다. 젊은 시절의 호탕한 기개를 칠언절구라는 짧은 형식 속에 응축시켜 표현한 권주의 시 짓는 솜씨가 결코 범상한 수준이 아님을 이 시를 통해 충분히 확인할 수 있는 것이다.

1506년 중종반정으로 권주에게 우찬참 겸 대제학이 증직되고 권질은 음보로 현릉참봉顯陵參奉에 제수되었으며 둘째 아들 권전權磌(1486~1521)이 현량과에 발탁되어 조광조趙光祖와 함께 개혁정치를 주도함으로써 가일권씨(안동권씨 가운데서도 가일마을의 안동권씨들은 특별한 위치를 점하기 때문에 가일권씨라고 부르기도 한다)의 운세도 다시 회복되는 듯하였다. 그러나 1519년 기묘사화己卯士禍가 일어나면서 당시 홍문관 수찬으로 있던 권전은 파직당하고 만다. 엎친 데 덮친 격으로 1521년 신사무옥辛巳誣獄에 권전이 연루됨으로써 가일권씨는 다시 한번 참혹한 가화를 당하게 된다.

기묘사화를 통해 남곤南袞, 심정沈貞이 득세하자 현량과 출신인 안처겸安處謙은 남곤과 심정을 제거할 계획을 세우고 이 일을 이정숙李正叔·권전과 함께 모의하였다. 이 자리에는 안처겸의 고종사촌인 송사련宋祀連도 함께 있었다. 그런데 송사련의 모친 감정甘丁은 안처겸의 부친인 안당安瑭의 서매庶妹로서, 안당의 부친 안돈후安敦厚와 여종 사이에서 태어난 서출이었다. 어머니가 천출인 관계로 벼슬길에 나가기 힘들었던 송사련은 외사촌 안처겸이 남곤과 심정을 제거하고 경명군景明君을 추대하려 한다고 고변하였다. 이 무고로 인하여 송사련의 외가인 안씨 가문은 거의 멸문의 화를 당하고, 기묘사화 때 살아남았던 사림과 수십 명이 처형당하거나 귀양을 가게 되었다. 권전은 의금부에 끌려가 곤장을 맞다가 장살당하였고, 그 부인은 노비로 편입되었다. 또한 권질은 예안으로 정배되어 9년간의 유배 생활을 하였다. 이때 권질에게는 어린 딸이 있었는데 이 일로 충격을 받아 정신이 혼미해지게 되었다고 한다. 권질은 정신이 혼미한 둘째 딸을 시집보낼 곳이 없어 고민하다가 상처喪妻한 퇴계 이황에게 억지로 떠맡기다시피 하였다.

권질과 이황은 권질이 예안에서 9년 동안 귀양살이할 때 가까이 지냈다고 한다. 이황은 21세 때 김해허씨에게 장가들었는데, 허씨는 두 아들을 낳은 뒤 일찍 세상을 떠났다. 허씨 부인의 3년상이 끝나자 권질은 후배인 이황을 찾아가 "자네가 아니면 내 딸을 맡길 사람이 없으니 자네가 좀 맡아 주게"라고 부탁하였다. 이에 이황은 순순히 선배의 부탁을 받아들여 권씨 부인이 타계할 때까지 14년간 함께 살았으며, 권씨 부인을 잃은 뒤로는 더 이상 부인을 맞아들이지 않았다.

이황은 권씨 부인 때문에 친지나 제자들 앞에서 곤경에 빠진 적이 한두 번이 아니었지만 항상 부인을 너그럽게 감싸 안았다. 서울로 벼슬하러 갈 때에도 고향에 권씨 부인을 남겨 두면 남에게 짐이 될까 염려하여 함께 서울로 올라갔다. 권씨 부인은 요리도 할 줄 몰랐기 때문에 이황은 고향에서 마른 반찬을 구해다가 손수 밥을 짓고 반찬

▲ 퇴계 이황의 장인인 권질의 묘. 이황의 묘갈이 있다.

을 만들어 먹었다고 한다. 이황의 진성이씨 가문과 가일의 안동권씨 마을에서는 권씨 부인을 '바보할매'라고 부르는데, 대부분 우스갯소리이긴 하지만 지금도 바보할매와 연관된 각종 일화가 전승되고 있다. 바보할매의 일화는 이황의 넉넉한 인품과 바보할매에 대한 연민이 어우러진 특색 있는 구비전승을 이루고 있으나, 현재까지 제대로 수집되거나 연구된 실적이 없어 안타까울 따름이다.

권질, 권전, 권석權碩, 권굉權硡의 4형제는 연이은 가화로 문집조차 남기지 못했기 때문에 조선 전기의 가일 문학은 권주의 시 8편과 편지 두 편, 기문 한 편이 남아 있을 뿐이다. 후손들에 의하여 『조선왕조실록』에 기록된 권주와 권전의 상소문이 수습되어 『지곡세고枝谷世稿』에 수록되었지만, 상소문의 문학적 성과에 대해서는 아직 명확한 결론이 내려진 바 없기 때문에 논의를 뒤로 미루기로 하겠다.

2. 조선 후기의 가일 문학 – 정곡 권징

권주의 네 아들 가운데 딸만 둘 둔 장남 권질을 비롯하여 위의 세 아들은 후사를 두지 못하였다. 그리하여 가일마을 안동권씨의 종계는 권주의 넷째 아들 권굉과 권굉의 둘째 아들 권의남權義男에게로 이어진다. 권굉의 맏아들 권기남權奇男은 후사 없이 세상을 떠났다. 권주-권굉-권의남으로 이어지는 이 종계를 가일마을에서는 시습재時習齋 종가라고 부른다. 시습재는 권주가 살았다고 전해지는 종가 건물을 말하는데, 시습재란 명칭은 원래 후손 권구權榘의 서실에 붙인 당호였다가 지금은 종가 건물을 가리키는 당호로 쓰이고 있다.

권굉은 부친과 형들이 입은 참화를 직접 목격한 터라 자손들에게 과거를 보지 말라는 유언을 남기고 세상을 떠났다. 그리하여 권의남-권호연權浩然-권경행權景行으로 이어지는 3대 동안 과거를 보지 않았다. 다만 양반의 지위를 유지하기 위해 권의남은 무관직인 사과司果를, 권호연은 잡직雜職인 직장直長을, 권경행은 무관직인 사용司勇을 지냈는데, 이는 백두白頭를 면하고자 납속納粟하고 얻은 직책일 뿐 실제로 벼슬한 것은 아니다.

권경행은 가일마을을 떠나 예천의 용궁면 오룡리로 이주함으로써 권경행-권박權搏 양대에 걸쳐 가일의 종가를 비워 두고 용궁에서 살게 된다. 정확한 이주 동기는 알려지지 않았으나 임진년의 왜란을 피해 산골로 이주했다는 설이 있다. 권박(1607~1661)의 대에 와서 특기할 사실은 과거에 급제하여 다시 벼슬길에 나갔다는 사실이다. 그는 24세 때 사마시에 합격하고 28세 때 문과에 급제하여 성균관전적, 사헌부감찰, 예조정랑을 역임하였다. 그러나 타협을 모르는 곧은 성격 때문에 권귀들의 비위를 거슬러 옹진현령, 고성군수 등 외직을 전전하였고,

고성군수를 끝으로 용궁의 향리로 돌아가서 유유자적 하다가 향년 55세로 세상을 떠났다. 그런데 권박은 용궁에서 태어나서 용궁에서 세상을 떠나고 용궁에 묻혔기 때문에 그를 가일마을 사람이라고 하기 힘들다. 권박의 저술은 『지곡세고』권2에 『구봉유고九峯遺稿』로 전하지만 일단 가일 문학의 대상에서는 제외하기로 하겠다.

권박은 전배前配 영해신씨와의 사이에 아들 권징權憕(1636~1698)을 두었고, 후배後配 여흥이씨에게서 권회權恢와 권협權恊(1659~1733)의 두 아들을 두었다. 이 가운데 권징은 용궁으로부터 가일로 다시 이주하여 자칫 끊어질 뻔했던 가일권씨의 종통을 다시 이어 나가게 되었다. 아들 권구가 집필한 행장에서 계제季弟인 협恊과 동거하지 못함을 한스럽게 여겼다고 한 점이나 권협이 용성삼걸龍城三傑(용성은 용궁의 다른 이름이다) 가운데 한 사람으로 꼽혔다는 점으로 미루어, 당시 용궁에 살던 3형제 가운데 권징만 가일로 이주하고 동생들은 그대로 남아 있었던 것으로 추정된다. 권징이 가일로 돌아올 수 있었던 데는 장인인 졸재拙齋 유원지柳元之(1598~1674)의 도움이 컸을 것으로 보인다. 양대에 걸쳐 용궁에서 지내는 동안 가일의 경제적 기반은 많이 훼손되었을 것이기 때문이다. 권징이 동생들과 함께 살 수 없었던 것도 경제적 상황과 무관하지 않았을 것이다. 유원지는 유성룡柳成龍(1542~1607)의 장손으로 서애학파西厓學派의 초석을 다진 뛰어난 학자다. 그는 많은 제자들 가운데에서 권징을 택하여 사위로 삼았던 것이다.

권징은 벼슬과는 인연이 없었는지 몇 차례 과거에 실패하자 깨끗이 단념하고 학문과 수양에만 힘썼다. 당시 과거에 급제하는 것은 실력만으로 되는 것이 아니라 청탁에 의하여 좌우되는 경우가 많았다. 권징은 과거나 벼슬을 위하여 청탁을 하지 않았을 뿐 아니라 자제들에게도 세속에 물들지 말라고 훈계하였다. 65년 한평생을 오로지 청빈한 처사로서의 몸가짐과 마음가짐으로 일관하였으니, 고산孤山 이유장李惟樟(1625~1701)은 권징을 가리켜 빙옥氷玉 같은 인물이라고 평가하였다. 저서로는 『상례고증喪禮考證』과 『정곡유고井谷遺稿』가 있는데, 『정곡유고』는 『지곡세고』 권3으로 정리되어 전하고 있다.

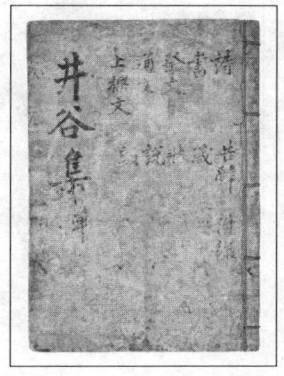

▲ 『정곡유고』

스스로 경계함(自警)

모든 변화의 근원이고 모든 일의 근본이며,	萬化之源萬事根
마음이 지향하는 곳이기에 뜻이라고 이름붙였네.	從心所適故名志
공부는 모름지기 뜻이 먼저 서야 하고,	工夫要做須先立
사업은 이루기를 바라면 뜻을 잘 보존해야 하네.	事業期成必使存
(뜻이) 움직일 때를 알고 싶으면 전일專一한 기운을 갖춰야 하고,	欲識動時徵氣壹
(뜻을) 부리는 법을 구하려 한다면 감정의 흐름을 살펴야 하네.	如求操法察情奔
곤궁한 초가 안에서 탄식만으로는 세울 수 없으며,	窮廬悲嘆嗟何及
세우더라도 중도에 꺾이면 논할만한 가치도 없다네.	到此摧低不足論

위의 시는 뜻이 서지 않으면 나약하고 나태해지는 병통이 생기기에 이렇게 읊은 것이다.(右志不立有頹惰之病故言)

이 시는 권징의 시풍을 가장 잘 보여 주는 작품이라고 할 수 있다.

▲ 정곡 권징의 묘

「자경自警」은 4편으로 이루어진 연작시인데, 각각 심心, 지志, 성性, 정情을 읊고 있다. 이 작품은 그 가운데 두 번째로 지志를 노래한 시다. 지志가 만화萬化와 만사萬事의 근원이라고 한 데서 입지立志를 중요시하는 성리학적 사고를 엿볼 수 있다. '뜻 지'(志)자는 가다는 뜻의 '갈 지'(之)자와 '마음 심'(心)자를 합친 글자이기에 '마음을 따라 가는 바'(從心所適)를 지志라 명명한다고 읊고 있는 것이다. 이렇듯 수련首聯에서 마치 논설문의 서두를 쓰듯이 개념과 명칭을 개괄한 다음, 대장對仗으로 이루어지는 함련頷聯과 경련頸聯에서는 지志의 공용功用과 기능을 노래하고 있다. 공부나 사업에 성공하기 위해서는 입지立志와 존지存志가 중요함을 강조한다. 그런 다음 '지'의 동정動靜은 기의 전일성 여부에 있고 '지'의 존사存舍는 칠정七情을 다스릴 수 있느냐 없느냐에 달려 있음을 읊고 있다. 이렇게 함련과 경련이 본론에 해당한다면 스스로를 깨우치고 경계하는 미련尾聯은 당연히 결론이라 할 수 있을 것이다. 궁벽한 시골의 초가집 속에 앉아 탄식만 한다고 뜻이 제대로 세워지는 것이 아니며, 또한 뜻을 세웠어도 중간에서 꺾인다면 아무런 가치도 없다는 의미다.

대체로 시의 내용이 제약되는 만시輓詩나 차운시를 제외하면 권징의 시는 「자경自警」과 같은 도학시道學詩와 산수시山水詩로 일관하고 있는데, 이는 그가 도학과 시인의 범주를 벗어나지 않으려고 의식하면서 시작활동을 했음을 의미한다.

3. 조선 후기의 가일문학 – 병곡 권구

권징은 1남6녀를 두었는데 권징의 외아들이 바로 병곡屛谷 권구權榘다. 권구는 가일에서 태어나서 가일과 외가인 하회를 오가며 자랐다. 어머니는 유원지의 딸인데, 외조부 유원지는 권구가 어렸을 때 세상을 떠났기 때문에 직접 가르침을 주지는 못하였다. 그러나 외삼촌인 유의하柳宜河(1616~1698)도 당대를 대표할 만한 학자 가운데 한 사람으로서 생질인 권구가 대성할 것을 기대하고 있었기 때문에, 권구는 학문적으로나 혈연적으로 서애학파西厓學派의 적전適傳을 잇기에 조금도 부족함이 없었다. 또한 권구는 19세 때 갈암葛庵 이현일李玄逸의 손녀에게 장가든 것을 계기로 처조부인 이현일과 처삼촌 밀암密菴 이재李栽로부터 학문을 전수받게 된다. 이현일과 이재는 퇴계학맥의 주류라고 할 수 있는 학봉학파鶴峯學派의 적전을 이은 학자들이었다. 이리하여 권구는 서애학파와 학봉학파를 아우르는 특이한 학문적 위치를 점하게 된다.

외가와 처가로부터 풍부한 학문적 자양을 섭취할 수 있었던 권구는 18세기 전반 영남을 대표하는 대학자로 성장함으로써 주위의 기대를 저버리지 않았다. 그런데 권구를 단순히 성리학자로만 한정시키는 것은 그의 진면목을 제대로 파악했다고 할 수 없다. 그는 백가서百家書를 섭렵하고 천문天文·산수算數·복서卜筮·군사·율학律學 등을 두루 공부하여 누구보다도 박학다식하였다고 한다. 비록 구체적 저술을 남기지 않아서 그 경지를 헤아려 볼 수는 없으나 서애 유성룡이나 그 아들 수암修巖 유진柳袗(1582~1635)에게서 보이는 박학博學 내지는 실학實學의 전통이 외손인 권구에게 전해졌다고 보아야 할 것이다. 또한 권구는 시인이나 문장가로서도 결코 소홀히 대접받아서는 안 될 인물이다. 그동안 학자로서의 권구가 남긴 그림자가 너무 크기 때문에 문인으로서 제대로 평가받을 기회가 적었을 뿐이다.

   권구 시의 특징을 몇 가지로 요약하자면, 장시長詩와 풍유시諷諭詩를 즐겨 지었고 경물景物을 읊은 연작시가 많다는 것이다. 지면의 제약으로 인해 장시와 연작시는 다음 기회로 미루고 이 자리에서는 풍유시를 중심으로 그의 시세계를 조명해 보기로 하겠다.

우연히 읊음(偶吟: 甲午, 1714)

서쪽으로 가려 하니 모진 눈이 얼굴을 때리고,	西行虐雪妨人面
동쪽으로 가려 하니 날리는 먼지가 옷을 더럽히네.	東去游塵染我衣
문밖으로 두 다리 나가면 두 다리 모두 후회하리니,	兩脚出門俱有悔
사립문 닫아걸고 묵묵히 앉아 있을 뿐이네.	嗒然終日掩荊扉

   이 시는 권구가 43세 때 지은 것이다. 속집에 실린 시까지 합쳐 권구는 문집인 『병곡집』에 400수 가량의 시를 남겼지만, 이 가운데 40세 이전에 지어진 시는 10수 정도밖에 안 된다. 40세 이전에는 시를 즐겨

짓지 않았는지, 아니면 문집을 편찬할 때 40세 이전의 작품이 대부분 제외되었는지는 알 수 없지만, 어느 경우라 하더라도 그가 40세 이후부터 활발하게 시작 활동을 했다는 사실에는 변함이 없다.

「우음」에는 권구 시의 풍유적 면모가 잘 드러나 있다. 이 시에서 말하는 문밖의 세계란 벼슬길을 은유한다. 동쪽으로 가건 서쪽으로 가건, 한 다리가 나가건 두 다리가 나가건 끝내는 모두 후회하게 되는 것이 바로 출세出世인 것이다. 권구는 한번 빠지면 빠져 나오기 힘든 수렁과 같은 것이 벼슬살이라는 것을 잘 인식하고 있었다. 그렇기에 묵묵히 하는 일 없이 있더라도 문 안에 있는 것이 분수에도 맞고 안온하다는 것이다.

나루터에서 본 일(津頭卽事)

조각배를 타고 돌아가는 사람,	歸人一葉舟
거친 파도 따라 오르락내리락하네.	出沒驚波頭
건너기를 다투는 사람은 두려움이 없지만,	爭渡渠無畏
곁에서 보고 있는 나는 홀로 근심스럽네.	傍看我獨憂

이 시도 앞의 시와 마찬가지로 풍유시다. 다투어 나루를 건너는 사람들은 거친 파도를 두려워하지 않지만, 옆에서 이를 지켜보는 작중화자가 홀로 근심하고 있음을 읊고 있다. 원래 선비는 수기치인修己治人을 목표로 공부하고 수양하는 사람인데, 수기도 되지 않은 상태에서 치인부터 하려고 들면 이는 본말本末이 전도된 것이다. 권구가 살던 조선 후기 사회는 특히 이러한 병폐가 심했는데, 당쟁은 그 병폐가 악화될 대로 악화되어 치료하기조차 힘든 상태에 이르렀음을 보여 준

다. 더구나 정치적으로 재야세력인 영남남인은 벼슬자리를 둘러싸고 자신은 물론 집안이나 가문까지도 막심한 피해를 입히는 일이 비일비재했다. 그럼에도 불구하고 벼슬이란 마약과도 같은 것이라서 위험을 무릅쓰고라도 벼슬 한 자리 하겠다고 몰려가는 사람이 바로 이 시속의 나루터 손님들인 것이다.

병산의 비탈길을 지나며(過屛山遷路)

절벽을 빙 돌아가는 높고 낮은 돌 비탈길,	繞壁高低石路敧
발밑은 천길 강물, 말발굽이 위태롭구나.	臨江千尺馬蹄危
항상 오늘처럼 두려워하는 마음 보존할 수 있다면,	常存畏約如今日
내 마음이 밖으로 달려 나갈까 근심하지 않으리.	不患吾心向外馳

이 시는 말을 타고 위태로운 산 비탈길을 지나며 자신의 마음가짐을 가다듬는 모습을 그리고 있다. 권구는 당시 창궐하던 전염병을 피해 1716년부터 1723년까지 8년간 병산서원 인근으로 옮겨 살았다. 낙동강이 병산의 바위절벽을 만나 휘돌아 흐르는 이 일대는 경치는 무척 아름다우나 교통이 불편하고 물이 불기만 하면 고립되는 까닭에 양반들은 살지 않는 곳이었다. 그저 강가에는 어부나 뱃사공들의 마을이, 산골짜기에는 화전민 마을이 있을 뿐이었다. 권구는 어부가 살던 집을 구입해 살면서 적곡跡谷이라는 동네 이름을 병곡屛谷으로 바꾸고 이를 자신의 호로 삼았다. 여기서 그는 「병산잡록屛山雜錄」(2수), 「병산십절屛山十絶」(10수), 「병산이십일절屛山二十一絶」(21수) 등 많은 시를 지었다. 또한 두 편의 「병곡기屛谷記」를 지어 자신이 병곡에 사는 뜻과 병곡이라는 호를 쓰는 마음가짐을 밝히고 있다. 이 「병곡기」에서 권구

는 병산屛山의 '병'자는 장병障屛이라는 뜻의 병자지만 병곡屛谷의 '병'
자는 병기屛棄나 병퇴屛退의 뜻으로 쓴 병자라고 자신의 호에 대하여
해명하고 있다. 곧 병屛자는 '울타리'나 '병풍'이라는 뜻도 있지만 '물
리치다', '물러나다'라는 뜻도 있음을 원용하여 자신의 처세관을 드러
내는 호로 삼은 것이다. 이럴 경우 '병곡屛谷'이란 세상으로부터 물러
난 사람이 사는 골짜기, 또는 세상으로부터 버림받은 사람이 사는 골
짜기라는 뜻이 된다.

특히 권구는 병산십경屛山十景을 정하고 「병산십절」이라는 십경시
를 지었는데, 그 가운데 '제공천梯空遷'이라는 산 비탈길이 하나의 경
관으로 꼽히고 있다. '제공천'이란 하늘로 오르는 사다리 같은 길이라
는 뜻인데, 병산의 바위절벽 사이를 비집고 올라가는 산길을 말한다.
병산은 강가에 거의 수직으로 솟아 오른 바위절벽인데, 이 절벽에 돌
과 나무로 한 줄기 잔도棧道를 만들어 절벽을 넘어갈 수 있도록 한
길이다. 하회나 병산 일대에서 남쪽인 의성이나 대구로 가려면 낙동강
을 따라 한참을 돌아가야 하는데, 병산서원 앞의 초초진招招津(이 나루
도 십경 가운데 하나다)을 배로 건너서 제공천을 따라 산길로 가면 노정
路程이 절반 이하로 단축된다. 권구는 이 절벽길을 말을 타고 가면서
두려움에 떠는데, 이런 두려움을 바깥세상에 대한 두려움으로 삼는다
면 마음을 다잡는데 크게 유익하리라는 것이다. 이는 권구 같은 인품
과 학문으로도 세속의 명리에 대한 욕망을 다스리는 것이 얼마나 어
려운 일인가를 넌지시 일깨우는 시라고 할 수 있다.

이처럼 항상 근신하며 조심스럽게 살아가는 권구도 정치적 소용돌
이에서 완전히 자유로울 수는 없었다. 권구가 살던 숙종·영조 연간은
그 어느 때보다도 당쟁이 치열했던 때다. 숙종조에서는 경신환국-기

사환국-갑술환국으로 이어지는 환국정치가 조정을 휘몰아치면서 남인의 영수였던 허적許積, 서인의 정신적 지주였던 송시열宋時烈, 중인 출신으로서 왕비의 자리에까지 올랐던 희빈 장씨가 차례로 사약을 받고 죽었다. 또한 기사환국으로 정권을 잡은 기호남인들이 산림으로 정계에 등장시켰던 이현일은 갑술환국 이후 노론의 집요한 공격을 받고 의리죄인義理罪人으로 몰려 유배지를 전전하고 있었다. 노론이 이현일을 집중 공격한 것은 송시열이 사사된 데 대한 보복과 함께 영남 남인들의 정계 진출을 봉쇄하려는 의도도 깔려 있었다.

숙종이 승하하고 경종이 즉위하자 조정은 일촉즉발의 긴장감이 감돌기 시작하였다. 경종이 희빈 장씨의 아들인 만큼, 희빈 장씨를 죽음으로 몰아넣은 노론은 가시방석에 앉은 꼴이 되고 말았다. 경종의 등극과 함께 소론이 득세하자 숨을 죽이고 있던 영남남인들은 이현일의 신원을 요구하는 상소를 도유道儒의 이름으로 올리려고 하였다.

우연히 느낌, 3수(偶感三絶)

10월에 어느 집 장례식에 갔는데 바야흐로 소疏를 올리자는 의논이 분분하거늘, 집으로 돌아와 잠을 이루지 못하였다. 이에 이불 속에서 절구 몇 수를 지었다.(十月赴人葬會 方有疏議頗紛紜 夜還不能寐 枕上吟成數絶)

올라간다 올라간다 하면	
산에 올라서도 더 높이 오르려 하고,	高高便欲登山去
내려간다 내려간다 하면	
물속에 들어가 살려 하겠구나.	下下還思入水居
중간에 평탄한 곳이 한 조각이라도 있으련만,	一片中間平坦地
슬프게도 포기해 버리고 허황된 일만 하는구나.	可憐抛棄作荒墟

본모습 보지 못하고 그림자만 보고 있을 뿐인데,   不見其形只見影
한 사람이 앞서 외치면 만 사람이 따르는구나.   一人呼處萬人趨
끝내 한 가지 일도 이루지 못하는 결과가 나오면,   及到終時無一事
다른 곳에서 보는 이들이 입을 가리고 웃을 텐데.   任他觀者笑胡盧

하늘의 뜻은 사사로움이 없어 운행이 저절로 형통하니,   天意無私運自亨
봄이 오면 모든 사물이 제각각 생장하는 법이지.   春來物物各生成
은택을 입음에 선후가 있다고 너무 질시하지 말게나,   莫將恩澤妒先後
장차 봄바람이 불면 다함께 꽃을 피우게 될 텐데.   且向東風共發榮

이 시는 권구의 정치적 입장이나 시국관을 가장 잘 보여 주고 있다. 셋째 아들 권보權補(1709~1778)가 기록한 권구의 언행록 「상기근서詳記謹書」에 의하면 이 시가 지어진 것은 경자년庚子年인 1720년으로, 6월에 승하한 숙종을 이어 병약한 왕세자(경종)가 왕위에 즉위한 해다. 노론과는 적대적일 수밖에 없는 경종이 즉위하자 영남남인들은 발 빠르게 이현일의 신원을 정치적 쟁점으로 삼으려고 여론몰이를 시작하였다. 그런데 이현일의 신원은 이현일 한 사람만의 문제가 아니라 희빈 장씨와 남인, 인현왕후와 노론 사이에 벌어졌던 피비린내 나는 당쟁이 재연됨을 의미한다. 개인적으로 스승이자 처조부인 이현일의 신원을 누구보다도 간절히 바랐을 권구가 근심으로 잠을 이루지 못한 것은 이러한 정치적 배경을 제대로 인식하였기 때문일 것이다.

   이 시의 첫째 수에서는 먼저 영남 선비들의 기질을 준엄하게 비판하고 있다. 한 번 오르기 시작하면 하늘 높은 줄도 모르고 기세가 등등해 있다가도 상황이 반전되면 물속에라도 뛰어든 것처럼 기세가 잠잠해져 버리는 모습에 대하여 그는 깊은 우려를 표명한다. 이렇게 극단과 극단을 오가며 중간의 평탄하고 쉬운 길을 외면하는 영남의 사풍士風에 대하여 서글픔까지 느끼고 있는 것이다.

둘째 수에서는 영유領儒들이 상황도 제대로 파악하지 못하면서 부화뇌동을 일삼는 것을 비판한다. 한양의 정치판에서 멀리 떨어져 있다 보니, 영남사림은 정보의 부족 때문에 언제나 불리한 입장에 설 수밖에 없었다. 더구나 합리적인 온건론이나 정치적 유연성은 뒷전으로 밀리고 몇몇 인사가 주도하는 강경론이 언제나 사림의 공론으로 채택되고 있었다. 「상기근서」에 의하면, 권구는 영남사림의 집단상소 남발에 대하여 일찍이 이황이나 우복愚伏 정경세鄭經世(1563~1633), 유진柳袗 같은 선유들도 경계했음을 들면서 무척 불만스러워했다고 한다. 위의 둘째 수에서는 영남의 도유들이 모두 참여하는 집단상소가 아무런 성과 없이 끝날 경우 남들의 비웃음을 어떻게 감당할 것인지에 대해서도 우려하고 있는 것이다.

셋째 수에서는 모든 일이 때가 있으니 때를 기다리는 것이 순리임을 강조한다. 봄이 되면 모든 만물이 생성되고, 봄바람이 불면 제각각 꽃을 피운다. 비록 자연의 은택에도 선후가 있기는 하지만 기다리면 언젠가는 기회가 오게 된다는 것이 권구의 생각이었다.

그런데 이현일의 신원을 위한 상소운동은 권구의 소망과는 관계없이 엉뚱한 방향으로 흘러가게 된다. 집단상소에 참여한 영유들의 공론은 권구가 소수疏首가 되어야 한다는 것이었다. 이현일과의 관계로 보나 당시 영남 유림에서 점하는 위치로 보나 권구보다 소수로서 더 적절한 인물은 없었을 것이다. 이러한 사실은 친구인 국빈國賓 유후관柳後觀이 먼저 편지로 알려 왔다.

국빈의 편지를 받음(國賓有書)

이때 전염병이 걸려 앓은 지 한 달이 넘었는데 국빈이 도유들이 장차 소청疏廳을 설치한다고 알려왔다.(時患瘸已有月 國賓書報道儒將設疏)

바람과 안개는 끝없이 마을 하늘을 덮고 있는데,	無盡風煙一洞天
강가 마을에서 문 닫아걸고 한 달 반을 신음 했다네.	閉門江上月三弦
근래에 나는 무릉도원의 나그네가 되었으니,	邇來我作桃源客
내 귀에 세상소식 전하는 일 그만두었으면 좋겠네.	世事休須寄耳邊

갈암신원소가 준비되던 1720~21년 무렵에는 권구가 병산서원 옆의 어촌마을을 병곡이라 부르며 은거하고 있을 때다. 그는 친구인 유후관이 소청이 설치된다는 소식을 전해 주자 그런 소식은 듣고 싶지 않다고 거부하는 심정을 읊고 있다. 더구나 외부와 단절된 병곡에서 문을 닫아걸고 한 달 넘게 신음한 끝이라 세상 돌아가는 형편에 대해서는 관심가질 여유조차 없다는 것이다. 그럼에도 유후관이 굳이 편지를 보내 소식을 알리는 이유는 소청에서 이미 권구를 소수로 추대하는 일이 기정사실화되어 있었기 때문이다. 「상기근서」에 의하면, 유후관은 먼저 편지로 알린 뒤 직접 찾아와서 소청이 돌아가는 소식을 들려주었는데, 이때 권구는 얼굴에 노기를 띠며 "이번 일은 영남을 육침陸沈시킬 우려가 크다. 나를 위해 소수를 맡으라 하지만 이 일에는 찬동할 수 없다" 하고 냉정하게 거절하였다고 한다.

이처럼 권구는 정치판에 끼어드는 것을 완강하게 거부하고 경계했지만 살벌한 정치판은 권구를 그대로 내버려 두지 않았다. 숙종의 두 아들인 세자 균昀과 연잉군延礽君 금昑은 우애가 돈돈했지만 정치판에서는 어쩔 수 없이 정적이 되어야만 했다. 노론은 세자를 연잉군으로 바꾸기 위해 기해독대己亥獨對를 강행했고, 소론은 임인옥안壬寅獄案을 작성하여 연잉군을 역적의 괴수로 지목하였다. 노론은 왕세제의 대리청정이라는 무리수를 두다가 노론 4대신을 비롯한 50여 명이 희생되었고, 영조의 등극과 함께 김일경, 목호룡 등의 소론 강경파가 줄줄이 희생되었다. 결국 1728년 소론 강경파는 경종독살설을 내세우며 영조를 왕으로 인정할 수 없다고 반란을 일으켰다. 무신란戊申亂 또는 이인좌의 난이라 일컬어지는 이 반란에는 오랫동안 정권에서 소외되어 온 영남남인들이 다수 참여하였다.

어느 날 세상과 일정한 거리를 두고 학문과 교육에만 전념하던 권구의 집에 한 젊은이가 무리 오륙십 명을 거느리고 들이닥쳤다. 권구만 가담한다면 영남의 민심을 얻을 수 있으리라 판단하고 이인좌가 동생 이능좌李能佐를 보낸 것이었다. 자신을 이능좌라고 소개한 이 청년은 권구에게 반란에 가담하기를 강요하였는데, 권구는 일언지하에 거부하고 돌아앉아서 빨리 자기를 죽이라고 재촉하였다. 갖은 설득과 협박도 권구의 마음을 돌이키지 못하자 이능좌는 부하들을 데리고 서둘러 떠났다. 그가 권구를 죽이지 않은 것은 영남 민심의 이반을 두려워하였기 때문일 것이다.

이능좌가 떠나자 권구는 문밖에 시 한 수를 써 붙이고, 친구인 권덕수權德秀와 함께 병산서원에서 의병을 일으키는 문제를 의논하였다.

3월 12일 초저녁에 적변을 당함에 꾸짖어 물리친 후 문지방에 써 붙이다(三月十二日初昏 遭賊變 叱而却之 遂題門扇)

밝은 해가 머리 위에서 빛나도,　　　　　　　　　　　　　白日臨頭上
일편단심은 위태롭게 밝구나.　　　　　　　　　　　　　　丹心一縷明

▲ 병곡 권구를 배향한 서원. 노동서사

차라리 반란으로 죽음을 당했다면,   寧將死生變
귀신이 되어서 복수를 맹세했을 텐데.   要與鬼神盟

이 시는 경황 중에 급히 쓴 시라 깊은 뜻은 없지만 권구의 위기의식이 잘 드러나 있다. '일루一縷'는 실 한 가닥에 매달린 위태로운 모습을 말한다. '여與'는 '이以'의 뜻이고 '요要'는 약속한다는 뜻으로 '요맹要盟'이란 복수를 맹세한다는 뜻이다.

이처럼 권구는 죽지 못한 것을 후회하는 시를 지어 자기 뜻을 밝혔지만, 안무사按撫使로 안동에 내려온 조덕린趙德鄰은 왕명에 따라 권구를 체포하여 서울로 압송하고 아들들은 청주옥으로 이송하였다. 의금부의 감옥에 갇힌 지 한 달 만인 4월 11일, 권구는 영조로부터 친국親鞫을 받게 되었는데, 조리 있고 숨김없이 사실대로 공술하니 영조는 그 자리에서 석방을 명령하면서 한밤중임에도 궁궐문을 열라 하여 나졸들로 하여금 호송하게 하였다. 이는 한순간의 기지로 위기를 모면한

것이 아니라, 젊은 시절부터 당의黨議나 당론黨論에 초연했던 사실을
당시의 사람들이 잘 알고 있었기 때문이었다. 만약 권구가 조금이라도
당론에 치우쳤더라면 당시의 험악한 정국에서 살아남기 힘들었을 것
이다. 사도세자의 죽음에서 보듯 한 나라의 세자도 당파싸움에 휘말려
죽음을 당하는 판이었으니, 초야에 묻혀 사는 선비들의 목숨은 혐의를
받는 것만으로도 이미 죽은 목숨이나 진배없는 것이 당시의 정치 상
황이었다.

　권구는 한시 이외에도 기記, 발跋, 명銘 등에서 훌륭한 작품들을 많
이 남겼다. 특히『병곡집』잡저雜著에 실려 있는『천유록闡幽錄』은 일
찍부터 관심의 대상이 되어 많은 연구가 이루어졌다.『천유록』은 이름
이 알려지지 않은 하층민들의 행적을 기술한 별전別傳에 속하는 13편
의 글이다. 하층민이라도 바람직한 행실이 있으면 이를 기록으로 남겨
선양하고 본받아야 한다는 권구의 작가의식이 시대를 앞서가고 있음
을 보여주는 것이 바로 이『천유록』이다.

　권구는 또한 국문학에도 관심을 가져「병산육곡屛山六曲」이라는 6
편의 시조를 지었고,『내정편內政篇』이라는 국문 저술을 남겼다.「병산
육곡」은 이황의「도산십이곡陶山十二曲」의 전통을 계승한 것으로, 이
현보李賢輔-이황-권호문權好文으로 이어지는 영남가단의 활동이 권
구 당대에도 활발하게 전개되었음을 방증해 주는 자료라고 할 수 있
다.『내정편』은 맏딸이 시집갈 때 써 준 것으로, 안살림을 맡은 부녀자
가 지켜야 할 도리를 담은 교훈서다. 한문을 모르는 딸에게는 국문으
로 글을 지어 주는 자상한 부정이 잘 드러나 있고, 국문을 언문諺文이
라 부르며 천시했던 당시 사대부들의 사고방식과는 다른 면모를 확인
할 수 있다.

4. 조선 후기의 가일문학 – 수곡 권보

권구는 권진權縉, 권즙權緝, 권보權補의 세 아들을 두었는데 모두 문집이나 유고를 남겼다. 권진의『제곡유고霽谷遺稿』는『지곡세고』권5에(근래에 더 많은 작품을 수습하여 별도의『제곡유고』가 간행되었다), 권즙의『소곡유고巢谷遺稿』는『지곡세고』권6에 수록되어 전한다. 셋째인 권보의 문집『수곡집樹谷集』6권은 조선 말엽에 목판으로 간행되었다. 이들 형제는 부친 권구가 무신란에 연루되었을 때 이미 청주옥에 갇혔다 풀려난 경험이 있었다. 게다가 노론들은 대구감영 앞에 '평영남비平嶺南碑'를 세우고 영남을 역향으로 몰아 벼슬길에 나오는 것을 봉쇄하였는데, 실제로 영남사림 가운데 상당수가 무신란에 동조한 것도 부정할 수 없는 현실이었다. 이런 상황에서 이들 3형제는 과거를 포기하고 은거할 수밖에 없었다.

정조가 등극하여 영남을 복권시킬 때까지 50여 년간 영남사림은 숨을 죽인 채 살아가야만 했다. 수곡 권보 역시 일명一命도 받지 못하고 처사로 일생을 마쳤지만, 그렇다고 정치에 대한 관심까지도 포기한 것은 아니었다. 권보가 지기知己였던 고유高裕의 시에 화답한「화고순지유和高順之裕」에서 "오르고 내리는 것은 운수가 있으니 오직 운명을 따를 뿐이네"(升沈有數惟聽命), "우리 영남의 운수와 기운은 어느 때 다시 회복되려나"(吾南運氣幾時還)라고 읊고 있는 것으로 보아, 그는 부친인 권구와는 달리 진취進取에 대한 의욕이 상당히 강했던 것 같다. 이와 같은 정치적 입장의 차이는 부친의 풍유시보다 한 발 더 나아간 사회시로 드러나게 되었을 것이다. 물론 권구에게도「귀촌 가는 길에 떠돌이 거지를 보니, 마을 문밖에서 헤매는 모습이 가히 불쌍터라龜村路上見流丐, 彷徨村中門外, 其狀可憐)」,「습상옹拾橡翁」 같은 사회시들이 있지만 권보의 경우는 사회비판의 강도가 훨씬 강하고 직설적이다.

권보의 「복족福足」은 호랑이에게 한쪽 다리를 잘린 산척山尺의 이야기를 다룬 장시長詩다. 같은 내용을 그는 「산척설山尺說」이라는 수필로 쓰기도 했다. 사냥을 업으로 삼는 천민들인 산척은 호랑이 가죽을 바치라는 관가의 성화에 시달리는데, 호랑이 가죽을 제때에 바치지 않거나 호랑이 가죽의 상태가 나쁘면 곤장을 맞게 된다. 운 좋게 마음에 드는 가죽을 받치면 쌀 서 말과 장醬 한 항아리를 받지만 관가 문을 나서는 순간 아전들에게 모두 빼앗겨 버린다. 그렇기에 다리가 잘려 신역身役을 면한 산척은 오히려 복을 받은 셈이다. 호랑이에게 다리가 잘리지 않았으면 "호랑이에게 죽지 않고 당연히 곤장을 맞아 죽을"(不以虎死當死杖) 것이기 때문이다. 비록 가난을 면하지는 못하지만 "굶주린 아내가 산골짜기에서 도토리를 주어 오니, 이 물건이 아침저녁으로 배를 채우기는 충분"(棄妻中谷採橡歸, 此物亦足充朝夕) 하기에 다리가 잘린 산척은 오히려 편히 살 수 있게 된 것이다. 이 시는 "어제는 남산에서 총포소리가 울림을 들었는데, 어느 곳에선가 호랑이를 잡는 두 발 가진 산척이 불쌍하구나"(昨聞南山砲響起, 可憐何處兩足人)로 끝맺고 있다. 당나라 유종원柳宗元의 「포사자설捕蛇者說」을 연상시키는 이 「복족」은 사회의 관심권 밖에 있는 산척들의 비참한 현실에까지 관심이 미쳤다는 점에서 주로 농민 중심의 사회시만을 쓴 다른 작가들과 구분된다고 할 수 있다.

권보의 「우중즉사寓中卽事」는 오언절구 및 칠언절구 30수로 이루어진 연작시로, 몇 해를 연이은 흉년 때문에 굶주리는 백성들의 참상을 사실적으로 그려낸 사회시다. 그 가운데 일부를 개략적으로 살펴보면, 「암계暗鷄」는 꼼짝 않고 웅크린 채 새벽이 되어도 울지 않는 벙어리

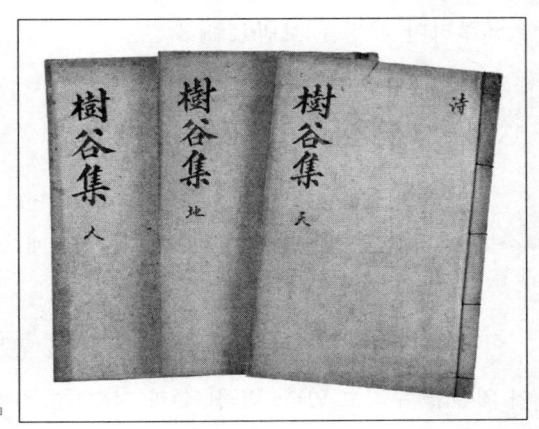
▲ 권보의 문집인 『수곡집』

닭을, 「유아流兒」는 밥 짓는 연기만 보면 떼 지어 몰려드는 거지 아이들을, 「자채煮菜」는 곡식이 없어 나물을 끓여 먹는데 나물국이라도 얻어먹으려고 몰려드는 거지 아이들을 그리고 있다. 「송처送妻」는 아내를 친정으로 돌려보내며 길 위에서 울고 있는 촌백성을, 「실자失子」는 남편이 집을 나가고 아들로부터도 버림받은 어미가 울부짖으며 길거리를 방황하는 모습을 그려낸다. 「문복問卜」은 점쟁이에게 어디로 가면 집을 나간 남편을 찾을 수 있을지 묻고 있는 아낙을 그리는데, 아낙은 "어디에선가 눈 속을 헤매고"(何處踏層雪) 있을 남편을 걱정하며 "남편을 찾아 가서 차라리 함께 굶주리기를 원해서"(願往同飢渴) 점쟁이를 찾은 것이다. 「도적盜賊」은 먹고살기 위해 사람목숨을 해치는 도적들이 실상은 모두 양민들이었음을, 「호표虎豹」는 백주에 관가 옆에서 호표가 사람을 잡아먹어도 무기가 없어 보고만 있는 현실을 그려내고 있다. 이 30편의 연작시 가운데 「도기度飢」는 역설과 해학이 가득한 풍자시로 문학적 가치가 뛰어난 명편이다.

굶주리며 세월을 보냄(度飢)

소금이나 젓갈로 오장을 해칠 염려 없으니,	不患鹽醢螫五臟
곡기를 끊고 이내 솔잎 먹기를 배우네.	休糧仍學餐松方
선가仙家의 풍미風味를 이렇듯 쉽게 얻었으니,	仙家風味居然得
이제부터 남쪽 백성들 건강하고 오래 살겠네.	從此南氓壽且康

이 시는 굶주리는 남도 백성들을 신선술을 공부하는 사람들에 빗대어 익살을 부리고 있다. 벽곡辟穀과 찬송餐松은 신선술의 비방秘方 가운데서도 가장 널리 알려져 있는 비방이다. 그런데 흉년이 들어 먹을 것이 없는 남도 백성들은 저절로 벽곡과 찬송을 하고 있는 셈이다. 원래 신선술이란 장생불사를 위해서 연마하는 것인 만큼 남도 백성들이 건강하게 오래 사는 것은 자연스러운 현상이라는 것이다. 이렇게 권보는 남도 백성들이 모두 선가의 풍미를 손쉽게 얻어 오래 살 것이라고 익살을 부리고 있지만, 시를 읽는 독자들은 그 실상을 잘 알고 있기 때문에 역설이 성립하는 것이다. 역설은 시의 긴장감을 높여서 훌륭한 시를 낳게 한다는 것이 지나간 20세기 서구 비평가들이 강조했던 문학이론이다.

가일마을에는 대를 이어 문집이나 유고를 남긴 사람이 끊이지 않고 배출되었다. 문집이나 유고를 남겼다고 해서 모두 문학에 뛰어난 것은 아니지만, 대를 이어 저술을 남긴다는 것도 대를 이어 벼슬하는 것만큼이나 어려운 일이었다. 그 가운데서도 권구와 권보는 문학사적 위상을 올바로 평가받아야 할 중요 작가다. 그럼에도 제대로 연구되거나 평가받은 일이 없어 문학사에서는 아예 거론조차 되지 않고 있는 것이 현실이다. 권보의 경우는 영남권 밖으로는 이름도 알려지지 않은 문인이라 해도 과언이 아니다. 한국한문학의 경우 연구 역량의 제약 때문에 묻혀 있는 작가가 한두 사람이 아니지만, 영남권의 문인들이 기호권의 문인들에 비하여 상대적으로 소홀히 대접받고 있는 것도 엄연한 현실이다. 대부분의 한문학 연구자들이 기호권에 몰려 있다 보니 연구 대상도 자연히 기호권 문인들에게 집중될 수밖에 없는 것이다. 그런 만큼 영남권 문인들이 홀대받는 현실을 타개하는 길은 영남권 연구자들의 연구 역량을 강화하는 길 밖에는 없다. 한국한문학의 3대 축인 기호권, 영남권, 호남권이 균형 있게 연구되고 평가받아야만 한국한문학사가 제대로 기술될 수 있을 것인데, 아직까지는 그러한 상황이 요원하게만 느껴진다. (주승택)

8장

안동의 모스크바, 가일마을

1. 이야기를 시작하며

그게 아마 1998년쯤인 듯하다. 가일마을 문중인사 한 분에게 권오설 權五卨(1897~1930)의 묘소를 가르쳐 달라고 부탁드린 일이 있다. 가일마을 앞에 자리 잡은 공동묘지는 올라가는 입구도 알기 어렵고, 막상 가보아도 도무지 어느 묘인지 확인할 수 없었기 때문이다. 수없이 가일마을을 드나들면서도 정작 그의 묘소를 방문하지는 못했다. 마을을 찾아갈 때마다 그의 생가 자리를 찾아보고, 그가 학술강습회를 가졌던 건물에 들러 옛 자취를 더듬는 게 고작이었다. 간혹 묘소 위치를 물어보아도 대개 어디쯤이라는 답만 들을 뿐이었다.

그러던 차에 친지 한 분의 안내로 묘소를 찾게 되었다. 풍산읍내에서 마을로 들어가는 입구 300미터 정도 못미쳐 오른쪽 길가에 붉은 벽돌공장이 있고, 바로 그 뒤를 돌아 오르면 공동묘지를 만난다. 입구를 찾아 야트막한 언덕을 따라 여러 묘를 지나 100미터 정도 오르지도 않아 그의 묘소에 다다랐다. 그 모습은 그저 허망하기 짝이 없었다. 아무런 표식도 없고, 다른 묘들과 구별할 만한 모양새도 없었다. 다음에 혼자 오거나, 다른 사람들을 안내한답시고 앞장서 온다면 도저히 찾을 수도 없을 것 같았다. 더구나 서울이나 다른 지역에서 연구자들이 간혹 묘소 위치를 묻기도 하는 처지이므로, 걱정이 앞섰다. 그런데 오래 전부터 들어오던 것과는 다르게 봉분이 마련되어 있었다. 다만 그리 오래 전의 일은 아닌 듯하다. 비록 봉분이 만들어졌다고 하더라도, 묘소 앞에 서서 절 한 번 드릴 공간도 부족했다. 1920년대 사회주의 이념을 민족문제에 대입시켜 자주독립을 일구려 했던 한 애국자의 묘소치고는 너무나 허망하였다. 그렇게 그날 방문은 권오설을 되새기고 추념하려는 논의가 시작되는 계기가 되었다. 뜻을 모으고 방향을 가다

듣는 모임이 이어졌고, 마침내 2001년 11월 11일, 가일마을 앞에 그를 기리는 기념비를 세울 수 있었다.

가일마을이 민족문제에 부딪히면서 여러 모습과 소리를 나타냈지만, 누가 뭐래도 이 마을에서 근대를 상징하는 인물은 권오설이다. 그를 포함하여 가일사람들이 한국 근대사에서 걸어간 길은 안동문화권에서는 보편적이기는 하지만, 나름대로 독특한 특성을 지니기도 한다. 한국독립운동 51년사에서 가일마을이 가진 성격을 짚어가되, 권오설을 한가운데 두고 가일사람들의 행적과 대응양식을 찾아가 본다.

2. 의병에 선뜻 나서지 않다

1894년 7월, 안동에서 처음으로 의병이 일어났다. 일본군이 경복궁을 점령하여 황후 시해를 시도했던 '갑오변란'에 항거하고 나선 일이다. 안동 향교에서 일어난 의병이 회오리바람을 일으키며 일본군이 주둔하던 상주 태봉으로 진격하여 전투를 치렀다. 다음해 1895년 을미년에 명성황후가 시해되고 단발령이 내려지자 12월에 의병이 다시 일어났고, 바로 이어서 1896년 초가을까지 전국 유림들이 들고 일어났다. 이를 을미·병신년 의병, 또는 전기의병이라 부르는데, 여기에서 안동의병이 차지하는 비중은 크다. 안동의 주요 문중들이 나서서 치열한 전투를 벌였고, 인명 피해도 컸다. 가일마을에도 그 바람이 몰아친 것은 당연하다. 그렇다면 의병전투가 벌어지는 동안 가일마을 사람들은 어떤 태도를 지녔을까?

가일사람들은 의병전쟁에 그리 적극적으로 나서지 않았다. 딱 부러지게 그 이유를 말하기는 힘들지만, 크게 보아 하회마을을 중심으로

얽힌 안동의 남서부 지역이 대체로 의병에 소극적이었던 점에서 찾아볼 수 있다. 가일마을이 하회마을과 매우 가까운 곳이라는 지리적인 요인과 여러 대에 걸친 혼반관계로 말미암아 가일마을은 하회마을과 밀접한 관계를 가졌다. 가일사람들의 문집 행장에 많은 필자가 하회인이란 점도 그런 사실을 보여준다. 가일사람들이 의병에 대응하고 나선 성향은 하회마을과 비슷하다. 즉 선뜻 앞으로 나서지 않고 소극적인 자세를 가진 것이다. 대개 근대이행기에 안동문화권은 북동지역의 호파와 남서지역의 병파로 구분된다. 이 가운데 대개 철저한 저항세력은 호파 인물들이다. 반대로 병파는 의병 논의에 참가하였지만 전투 일선에 나서기보다는 배정된 자금을 부담하는 선에서 머무는 경우가 일반적이었다. 안동의진의 도총을 맡은 유난영은 특이한 경우였다. 의병이 일어날 때, 가일마을 주역들이 배정된 금액을 부담하는 선에서 멈춘 것도 이런 정황에서 나온 것으로 이해된다.

　의병전쟁에서 가일마을의 동정은 이웃 오미마을의 정황에서도 비슷하게 드러난다. 김응섭의 형 김정섭이 쓴 『을미·병신년 일록』을 보면, 안동의진에 나아갔다가 비주류로 대우받은 점에 섭섭했던 일이나 하회마을의 견제에 눌리기도 하고, 그러면서도 배정된 금액은 꼬박꼬박 납부해야 한다는 사실에 불만을 토로한 장면이 확인된다.

3. 대한광복회에 자금을 제공하다

　1910년에 나라를 잃은 뒤, 민족문제에 대한 가일마을의 대응방식은 역시 의병에 대한 것과 같았다. 가일사람들이 1910년대에 나선 활동이 바로 대한광복회에 자금을 지원한 사실이다. 1910년대에는 안동에서 독립운동에 참가할 주력 인물들이 만주로 대거 망명한 상태였다. 에너지가 고갈된 형편이라는 표현이 옳을 정도다. 그나마 남아 있는 인물들도 만주에 자금을 지원하는 일에 몰두했다. 일제는 독립운동으로 나설 에너지를 뿌리채 뽑으려고 나섰다. 평안도와 황해도에서는 '테라우치 총독 암살미수사건'이란 것을 조작하여 조선총독부가 주요 인사들을 잡아들였다.

1910년대에 영남지역에서는 유림들이나 의병출신들이 나서서 비밀조직을 만들었다. 광복단·독립의군부·민단조합·조선국권회복단 등이 그것이다. 이 가운데 1913년에 풍기에서 만들어진 광복단은 1915년에 대구에서 대한광복회로 발전하였다. 조선국권회복단의 박상진이 대한광복회 총사령을 맡으면서 만주지역 독립군기지 건설사업으로 발전시켰던 것이다. 그러고서 독립군기지 건설과 독립군 양성에 필요한 군자금을 조성하기 위해 자금 모집에 나선 이들이 친일부호 공략에 나섰고, 보성의 양재성(1916), 대구 부호 서우순(1916), 칠곡 부호 장승원(1917), 아산군 도고면장 박용하(1918) 등을 공격하거나 처단하였다. 그런 과정에서 대한광복회의 명성이 전국을 울렸다.

대한광복회 활동에서 가일마을 인사들이 참가한 것은 바로 군자금 모집에 적극 동참한 사실이다. 특히 그 무렵 대한광복회가 장승원 처단에 초점을 맞추고 있었다. 박상진이 지휘한 이 거사는 안동지역을 중심으로 펼쳐졌다. 경주에서 박상진이 지휘하고, 실제 활약은 채기중·유창순·강순필·임세규가 나섰는데, 실행자들이 모두 안동 와룡의 도곡동 이종영의 집에서 출발하고 해산했다. 다시 말하자면, 장승원을 처단하러 떠나던 인물들이 출발지로 삼은 집이 그곳이고, 거사에 사용된 권총이 간직된 곳도 그 집이며, 또 거사 완결 직후 다시 모였다가 해산한 곳도 이종영의 집이다. 그런만큼 그곳은 특별한 의미를 지닌다. 그렇다면 박상진은 이종영의 집을 서간도 독립군기지와 연결점으로 삼고 있었다는 말이다. 그곳은 바로 이상룡 일가의 마을이요, 이종영도 그 집안 인물이기 때문이다.

이처럼 대한광복회가 조직적으로 움직이고, 더구나 안동 주변에서 활동이 벌어질 때 가일마을은 어떻게 대응했을까? 대한광복회에 가담한 가일사람은 군자금 공급을 맡았다. 대한광복회에 참가한 가일마을 사람으로 권준희權準羲(1849~1936), 권준흥權準興(1881~1939), 권영식權寧植(1894~1930) 등이 등장한다. 이들은 모두 병곡屛谷 권구權榘의 셋째 아들인 수곡水谷 권보權輔의 후손이면서, '가일마을 8부자'로 일컬어지는 집의 후손들이다. 즉 1910년대 독립운동에 참가한 인물 모두가 가일마을 8부자를 잇는 사람들이요, 8촌 형제이거나 9촌 숙질 사이며, 가일마을의 주역이자 실세였다. 특히 권준희는 당시에 학문으로도 이름이 높았던 인물이다.

이처럼 안동을 중심으로 장승원 처단 계획이 진행되던 1917년 가을, 가일인물들이 자금을 내놓았다. 마을사람들의 이야기에 따르자면, 대한광복회와 가일사람들의 연결고리는 권준흥과 채기중이라고 전해진다. 하지만 실제로 이 거사가 진행되던 당시에는 박상진이나 이종영과 바로 연결되었을 가능성도 크다. 이 거사로 말미암아 가일마을의 주역들이 체포되고 고생하게 되었다.

권준희는 대한광복회의 고문이었고, 뒷날 6·10만세운동에 참가했던 권오상權五尙(본명 權五敦, 1900~1928)과 중국에서 활약하다가 해방후 치안유지회 활동에 참가했던 권오헌權五憲의 조부다. 권준흥은 혜민원주사를 지냈다. 대한광복회에 자금을 제공한 뒤, 원흥의숙을 설립하여 6·10만세운동이 일어나던 1926년까지 유지시켰고, 예천 대창학교 설립자 가운데 주요 인물이었다고 전해진다. 권영식은 광복단 초기 활동에 이어 대한광복회에 참가하고, 군자금을 모금하여 박상진에게 전달하였다. 그는 이로 말미암아 1918년 2월 일제경찰에 체포되고, 공주감옥에서 몇 개월 동안 옥고를 치렀다고 전해진다. 같은 시기에 대한광복회에 참가한 인물로 권의식權義植과 권재점權宰点 등의 이름도 보이는데, 가일마을과 관련이 있는 인물인 듯하다.

가일사람들이 의열투쟁 선두에 나서기보다는 자금 지원을 담당했다고 해서, 그 일이 결코 만만한 것은 아니었다. 일제가 지배하기 시작한 1910년대에 군자금을 지원한다는 사실은 의병 당시보다 위험성이 훨씬 위험했기 때문이다. 특히 대한광복회 자금은 단순한 지원이 아니라 서간도 독립군기지 건설사업 그 자체이거나 그것에 참여하는 활동이었다. 그렇기 때문에 의병 당시와는 달리 대한광복회에 자금을 지원했다는 그 사실만으로도 일제 경찰의 탄압을 받아야만 했고, 집안이 겪어야 할 풍파는 그리 만만한 게 아니었다.

1917년 가을부터 이듬해까지는 가일사람에게 혹독한 시기였다. 권준희를 비롯한 마을 주역들이 대한광복회에 참가했다가 몽땅 잡혀간 것이다. 이듬해에 일어난 3·1운동 시위에서 가일사람들의 행적이 나타나지 않는 이유 가운데서 이 사태도 중요하게 작용했을 것 같다. 구금과 재판이 계속되는 상황에서 가일마을이 다시 시위에 나설 여력이 없었으리라는 짐작은 그리 어렵지 않다.

3. 권오설 등장하다

3·1운동이 전국을, 그리고 안동을 휩쓸고 지나가는 속에서도 가일마을은 그저 조용했다. 안동에서 순국자만 30명이나 될 정도로 거대한 폭풍이 지나갔지만, 풍산들의 남서부는 조용했다. 그저 풍산읍내에서 기독교인 100명이 시위를 잠시 벌인 일뿐이었고, 하회에서는 소년들 10여 명이 만송정을 돌면서 한 차례 시위하여 체면치레한 것뿐이다. 세상이 뒤집어질 듯하던 그때, 가일마을도 풍산들 주변의 여러 마을과 마찬가지로 한 걸음도 나가지 않고 숨죽이고 있었다. 그런데 전혀 예상하지 못한 곳에서 가일을 뒤흔드는 바람이 몰아쳐 왔다. 바로 권오설의 귀향으로부터 시작된 바람이다.

그는 가일마을의 역사를 바꾸어 놓았다. 홍일헌洪一憲, 권일權一, 박철희朴喆熙, 김삼수金三洙, 김형선金亨善 등 다양한 이름만큼이나 그의 활동도 대단했다. 그의 집안은 양반이지만 가난했다. 소농에도 들지 못할 만큼 빈농이었다. 그래서 성장기 학습과정에 굴곡을 보였다. 그는 서당훈장으로 빈한한 가정을 꾸려 가던 부친 앞에서 가학을 잇고, 신식교육이 처음으로 들어오던 1907년에 마을에 세워진 남명학교南明學校에 다녔다. 안동 임하면 내앞마을에서 중등과정으로 협동학교協東學校가 세워지던 그 해에, 가일마을에는 초등과정이라고 여겨지는 남명학교가 들어선 것이다. 그러다가 남명학교가 하회에 세워진 동화학교東華學校로 편입됨에 따라 그도 거기로 옮겼다. 이러한 사실은 권오설만이 아니라 가일마을 소년들이 대개 하회영향권 속에서 성장하였음을 말해 준다. 그는 1912년 동화학교를 졸업한 뒤 가정 형편 때문에 진학이 늦어지다가 1916년 대구고등보통학교(경북고등학교 전신)에 입학하였다. 만 19세에 대구고보에 진학했는데 집안 사정이 어려워 경주

▲ 권오설의 대구고보 시절
　방학숙제

최부자로 널리 알려진 최준의 도움을 받았다는 이야기가 전해진다. 그러다가 2년 만에 대구고보를 그만두었는데, 학내 문제 때문이라고 알려졌을 뿐이다. 그는 상경하여 중앙학교와 경성부기학교京城簿記學校에 입학 후 퇴학하였다.

　서울에서 그는 엄청나게 어려운 시간을 보냈다. 의성 산운마을 출신 이숙李淑은 하숙집에서 자신의 밥을 권오설과 나누어 먹고 지냈다는 이야기를 회고록에 썼다. 하숙집 주인 눈치까지 보면서 지내던 권오설, 마침 같은 하숙집에 머물던 전라남도 보성 출신 인물이 권오설의 어려운 장면을 보고 전남도청에 자리를 알선해 주었다. 그래서 내려간 때가 1918년 10월이었다. 그때는 가일마을이 대한광복회에 자금을 지원했다가 쑥밭이 되었던 시기다. 가일마을로서는 외지로 나간 마을 청년이 이 문제에 엮이지 않은 다행스런 순간이기도 했을 터다. 하지만 민족문제가 권오설 앞을 그냥 비켜가지는 않았다. 오히려 직장생활을 하던 광주에서 민족문제에 맞서 나가는 계기를 맞은 것이다.

　그가 광주로 가서 자리 잡은 지 5개월 뒤에 3·1운동이 일어났다. 광주에서 일어난 3·1운동에 그가 배후 인물로 지목되어 경찰에 체포

▲ 원흥의숙으로 활용된 노동서사

된 뒤 6개월 형을 언도받았다고 전해진다. 하지만 그가 어떻게 활동했는지, 또 어떤 고생을 치렀는지는 도무지 알 수 없다. 판결문이나 형사기록부, 혹은 수형카드 등 어느 하나 확인되지 않는 까닭이다. 그렇다면 그가 3·1운동으로 고생한 사실을 알려 주는 근거는 무엇인가. 그가 서대문형무소에서 순국한 이틀 뒤 《중외일보》 1930년 4월 19일자 보도문이 그것이다. 이 기사는 권오설의 생애를 비교적 정확하게 다루었다. 아마도 이 기록은 당시 옥바라지를 위해 서울에 머물던 큰 동생 권오기의 증언을 바탕으로 작성된 것 같다. 그렇다면 그는 광주에서 3·1운동과 관련하여 일정한 움직임을 보였고, 이로 말미암아 경찰에 잡혀 고생하였다는 정도는 짐작하고도 남는다. 판결문이 없어졌는지는 확인할 수 없지만, 만약 판결을 받지 않았다면 정식 재판도 없이 구류 상태에서 6개월을 고생하고 풀려났을 수도 있다. 그러고서 고향으로 돌아온 때가 1919년 가을 무렵이었다.

드디어 권오설이 가일마을로 돌아왔다. 찬바람이 불기 시작하던

▲ 원흥의숙 학생들의 수학여행

1919년 11월, 가일마을 친척들은 권오설을 어떤 표정으로 맞았을까? 외지로 나가 공부하고 도청에 근무하던 한 젊은이가 경찰에 잡혀 고생하다 돌아온 것이다. 모두들 위로하기도 하고 앞날을 차분히 준비하라고 어깨를 다독거렸을 것이다. 그래서 그는 도시에서 배운 지식을 마을 청소년에게 가르치려는 계획을 세우고 원흥의숙元興義塾이라고도 불리는 원흥학술강습소元興學術講習所를 세웠다. 문중에서 지원하고 나섰다. 건물이야 문중 소유 재사를 사용하지만, 일단 운영비가 필요했다. 가일 8부자로 불리기도 하면서 대한광복회에 자금을 지원했던 권준흥이 설립에 앞장섰고, 준흥의 생가 동생인 권준표權準杓가 교사로 참가하였다. 권오설 스스로 교장 겸 교사를 맡았으니, 비로소 본마을 출신 신식교육 이수자가 마을 청소년 교육을 책임진 것이다. 이 학교에서 수학한 마을 청년 가운데 서울로 유학하는 인물들이 나왔다. 이들이 곧 1920년대 새로운 인재로 떠올랐으니, 권오설의 영향권 속에서 성장한 인물들이다.

권오설의 등장은 가일마을에 신식교육을 도입하는 정도로 머물지 않았다. 구국교육을 안동 전체로 확산시켜 가면서 농민운동과 청년운동을 펼쳐 나가기 시작했다. 청소년을 키워 내는 것이 내일을 향한 일이라면, 농민들과 청년들을 묶어 세우는 일은 당장 오늘 실천해야 하는 시급한 과제였다. 그것을 보는 안목이 그에게 있었다. 1921년 4월 일직서숙―直書塾과 1922년 풍산학술강습회를 설립하여 청소년을 가르친 것은 교육운동이었다. 그리고 1920년에 가곡농민조합 조직, 8월 안동청년회 집행위원, 9월 4일 안동 일직면금주회―直面禁酒會의 창립과 회장 취임, 9월 23일 조선노동공제회 안동지회 입회, 1922년 풍산청년회 결성 등이 모두 그러한 길이었다.

4. 권오설, 노농운동의 선두에 서다

권오설이 새롭게 도약한 단계는 소작운동을 벌이던 1923년이었다. 그해 11월 11일, 그는 풍산소작인회 집행위원이 되어 본격적인 농민운동을 시작했다. 본격적으로 풍산소작인회를 결성하기 앞서 거기에 필요한 인재를 키워야 했고, 그 때문에 문을 연 것이 바로 풍산학술강습회였다. 가일마을 노동서사魯東書舍에서 열린 것으로 알려지는 이 강습회에 대해 두 가지 자료가 전해지고 있다. '풍산하기강습회 청강생 명부'와 '지출장'이 그것이다. 이것은 아마 1922년이거나 그 이듬해 기록인 것 같다. 즉 풍산소작인회 결성 직전의 강습회 기록인 셈이다. 이들 자료는 권오설이 필요한 인력을 육성하고 있었음을 보여준다.

청강생 명부에는 남자 129명, 여자가 13명 등 142명의 이름이 들어 있다. 주학부晝學部, 즉 '낮반'이라는 제목으로 명단이 적힌 점이나,

'지출장'에 석유램프와 유류비 명목 지출사항이 있는 점으로 보아 야간부가 있었던 것으로 생각된다. 그렇다면 청강생은 200명가량 되었으리라 추정된다. 참가자들은 '풍산들'을 둘러싼 마을, 즉 가일·소산·상리·하리 등 4개 마을 출신이 주류를 이루었고, 안교·갈전·현애·노동 등 그 주변마을 출신이 소수 참여하였다. 즉 풍산하기강습회에 참여한 수강생들은 풍산들을 둘러싼 마을 출신 청년과 여성이었고, 특히 가일과 바로 이웃 소산, 그리고 동쪽으로 건너편의 상리(우롱골)와 하리가 중심이었다는 말이다.

가일마을에서 하기강습회에 참가한 인물은 대개 권오설의 집안 형제들이다. 친동생인 오기五箕와 오직五稷을 비롯하여, 오헌五憲·오운五雲·오경五敬·오섭五燮·영목寧穆 등이다. 그리고 이웃 소산마을 출신은 김문현金文顯·주현周顯·국현國顯·김병천金炳千·김위규金渭圭 등이, 또 풍산들 동쪽 편 상리마을 출신은 이중철李重轍(혹은 準轍)·이교구李敎龜(혹은 敎龍)·이용인李用寅·이준극李準極·이두문李斗文·이준창李準昌·이재홍李在洪·이준옥李準玉·김호근金琥根·김상학金相鶴, 하리마을은 이상봉李相鳳·이종렬李宗烈 등이며, 안교동의 권태성權泰晟 등도 확인된다. 가일마을 청년 가운데 권오운權五雲이나 권오헌의 진로를 보면 권오설의 영향력이 바로 이어짐을 알 수 있다. 얼마 뒤에 권오운이 서울로 유학하면서 6·10만세운동에 나섰고, 안교동 출신 권태성도 6·10만세운동에 앞장선 뒤, 안동지역의 사회운동에서 뚜렷한 족적을 남기게 되었다. 권오설이 풍산소작인회 결성을 앞두고 강습회를 개최한 이유가 바로 자신의 진로에 필요한 인물을 양성하는 데 목적을 둔 것이라 생각된다.

풍산소작인회 결성에는 서울에서 활약하던 고향 선배들이 깊이 관여했다. 뒷산 너머 오미동 출신 김재봉金在鳳(1891~1945)과 풍산들 건너편 우롱골의 이준태李準泰(1892~1950)가 바로 그들이다. 두 사람 모두 경성공업전습소 출신이다. 김재봉은 안동에서 부농에 속한 주손胄孫이고, 서울에서 《만주일보》 경성지국에 기자로 근무하면서 대한민국임시정부 지원활동을 펴다가 체포되어 징역 6개월 형을 살았다. 출옥하자마자 그는 모스크바에서 열린 극동민족대표대회에 조선노동대회 대표 이름으로 참석한 뒤, 코민테른의 지시를 받고 조선공산당 건설을 목표로 삼고 귀국했으며, 1923년 8월에는 코르뷰로 내지부 책임자가 되었다.

이준태는 측량기사로 활동하다가 3·1운동을 보면서 민족운동에 투신했고, 서울에서 청년운동과 노동운동을 펼치면서 위상을 탄탄하게 굳혀 나갔다. 그는 1922년에 무산자동맹회를 이끌고, 신사상연구회를 만들었다. 1923년 여름에 귀국한 김재봉이 바로 신사상연구회에 가입한 것도 이 때문이다. 김재봉이 1년 넘게 국외에 있다가 서울에 돌아오자마자 쉽게 중심 위치에 설 수 있던 바탕에는 바로 이준태의 활약이 있었다. 이제 당 건설의 기반이 될 조선노농총동맹 준비에 나섰다. 고향 안동에도 하부 조직이 있어야 하고, 또 뒤를 받쳐 줄 인물도 필요했다. 거기에 합당한 인물이 바로 권오설과 김남수(1899~1945)였다. 김남수가 안동읍내에서 사회문제 전반에 관심을 가졌다면, 권오설은 풍산들을 중심으로 농민운동에 초점을 두었다.

1923년 11월에 풍산소작인회를 결성한 권오설이 그 대표 자격을 갖고 서울로 갔다. 가일마을에서는 원흥의숙에 동참하고 안동청년회에도 열성이던 권준표가 고향에서 권오설의 뒤를 받쳤다. 권오설에게는 집안 할아버지이지만, 준표가 한 살 많아 서로가 형제 같은 사이였다.

이듬해 2월에 그는 신흥청년동맹과 한양청년연맹의 중앙집행위원이 되고, 4월에 조선노농총동맹에 풍산소작인회 대표로 참가한 뒤, 10인으로 구성된 상무위원회 위원을 거쳐 책임자가 되었다.

갑자기 그런 위치에 불쑥 솟아오를 수 있음은 아닐 것이다. 바로 거기에 김재봉과 이준태가 그를 부르고, 그 부름에 권오설이 화답한 정황은 누가 보아도 쉽게 헤아릴 수 있다. 코민테른이란 국제 조직의 지시를 받아 정통성을 확보하고 마음 놓고 일을 펼쳐 나가기 위해서는 깊게 결속할 인물이 필요한 것은 당연했다. 거기에 적당한 인물이 바로 권오설과 김남수였다. 마침 경성고무여공파업을 지원하고 파급시키면서 선두 그룹으로 나서던 김남수가 투옥된 상태였고, 권오설이 풍산소작인회를 결성하면서 그 역할을 맡고 나섰다.

조선노농총동맹 선두에 나선 권오설은 1924년 4월 하순에 조선노농총동맹 임시대회를 열었다가 간부 26명과 함께 구속되고, 5월 3일에 무죄로 풀려나면서 일제 탄압을 겪었다. 그 해 연말에는 조선노농총동맹 상무위원으로서 남부지방을 순시하면서 조직을 확대시키는 데 힘을 쏟았다. 당시에 그는 무산자동맹회와 혁청단, 불꽃사(火花社) 동인으로 활동했다. 한편 서울에서 그는 인쇄직공조합을 조직하고, 1925년에 인쇄공파업을 선두로 양말직공·고무직공·양화직공의 파업을 지도하였다. 이 무렵 안동의 풍산소작인회는 이준태가 내려와서 지도하고 있었으니 역할을 맞바꾸어 활동했던 셈이다. 그리고 화요회가 서울에서 결성된 지 두 달 만에 안동에서는 그 지방 조직 성격을 지닌 화성회가 조직되었다. 김남수가 책임을 맡았고, 권오설이 참가한 것도 당연하다.

1925년 4월 17일 조선공산당이 창당되었다. 두 달 앞선 2월에 권오설은 김재봉·김찬·조봉암·박헌영·김단야 등과 김재봉의 하숙집에 모여 조선공산당 창당을 결의하였다. 그리고 4월에 조선공산당이 정식으로 결성되어 김재봉이 책임비서에, 권오설은 중앙집행위원에 선출되었다. 그리고 권오설은 조선노농총동맹 대표로서 고려공산청년회 조직에 참석하여 7인중앙집행위원회 위원 및 조직부 책임자가 되었다. 또 그는 주로 청년·학생들의 규합에 노력하였고, 모스크바 동방노력자공산대학에 유학생을 파견하는 일을 추진했다. 유학생 21명 가운데 안동 출신으로 자신의 친동생 권오직과 안동 와룡 가구동 출신 안상훈安相勳이 포함되었다. 여기에서 권오설의 영향력 일부를 확인할 수 있다.

1925년 11월에 조선공산당 조직은 일제에 탐지되어 와해되었다. 주역들이 대거 검거되고 말았다. 그는 붕괴된 조직을 새로 일으키기 위해, 박헌영 다음으로 고려공산청년회 책임비서를 맡고서 조직 재정비에 나섰다. 염창렬·이병립·이지탁·박민영·김경재 등을 중앙집행위원 후보로 추천하고, 염창렬·김효종·권오상·조두원·정달헌·이병립·민창식·강균환·고윤상·윤기현 등 10명을 입당시켜 입지를 강화시켰다. 여기에 등장하는 권오상·조두원·정달헌·이병립·윤기현이 조선학생과학연구회 간부였다는 점은 권오설이 학생운동계 대표들을 장악하고 있다는 사실을 알려준다. 특히 권오상은 대한광복회 고문이었던 권준희의 손자요, 권오설을 따르는 집안 조카였다.

당시 조선공산당의 판도를 보면, 이준태와 권오설이 조선공산당과 고려공산청년회를 장악하고 있었다. 여기에 해외로 망명한 김찬, 김단야 등이 연결되어 있었다. 권오설은 조선공산당 임시상해부에서 들어오는 자금을 관리하고 있었으며, 이준태는 조선공산당을 장악하고 있었다.

권오설이 서울을 오르내리며 활동하던 기간에 가일마을 사람들은 풍산소작인회를 끌어나가고 있었다. 맨 선두에 선 지도자는 풍산들 건너 동편 마을인 우롱골 출신 이준태였다. 서울에서 김재봉에게 교두보를 확보해 주고, 권오설을 불러 올려 활동무대를 만들어 준 이준태는 다시 안동으로 돌아와 풍산소작인회를 지도해 나갔던 것이다. 풍산소작인회 자체에 가일마을에서 얼마나 많은 인물이 참여했는지는 알 수 없다. 다만 풍산들을 둘러싼 마을 가운데 하회나 소산 마을, 그리고 상리와 하리의 지주들 가운데 다수가 농무회農務會를 구성하고 소작쟁의를 방해하고 나섰지만, 가일마을 지주들은 거기에 별로 참가하지 않았다. 선두에 선 권오설이나, 그의 영향 아래 성장한 청년들의 영향 때문이라 여겨진다.

5. 권오설, 6·10만세운동을 이끌다

1926년 3월, 권오설은 해외 망명을 계획하였다. 조선공산당이 만주에 민족통일전선체로서 국민당을 세운다는 계획을 마련했던 것이다. 하지만 이것은 계파별 의견 차이로 중단되었다. 그러자 권오설은 5월 1일 서울에서 메이데이 시위를 기획하였다. 대대적인 연합시위를 펼치고, 그 과정에서 민족통일전선을 이루자는 것이 계획의 핵심이었다. 1926년 4월 24일에 정우회·전진회·조선청년총동맹·조선노농총동맹 대표가 모여 방법을 논의하고, 조선노농총동맹이 진행을 책임지도록 결의하였다. 그런데 다음날 갑작스런 일이 벌어졌다. 융희황제 순종이 숨을 거둔 것이다. 일제의 경계와 탄압이 엄중해지는 속에서도 민중들의 애도 분위기가 점증되자, 권오설은 김단야와 논의한 끝에 메이데이 시위를 철회하고 인산일에 대중적 시위를 일으키는 쪽으로 운동 방향을 수정하였다.

4월 말부터 6·10만세운동이 기획되기 시작했다. 그 기획자가 바로 권오설이다. 순종 장례에 참가함으로써 사회주의운동을 전국에 뿌리내리는 계기로 삼자는 것이 그의 생각이었다. 권오설은 1926년 5월 1일 상주 차림으로 변장하고 압록강을 건너 안동현(지금의 단동) 역전 근처 초원에서 김단야를 만나 활동 방향을 논의하고 돌아왔다. 만세시위를 펼치는 것, 제2의 3·1운동을 일으키는 것이 그 핵심이었다. 여기에는 조선공산당의 찬동이 필요했다. 이 문제는 이준태와 협의하여 해결했다. 그러나 추진과정에서 자칫 조선공산당이 붕괴될 수도 있으므로, 일단 투쟁 지도부를 당 중앙과 분리했다는 이야기도 전해진다. 그런데 권오설은 조선노농총동맹 중진이자 학생운동계의 중심 조직인 조선학생과학연구회에도 깊은 영향력을 가지고 있었으므로, 이를 가지고 '6·10투쟁특별위원회'를 구성하였다. 권오설 지휘 아래 투쟁지도부가 조직된 것이다. 그러고서 3·1운동 당시처럼 민족운동체의 결속을 다져 나갔다.

시위를 일으킬 조건은 3·1운동 당시보다 훨씬 나빴다. 3·1운동과 같은 시위가 다시 발생하지 않게 만들기 위해 일제는 군대와 경찰을 모두 동원하였다. 정말 물 샐 틈이 없었다. 일제 경찰은 움직일 만한 인물들을 한 사람씩 철저하게 분석하고 추적하고 있었다. 즉 3·1운동이 일어나던 무렵과는 비교될 수 없을 만큼 통제가 철저하게 펼쳐지고 있던 것이다. 그런 와중에 국장 인산에 맞춰 시위를 일으킨다는 것은 사실상 불가능한 일이었다. 이런 악조건임에도 불구하고 준비작업은

면밀하게 진행되어 나갔다.

　대중시위를 펼치기 위해 통일전선체 구성이 필요했다. 그 해결 방향이 천도교 진영의 구파와 조선노농총동맹, 그리고 조선학생과학연구회가 연대를 이루는 것인데, 협의과정을 거쳐 이를 달성했다. 그러고서 서로 역할을 분담했다. 천도교청년동맹이 격문 인쇄와 만세운동의 지방 확산을 맡았고, 권오설은 조선학생과학연구회에 임무와 역할을 지시하였다. 또 학생들에게 주어진 임무는 바로 인산 당일 행렬에서 시위를 이끌어 내는 것이었다. 즉 만세를 선창하고 격문을 살포하여 거족적인 시위에 불을 지피는 것이다. 이를 밀고 나가기 위해 이병립·이선호李宣鎬·이천진·조두원 등 조선학생과학연구회 간부들이 구체적으로 논의를 거듭하였다.

　여기에서 주목할 점은 안동 출신 학생, 특히 가일마을 출신 학생들이 주도적으로 참가한 사실이다. '권오설과 안동그룹'이라고 이름붙일 수 있을 정도다. 권오상과 권오운은 집안 동생들이고, 권태성은 풍산들 북쪽에 있는 안교동 출신이며, 이선호는 안동 예안의 부포, 유면희柳冕熙는 예안의 삼산 출신이다. 이선호는 중앙고보 재학생으로 역시 조선학생과학연구회 상무를 맡던 핵심인물이다. 격문 배포를 맡은 그는 당일 만세를 선창하여 시위를 이끌어 냈고, 이로 말미암아 옥고를 치렀다. 유면희는 중앙고보생으로 유인식의 동생인 유만식의 아들이다. 그는 출옥한 뒤에 1929년 조선학생과학연구회 집행위원으로 활약했다. 권태성은 중앙고보 재학생이었는데, 안동유학생회장을 맡기도 했다. 앞에서도 본 것처럼, 권오운과 권태성은 상경하기 이전에 풍산하기강습회에서 권오설의 교육을 받은 인물이기도 하다.

　6·10만세운동에서 안동그룹은 권오설을 정점으로 하여 철저하게

역할을 나누어 맡았다. 물론 이병립을 중심으로 움직인 학생들이나, 천도교 구파의 활동도 대단했다. 그런데 권오설은 이들 학생 조직을 움직이면서 가일마을 형제들을 비롯한 안동 출신 학생들을 선두에 내세웠다. 그러니 1926년은 서울에 유학하던 가일마을 청년들이 6·10만세운동 한복판에서 움직인 해였던 것이다.

만세시위가 일어나기 직전, 6월 4일에 시위준비 작업 일부가 일제 경찰에 노출되었다. 권오설이 6월 7일에 체포되고, 시위는 불발로 끝날 위기에 부딪쳤다. 하지만 인산 당일 종로4가 네거리에서 중앙고보생 이선호가 길 가운데로 뛰쳐나가며 만세를 부르기 시작했고, 그 외침이 제2의 3·1운동이라는 6·10만세운동의 신호탄이었다. 6·10만세운동이 확산되면서 권오상과 권오운도 체포되었다.

권오설은 6월 7일에 종로경찰서에 체포된 뒤 힘든 재판과정을 거쳤다. 판결이 마무리된 것이 1928년 2월이니, 무려 20개월 동안 미결수 생활을 버텨 내야 했다. 그는 고문에 항거하며 투쟁을 벌였고, 큰 동생 오기가 옥바라지를 위해 동분서주했다. 안동 출신 동지인 김남수도 사식을 들여보내며 옥바라지를 도왔다. 김남수는 통일조선공산당이라는 3차당 활동으로 말미암아 구속되기 직전까지 권오설을 지원하였다. 7년 형 구형에 5년 형을 선고받은 권오설은 감형이 되어 1930년 7월에 출옥할 예정이었다. 그런데 출옥 100일을 앞둔 1930년 4월 17일, 그는 서대문형무소에서 갑자기 순국하였다. 신간회 서울본부로 운구된 시신은 온통 두드려 맞은 멍 투성이었다. 일제 간수에게 얼마나 심하게 맞았으면, 구타가 사인이 되었을까.

4월 20일 서울에서 장례가 치러졌다. 유해는 고향으로 향했고, 함석으로 봉해진 관은 가일마을 앞 공동묘지에 묻혔다. 봉분도 만들지 못했다. 일제 경찰의 집요한 방해와 압력 때문이었다. 장례 행렬에 참가한 인물들에게도 압력이 가해졌다. 그리고 이후로는 비바람만이 묘소를 스쳐갈 뿐이었다. 그 뒤 그의 이름을 역사무대에 다시 불러내기까지 70년 넘는 세월이 흘렀다.

6. 앞으로만 나아간 가일청년들

가일마을 청년들에게 권오설은 신선한 바람을 일깨워 준 인물이다. 8부자 집안은 대개 청년들을 서울로 유학보냈다. 이 가운데 권오상은 가일마을에서 가장 세가 좋은 수곡파의 종가에서 셋째 아들로 태어났다. 그러므로 그는 누가 보아도 가일마을의 권씨문중을 대표할 만한 청년이었다. 중앙고보를 졸업하고 연희전문을 진학한 그는 마을에서 크게 기대한 청년이었다. 권오상은 조선학생과학연구회 임시상무를 맡기도 했고, 신흥청년동맹과 혁청단에도 참가하였다. 더구나 그는 권오설이 책임비서를 맡은 고려공산청년회에 가입하여 가장 가까이에서 활약하는 인물이 되었다. 그래서 6·10만세운동에서는 권오설이 가장 믿을 만한 인물이 권오상이었다. 그는 6·10만세운동으로 말미암아 체포되어 옥고를 치르다가 1928년 6월 순국하였다. 고문의 후유증이 원인이었다.

권오운도 수곡파 후예로 그 역시 가일 8부자 집안 인물이었다. 중앙고보를 다니던 권오운의 집도 세가 아주 좋았는데, 바로 그 집 마당 곁에 권오설 집이 붙어 있었다. 그는 6·10만세운동 직후에 구속된 뒤 고생하다가 1927년에 순국하였다. 당시 안동에서 사회장을 추진하던 상황이 《동아일보》에 보도된 것으로 보아, 그도 역시 고문 후유증으로 순국한 것으로 여겨진다. 서울에서 권오설을 따르던 집안 동생 두 사람, 그들이 저 세상으로 떠난 뒤 권오설마저 1930년대 옥사했다. 가일마을은 3년 사이에 세 사람의 주역들을 잃었으니, 기가 막힐 일이 아닐 수 없었다.

권오설을 따른 가일청년에는 누구보다도 그의 친동생 권오직이 두드러진다. 권오상과 권오운이 일찍 순국하는 바람에 1930년대 이후 활동에 권오직만이 뚜렷하게 남았고, 또 그의 족적도 그리 만만하지 않기 때문이기도 하다. 그는 권선득權善得·남병철南秉喆·보스토코프(Boctokob)라는 이름을 사용했고, 감옥에서 창씨된 이름으로는 행전오직幸田五稷이라 칭했다. 1906년생으로 권오설보다 아홉 살 적은 오직은 형의 영향으로 17세가 되던 1923년부터 사회운동에 참여하였다. 1924년 2월에는 신흥청년동맹, 1925년 4월에는 고려공산청년회에 참여하였다. 권오설이 고려공산청년회 주역이 되면서 청년들을 모스크바 동방노력자공산대학에 유학시키는 일을 추진하자, 권오직은 여기에 참가했다. 같은 안동 출신인 안상훈을 비롯한 20명이 참가했는데, 그는 형 안상길安相吉과 그 사촌형제들이 대거 사회운동에 참가하여 이름을 떨친 집안 출신이다.

권오직은 모스크바에서 동방노력자공산대학에 입학하여 1929년 5월에 졸업했다. 그 해 8월에 국제공산청년동맹으로부터 고려공산당청년회 재조직이라는 사명을 부여받은 그는 10월에 귀국하였다. 귀국하자마자 다음 달인 11월에 벌인 일이 조선공산당조직준비위원회를 결성하고 선전부 책임자가 된 것이다. 이어서 1930년 1월에 조선공산당 경성지구조직위원회를 결성한 그는 3·1운동 11주년 기념일을 맞아 광주학생운동으로 고조된 반일감정을 격발시키기 위해 2월에 전국 청년동맹·농민조합·노동단체에 반일격문을 배포하였다. 이로 말미암아 일제 경찰에 체포된 그는 1931년 10월 경성지법에서 징역 6년 형을 선고받고 옥고를 치렀다. 또 1940년 12월에 그는 다시 종로경찰서에 검거되어 징역 8년 형을 선고받고 복역하다가 해방을 맞아 출옥하였다. 참으로 기나긴 고난의 행로였다.

권오직의 활동은 해방 이후에도 활발하게 지속되었다. 1945년 9월 정치국원이자, 《해방일보》 사장이 되었고, 조선인민공화국 후보위원이 되었다. 1946년 2월에는 민주주의민족전선 결성대회에 참가하여 중앙위원으로 선출되었고, '조선공산당 중앙 및 지방동지 연석간담회'에 참석하였다. 이때까지 활동은 미군정이 인정하는 합법적인 공간에서 펼친 것이었다. 하지만 1946년 5월에 터진 '정판사精版社위조지폐 사건'은 이후 조선공산당이 비합법적인 조직으로 규정되고 탄압받는 계기가 되었다. 이로 말미암아 지명수배자가 된 그는 바로 북한으로 피신하였다. 그는 1948년 8월 해주에서 열린 남조선인민대표자대회에서 제1기 최고인민회의 대의원으로 선출되었다. 6·25전쟁이 벌어지던 시기에는 외교관으로 해외에 나가 있었다. 즉 1950년 2월부터 1952년 1월까지 헝가리 주재 공사, 그 해 3월부터 중국 주재 대사로 부임했다. 하지만 전쟁이 끝난 직후인 1953년 8월 북한으로 소환되고, 조선노동당 중앙위원회 후보위원이 되었다가, 반당·반국가 파괴분자라는 이유로 숙청되어 평안북도 삭주의 농장으로 추방되었다고 전해진다.

지금도 가일마을에서 권오직을 들먹이면 많은 이야기가 떠올려진다. 우선 해방후 첫 3·1절 기념식 이야기다. 권오직이 참석한 그날 기념식은 가두행진으로 이어졌다. 구담마을까지 행진하고 돌아오다가 극우세력으로부터 공격받아 중상을 입은 가일사람들은 지금까지도

몸과 마음에 상처를 간직한 채 살아왔다. 다음으로는 그를 따라 북으로 간 사람들이다. 1946년에 그를 따라 북한으로 간 가일마을 사람들은 대개 젊은 학생이나 청년이었다. 모두 몇 명인지 모르지만, 적어도 30명은 넘는다고 알려진다. 더러는 전쟁을 전후하여 고향으로 돌아왔고, 더러는 거기에 남았다. 숱한 사연과 고통이 마을을 온통 덮어 왔다. 그래서 지금까지 그 깊은 상처가 아물지 않고 있다.

가일마을 출신 청년으로 빼놓을 수 없는 또 한 사람이 있으니, 안기성安基成이 바로 그다. 권오설보다 한 살 아래인 그는 정재윤鄭在潤(혹은 鄭在允)이라는 이름을 사용하기도 했다. 그는 1920년대 전반기에 학생대회 중앙위원을 지냈으며, 신사상연구회와 화요회에 참가하였고, 1925년 2월에는 전조선민중운동자대회 준비위원, 9월에는 조선노농총동맹 중앙집행위원으로 선출되었으며, 조선공산당에 입당하여 경기도당위원을 지냈다. 안기성이 걸은 길은 권오설과 거의 합치된다. 특히 권오설이 핵심역할을 맡은 2차당에 참가했고, 권오설이 체포되던 1926년 6월에 소련으로 도피했다가 만주로 이동하였다. 그곳에서 안기성은 1927년 3월경 조선공산당 만주총국 동만구역국 책임비서가 되었다. 10월 '제1차 간도공산당 검거사건'으로 일본 경찰에 체포된 안기성은 1928년 12월 경성지법에서 징역 5년을 선고받았다. 수감중 옥중 만세사건을 주도하여 보안법 위반 명목으로 징역 6월이 추가되었으며, 1935년 만기 출옥했다. 해방 직후인 1945년 9월에 안기성은 조선인민공화국 중앙인민위원회 후보위원으로 추대되고, 1946년 2월 민주주의민족전선 결성에 참여하여, 상임위원 및 사무국 재정부장이 되었다. 그는 1947년 '3·22사건'을 계기로 포고령 위반 혐의를 받아 미군정 재판에 회부되었고, 이후 월북하여 1948년 8월 해주에서 열린 남조선인민대표자대회에서 제1기 최고인민회의 대의원으로 선출되었다. 그리고 6·25전쟁에서 그는 1950년 6월 유격대 제7군단 '남도부부대南道富部隊' 정치위원이 되었고, 7월 조선인민군 점령하에서 경기도인민위원

【표】근대사에서 활동이 두드러진 가일마을 인물

성명	본관	생몰연대	자	호	이명	주요활동	비고
권준희 權準羲		1849~1936	啓象	友巖		독립군자금 모집활동	
권준흥 權準興		1881~1939	孟仁			독립군자금 모집활동	
권재수 權在壽		1882~?				무관학교생도 모집	
권영식 權寧植		1894~1930	元茂			독립군자금 모집활동	
권준표 權準杓		1896~1950				元興義塾 교사, 풍산소작인회	권준흥 동생
권오설 權五卨	안동	1897~1930			洪一憲 權 一 朴喆熙 金三洙 金亨善	조선노동공제회안동지회 풍산소작인회·화성회 화요회·조선노동자총동맹 제2차 고려공산청년회 책임비서 6·10 만세운동 주도	
권오상 權五尙		1900~1928			權五敦	신흥청년동맹 고려공산청년회, 6·10만세운동	권준희 손자
권오운 權五雲		1904~1927				6·10만세운동	남천댁 후손
권오직 權五稷		1906~1953			權善得 南秉喆 보스토코프(Boctokob) 幸田五稷	고려공산청년회 모스크바동방노력자공산대학 朝鮮共産黨組織準備委員會결성	권오설 동생

8장 안동의 모스크바, 가일마을_229

회 부위원장을 지냈다. 그러다가 권오직과 마찬가지로 1953년 8월 조선노동당에서 출당되었다.

이처럼 권오설을 따른 가일청년에는 이들 외에 여럿 더 있다. 중국에서 활동하다가 해방 이후 귀국하여 안동에서 치안유지회 선전부장을 맡은 권오헌, 강동정치학원 1기생으로 학가산유격대를 이끌던 권영남 등이 그렇다. 반면에 사회주의 계열과는 달리 국내외에서 활동하던 인물도 있다. 권재수權在壽는 이상룡이 이끌던 서간도 망명에 참가하여 무관학교 생도모집에 나섰다가 체포된 인물인데, 이후 행방을 알 수 없다. 또 권재중權在重은 1930년대에 만주에 가서 활동하다가 1940년대에 돌아온 인물이지만, 구체적인 내용은 알려지지 않는다. 8부자 집안 계열 가운데 하나인 권동직權東直-오창五昌 부자는 서간도로 망명하였고, 오창의 아들 권혁수權赫壽는 해방 직전에 안동농림학교 조선국권회복연구단에 참가하여 학생항일운동을 벌인 인물이다.

7. 민족 앞에 자랑스러운 마을

병곡 권구는 가일사람들에게 신과 같은 조상이다. 그의 가르침은 두 가지다. 하나는 궁민·구휼이요, 다른 하나는 정치에 뛰어들지 말라는 것이다. 가일 사람들은 16세기 사화로 수난을 받았고, 17세기에 겨우 재기했다. 그리고 18세기에 권구가 다시 힘겨운 시대를 맞아 지혜롭게 난국을 회복했다. 그는 후손들에게 가문을 지키고 살아갈 지혜를 교훈으로 남겼다. 의병이 안동을 몰아치고 3·1운동이 전국 산천을 들먹거려도 가일사람들이 쥐 죽은 듯 지낸 요인은 거기에 있었다. 물

▲ 권오설 기념비

론 의병에도 마을에 배정된 자금을 거출하기도 했고, 특히 1910년대 대한광복회에 군자금을 내놓기도 했다. 하지만 적극적인 행동으로 나서지는 않았다. 그러다가 격변이 나타났으니 권오설의 등장이다. 그가 나타나서 가일마을을 완전히 바꾸어 놓았던 것이다.

  그렇다고 권오설이 병곡의 가르침을 무시한 것은 결코 아니다. 권오설이 바라본 사회는 민초가 무너지는 시기요, 나라가 망한 때였다. 나라를 다시 세우려면 농민들이 살아야 했다. 영세농과 빈농이 절대다수를 차지하는 그때, 그들을 다시 일으켜 세우지 않으면 나라는 다시 어쩔 수 없었다. 그것이 가일마을과 권씨문중의 신이자 절대자인 병곡의 가르침을 벗어나는 일이라 해도 어쩔 수 없지 않는가. 그렇지만 자세히 살펴보면 권오설이 선택한 길은 실제로 병곡의 가르침을 결코 벗어나지 않았다. 구휼에 힘을 쓰라는 그 가르침을 소작투쟁으로 실천한 것이 권오설이다. 그 길이 항일투쟁이었다. 그 길을 가일청년들이 따라나섰다. 그로 말미암아 마을은 무너졌다. 그래서 권오설 때문에

8장 안동의 모스크바, 가일마을__231

마을이 망했다고 말하는 가일사람들이 있다.

가일마을을 망하게 만든 장본인이 권오설이란다. 사실이 그렇다. 그의 영향을 받아 뒷날 북으로 간 사람들이 얼마며, 그로 말미암아 분단정국에서 숨 쉬기도 힘들었던 일은 또 어떠했나. 그렇지만 돌아보자. 1894년 갑오의병 이후 1945년 해방에 이르는 항일투쟁 기간에 가일사람들이 민족문제에 어떻게 대응했나? 독립유공자를 가장 많이 배출한 부분인 의병이나 3·1운동, 그 어디에도 가일사람들 이름 찾기가 힘들다. 그에 반하여 1920년대 이후 가일사람들이 뛰어들고 투쟁한 그 공적은 찬란하기 그지없다. 요즈음 가일마을이 연구자들이나 문인들에게 관심과 애정을 받게 된 이유가 바로 거기에 있다.

만약 권오설이 없었다고 치자. 그래서 항일투쟁기에 잠잠하게 살고, 배불리 먹고 편안하게 살았다고 하자. 일제 강점에 고개 숙이고 못 본 척하면서 잘 살았다고 하자. 그리고 커다란 고가를 내세우고 전통 양반마을 모습을 간직하여, 전국에서 몰려드는 수많은 관광객들에게 큰 집들을 보여 주게 되었다면, 그것이 그리 자랑스러울까? 그게 더 좋은 것인지, 아니면 엄청나게 몰려들지는 않더라도 국내외 지식인들이 옷깃을 여미고 민족지성의 뜻을 기리려고 찾는 이 마을이 더 좋은지, 다시 한번 생각해 보자. 권오설이 없었다면 가일마을은 결코 자랑스러운 역사를 내세우기 어렵다.

통일이 되면, 민족문제에 공헌한 전통마을을 지금보다 더 되새기고 높게 평가할 것은 분명하다. 그럴 때 이 마을을 빼놓고 어느 마을을 내세울까? 갈수록 자랑스러워질 가일마을은 민족사에 이름 드날리게 될 터, 권오설이 있어 가일마을이 자랑스럽다. 병곡도 권오설을 자랑스러운 후손으로 여기고 있을 것이다. (김희곤)

9장

의례와 신앙을 통해 본 가일마을의 특성

1. 마을에 들어서며

　가일마을 사람들의 정체성을 가장 직접적으로 표현하고 있는 문화 전통을 꼽으라고 한다면, 생활문화의 근간을 이루는 의례와 신앙이라고 할 수 있다. 의례와 신앙은 직접적으로는 개인을 위한 것이지만, 이것이 실행되는 데 있어서는 공동체의 것 내지는 사회적인 성격을 띠는 것으로 전화되는 특성을 지니고 있다. 특히 동성마을의 경우에는 이러한 전화의 힘이 더욱 강해서 개인의 의례 자체가 마을의 의례가 되기 십상이었다. 따라서 개인과 공동체의 의례와 신앙을 살피는 작업은 마을의 사회구조와 해당 공동체의 특성을 조망하여 마을의 정체성까지 파악할 수 있는 데까지 나아갈 수 있다.

　특히, 마을공동체의 신앙은 낮은 목소리라 할 수 있는 기층 민중의 삶을 아우르는 것이기 때문에, 그동안 편협하게 이해되어 온 동성마을의 내면적 정체성에 접근하는 데 주요한 실마리를 제공할 수 있다. 결국 이 글은 마을사회의 특성이 의례와 신앙에 어떻게 영향을 미치고 있는지, 또한 역으로 의례와 신앙은 마을의 정체성을 형성하는 데 어떻게 기여하면서 살아 생동하는지를 밝히려는 목적을 가지고 있다. 따라서 다른 지역의, 혹은 일반적인 특성을 가진 마을의 의례 및 신앙과 구별되는, 즉 보편성과 특수성에 견주어 본 동성同姓마을로서 가일마을의 특성을 다루는 데 초점을 맞추고자 한다.

　가일마을은 영남 양택 팔명기八名基의 하나로 일컬어진다. 그만큼 동성마을로서 많은 인물도 내고 풍부한 문화적 전통을 지켜온 곳이기도 하다. 이 마을은 안동권씨와 순흥안씨들이 세거해 오면서 여러 가지 역사적 경험을 내면화하여 현재에 이르고 있다. 또한 예외 없이 근대화를 경험하면서 여러 면에서 해체를 경험해 왔다. 이러한 과정에서 사회적 성격을 띠고 있는 동성마을의 의례와 신앙이 어떻게 변화되어 왔는지를 살펴볼 것이다. 이러한 작업 역시 의례와 신앙을 통해서 마을사회의 변모를 추적하는 과정이 될 것이다.

2003년 현재 가일마을의 총가구수는 98호이며, 평균 가구원수는 2.7명이다. 75년 전에 비해서 인구는 5분의 1로 줄어들었고, 가구수 역시 반 이하로 감소하였다. 75년 동안에 상당한 변화가 있었음을 짐작할 수 있는 지표다. 이러한 토대의 변화는 자연스레 문화의 변화를 추동했다. 물론 여러 가지 다른 변수들이 함께 작용했지만 동성마을의 기반이나 전통적인 문화를 유지하는 데 상당한 어려움을 겪을 수밖에 없는 상황임을 잘 드러낸다.

민속은 현장의 자연스런 맥락(context)에서 연행될 때 진정한 민속자료로서의 가치를 지닌다. 그런데 우리가 현재 마을에서 포착할 수 있는 민속은 상당히 제한적인 성격을 띠고 있는 것이 사실이다. 따라

【표】가일마을의 인구와 가구

연도	가구수	인구수		
		남	여	계
1930년 (善生永助,『朝鮮の聚落』, 朝鮮總督府, 1935)	207	–	–	1217
1961년 (金宅圭,『氏族部落의 構造硏究』, 一潮閣, 1979)	160	–	–	929
1976년 (안동군,『안동군 통계연보』, 1976)	135	376	418	794
1979년 (안동군,『안동군 통계연보』, 1979)	141	346	372	718
1984년 (안동군,『안동군 통계연보』, 1984)	109	234	233	467
1990년 (精文硏,『韓國의 鄕村民俗誌』(慶北篇), 1992)	111	228	233	461
2003년 (안동시,『안동시 통계연보』, 2003)	98	131	133	264

서 문헌자료와 사진자료, 그리고 참여관찰 및 현지인들과의 면담 자료를 통해서 가일마을의 의례 및 신앙의 지속과 변화 양상을 살펴보고, 이러한 과정 속에서 동성마을의 정체성을 살펴보고자 한다.

2. 가일 사람들의 삶의 여정과 의례

1) 기자속과 백일, 돌, 아이팔기

아들 낳기를 기원하는 기자속부터 살펴보면, 가일마을에서 아들을 낳고 싶은 부녀자는 보통 마을의 서낭당에 가서 기원을 하는 것이 일반적이었다고 하며, 이와 관련하여 여러 가지 영험한 이야기가 마을 내에 전승될 정도다. 특히 서낭당 동제(동고사)를 지낸 후에 남겨 놓는 호롱불(종지불)을 들고 집에 가져와서 빌면 반드시 효과를 보았다고 전한다. 또한 일반적인 가정신앙인 삼신바가지에 아들 낳기를 빌고 자손들의 건강을 축원하는 형태가 전승되었다. 보통 삼신바가지는 박바가지에 쌀을 넣고 한지로 덮는 형태였으며, 고리짝으로 만드는 경우에는 옷가지를 넣기도 하였다. 현재 가일마을에는 가신들을 섬기는 신앙풍속은 많이 사라졌음에도 유독 삼신三神에 대한 전승은 잘 유지되고 있다.

아주 옷대. 우리 시조모가 옛날에 애길 못 낳았대. 애기를 못 낳아 가지고 저 당마당이라고 있어. 정살미. 불씨러 가자 그이께네. 섣달인데 추울 때 목욕을 하고 불씨러 가자 그러이께네, 가만 요래 방이 한 칸 두 칸이 요래 복판에 요래 한질로 있고, 기와로 저 정살미 있어. 거 애 못 낳는 사람 기도하고, 아들 놓으라고 기도하고 그래 당마당에 옛날에 제사 지 냈어. -전옥매(영주댁, 여, 75세) 씨 제보

어른이 하던 거를 없애 뿌리고 있다가, 말하자믄 어데 보살할매한테 이 래 하니까 삼신을 타라, 삼신을 타라 해 가지고 그래 다시 앉채 났어. [조사자: 집에 무슨 안 좋은 일이 있었어요?] 말하자믄 미느리를 봐 가지 고 인제 애가 안 들어서니까, 안 들어서니까 어째 그러노 물어보니, 삼신 을 타라, 산에 가서…… 우리 가일에 이래 쳐다보면 산에 서낭당카는 거 있제 왜. 거서 타서 해라 이래 가지고. -권화자(안동댁, 여, 65세) 씨 제보

오늘날 가일마을에 거주하는 제보자들은 65세를 전후한 세대들이 다. 따라서 이분들이 혼인을 하고 자녀를 출산했던 때가 대부분 한국 전쟁을 전후한 시기가 많다. 그래서인지 대개의 사례에서 축소된 형태 의 출산의례가 주류를 이루고 있다. 출산을 하고 나면 일반적인 금줄 치기와 삼칠일 지키기 등이 이루어졌는데, 금줄은 보통 3일 정도 치고, 삼일 또는 일주일 정도 누워서 몸을 풀었다고 한다. 형편이 좀 나은 집에서는 삼칠일 동안 쉬면서 몸을 풀기도 했다.

가일마을에서는 백일과 돌을 각 집안의 형편에 맞게 치러 주었다고 한다. 물론 잔치를 크게 벌이는 형태는 아니었고, 백일에는 깨끗한 옷 을 새로 해 입히고, 돌에는 아이에게 색동 돌복을 입혀서 가까운 친척 들을 불러 모아 미역국과 떡(백설기, 수수떡)을 나누어 먹는 정도였다. 또한 다른 형태로는 친척들도 부르지 않고 가족끼리만 간단한 식사를 하거나 풍산, 안동 등지에 나가서 사진만 찍는 경우도 있었다고 한다. 이러한 축소된 형태 역시 모든 자녀에 해당되는 것이 아니라 형편에 따라서 맏딸, 장남 등에게만 적용하기도 하였다.

병곡 종가의 경우, 첫아들 돌잔치는 아주 대단했다고 한다. 마을주민들을 모두 초청할 정도였고 온갖 떡과 음식을 장만해서 대접했다고 한다. 백일이나 돌 때 제상과 돌잡이상 등은 반드시 삼신의 신체 앞에 차렸다고 한다. 혹 삼신의 신체가 없는 집에서는 집의 장롱 앞에 차려 놓으면서 삼신에게 차린 것으로 인식했다고 한다. 요즈음은 도회지에 나가 있는 자손들이 뷔페 같은 곳에서 돌잔치를 벌이는 형태가 보편화되어 가까운 친척들만 참여하는 일이 많아졌다.

백일과 돌을 전후해서 '아이팔기'가 이루어지기도 했다. 가일마을에서는 상당히 보편적으로 이루어졌던 것으로 나타난다. 많은 분이 제보를 해 주었다. 보통 아기가 잘 크지 못하거나, 잘 먹지 못하고 자주 앓는 경우에 팔았다.

돌에도 팔고, 낭기에도 팔고 뭐. 온 데다 다 파데. 여 우리 동네도 파는 사람 안죽도 칠월칠석날에 국수해가 거 갖다 놓잖아. [조사자: 어디에 팔았습니까?] 뒤안에다 팔고 뭐. 저 산에 뭐 방구에다 팔고. [조사자: 칠월칠석마다 갑니까?] 응, 칠월칠석마다 국수해 가지고 명 기라고. －전옥매(영주댁, 여, 75세) 씨 제보

파는 것도 보살마다 다 이게 틀리다고요. 이게 보살이라고 다 한가지 아니라. 나는 애를 파라 그래. 보살이 파라 그러는 걸 안 팔고 봉정사 절에다가 절에다가 종불사, 종 큰 거 할 때, 거 인제 종이에다 이름 넣고 안 팔았다니까. 그래 보살할매한테 카니까 잘했다. 파는 것도 무조건 이래 파는 게 아니라. －권화자(안동댁, 여, 65세) 씨 제보

나도 팔았는 사람이예요. [조사자: 어디다 파셨어요?] 저 죽통에다 팔았어요. [조사자: 소띠세요?] 띠도 소띠고, 소죽통에 팔았다니까. 그리고

그 담에 내 동생이 났는데, 십년 뒤에 낳는 동생이 있었는데, 다른 동생에 비해 개가 어릴 때 좀 성찮았어요. 성찮았는데 어디 가가 배운 점하는 분이 두돌 넘기지 말고 팔아주라고 그랬어요. 근데 안 팔고 우리 모친이 깜빡하셨어요. 그래 가지고 두돌 지내고 7월달에 죽었어요. 생일이 3월달인데 네 달 만에 죽었어요. 그래가 죽었는 거는 아니지만은 우리 모친이 한탄을 하셨는거라. 팔아 주라 카는 거 안 팔아 줘서. 옛날에 우리 동네도 그래 팔아 주는 사람들이 지금도 걸어 댕기는 사람 많아요.
- 권원탄(남, 68세) 씨 제보

아이의 건강과 성장을 인간의 힘만이 아닌 여러 자연물이나 인공물들과 함께 지켜 간다는 인식이 잘 드러난다. 반드시 필연적인 것은 아니지만 실제로 아이팔기를 하지 않아서 아이가 죽었다고 생각하는 경우도 있어 아이팔기 전통이 상당한 마을전통으로 자리 잡고 있었음을 알 수 있다.

2) 잊혀진 관례와 현대화된 혼례

관례를 지낸 사례를 살펴보면, 먼저 전통적인 관례의 예대로 15~17세 경에 성인으로 인정받는 의례를 치른 경우와, 세월이 바뀌면서 혼례와 자연스럽게 연결되어 혼례와 일련의 세트를 이루게 되는 관례로 나누어 볼 수 있다. 가일마을에 생존해 계신 분들 중에는 전자의 사례로 치른 예는 거의 없었고, 대부분 후자의 사례였다. 대례를 치르기 전에 날을 잡아서 문중 어른들을 모시고 관례를 치르고 잔치를 벌였다고 한다. 흔히들 남자가 장가가는 것을 들어 '상투 튼다'고 하는 것처럼 대례를 치르기 며칠 전에 간략하게 관례를 치르는 방식이다. 관례는 일찌감치 잊혀진 의례로 되었다. 단발령과 일제강점기 이후에는 동성마을 반가班家에서도 거의 이루어지지 못했다. 시습재 병곡 종택의 종손 역시 관례를 하지 못했다고 한다. 신식 결혼을 했기 때문이다. 하지만 종손의 누이는 바로 종택에서 계례를 하고 대례를 치렀다고 한다.

가일마을의 통혼권을 살펴보면 주로 하회, 구담, 천전, 예천 삼강 등이 많다. 심지어 "하회에 가면 전시(모두) 가일댁 뿐이고, 가일에 오면 하회댁 뿐이다", "내앞 사람치고 가일의 외손 되지 않는 이 없다"라는 말이 생길 정도였다고(韓國精神文化硏究院, 『韓國의 鄕村民俗誌』 慶北篇, 1992, 50쪽 참조) 한다. 안동권씨나 순흥안씨들은 마을 내에서 혼인하는 경우는 거의 없었고, 각성바지 중에 마을 내 혼인이 간혹 있었다고 한다.

1970년대까지는 전통혼례가 많이 이루어졌다. 당시에는 마을 내 권영달 씨 댁에 사모관대, 족두리, 가마 등 혼례용품 일체가 보관되어 있었다(권종만[남, 67세] 종손 제보). 하지만 70년대 중반 종손이 혼인할 때쯤부터 신식혼례가 주류를 이루게 되었다고 한다. 시습재 종손은 대구에서 혼례를 올렸고, 부산으로 신혼여행을 다녀왔다. 오는 길에 대구에서 일부러 시간을 보내고 늦게 들어갔다고 한다. 신랑다루기 때문이다. 당시에는 동상례(신랑다루기)가 대단했는데, 장인어른이 신랑 다루는 데는 대파가 제일이라고 사위사랑의 마음을 보여 주었다고 한다.

가일마을에서는 신랑다루기가 대단했다고 한다. 대례를 치르러 신랑이 오면, 여러 가지 핑계를 대어 오랫동안 서서 기다리게 하기도 했다. 보통 30분에서 1시간 정도 세워 놓았는데, 이럴 때면 신랑을 따라온 하인이 "봐 주이소 우리 도련님 다리 아픕니다"라며 사정하기도 했다. 이렇게 뜸을 들이다 신부의 오빠나 삼촌이 신부를 업고 나와 가지고 대례를 치렀다. 가일마을에서는 이러한 신랑다루기(동상례)가 조금 심한 경우도 있었다.

> 우리 웃댄데, 평생 처가에 안 왔어요. 안 오는 분도 있었어요. 처가에 시껍을 해 가지고. 너무 심하게 다뤄 가지고. 뭐 막 죽이는 거야 반은. 잠도 못 자게 하고. 문구멍 뚫버 놔 놓고 솜에다 고춧가루 묻혀 가지고 불 붙여 가지고 부채로 부치는 거야. 심하기도 하고 재미있는 경우도 많았어요. 청년들이 많았고 그 당시에는. -권종만(남, 67세) 종손 제보

혼례의 절차를 살펴보면, 우선 양가에서 의혼과 혼약을 위해 중매가 이루어진다. 가일마을의 사례를 보면 친척들이 주선을 서는 경우가 많았다. 그래서 일정한 지역에 한정된 혼반을 이루고 있다고 볼 수 있다. 주로 안동, 예천 등이며, 간혹 월성 양동마을까지 허혼이 이루어지기도 하였다. 중매가 오고가면 의혼을 위해 상견례가 이루어지는데, 혼인 당사자들은 참여하지 않았다. 즉, 양가 어른들이 만나서 혼인을 약속하면서 음식을 대접하는 것이다. 이러한 의혼이 이루어지면 신랑집에서 혼수와 혼서지, 사주를 보내게 되는데, 흔히 '함 들어온다'고 하는 것이다. 이때 함에는 신부를 맞이하기 위한 폐백과 아름다운 인연을 맺으라는 의미의 수수대와 오색실을 함께 보낸다. 혼서지에는 택일된 날짜가 명시되어 있다. 이것을 마을 안어른들은 '여장지(예장지)'라고도 한다.

대례일이 가까워지면 집안에 따라서 관계례를 거행하기도 한다. 대례가 이루어지기 며칠 전에 일가 어른들을 모시고 관을 쓰고 절을 하는 축소된 관례를 치렀다고 한다. 앞서 소개했듯이 관계례의 전통은

▲ 1950년대 전통혼례

이미 약화되었지만 혼인과 연동하여 축소된 형태로 행해진 것이다. 대례를 치르고 나면 신랑은 신부집에서 사흘 또는 일주일가량 머물게 된다. 만약 사흘을 머문다고 하면, 보통 첫날밤은 신부집에서 자고 다음날에는 인재행이라 해서 신부의 친척집에서 하루 자고 다음날 돌아오게 된다. 가일마을에서는 묵신행이 일반적인 관행이었음을 알 수 있다.

묵신행을 하게 되면 신랑이 재행, 삼행을 하면서 신부집에 다녀간다. 해를 묵힌다는 뜻의 묵신행은 보통 시월에 대례를 치르고 이듬해 봄에 신행을 가거나, 동지 가까이에 대례를 치르고 이듬해 시월에 신행을 가는 식으로 이루어진다. 묵신행을 하는 경우에 신부는 친정에서 시댁 식구들에게 드릴 옷을 짓고 왕골로 만든 초자리를 마련하는 등 시댁살이를 준비한다. 마침내 신부를 데리고 돌아오는 신행이 이루어지면 신부는 가마를 타고 마을로 들어서게 되는 것이다.

[조사자: 할머니는 가마 타고 오실 때 요강 가져왔어요?] 요강 가져오지. [조사자: 거기다 쌀하고?] 쌀, 찹쌀하고 계란 하나 넣고. 그래 가지고 밑에. 그래 가지고 여 시집 오이께네 그릇을 넣어 가지고 계란하고 넣어 가지고 높은 데 올려놓데. 농우에 높은 데. [조사자: 왜 그렇게 합니까?] 높이 보이고, 높이 보이라고 맹, 높이 보이고 맹 뭐, 큰자식 놓으라고 그랬겠지. [조사자: 그럼 그 요강에 담긴 쌀을 그릇에 옮겨 담아서 그대로 얹어 놓는다고요?] 그렇지요. [조사자: 그럼 요강은 어떻게 해요?] 그래면은 그 쌀 가지고 사흘 만에 밥해 먹어. 찰밥. [조사자: 같이 올려놨던 거를?] 그릇에 꺼 덜어가지고 요강에는 많이 담고, 그릇에는 밥그릇에 담아 가지고 계란하고 놓고, 요강에 있는 거는 꺼내가지고 사흘 만에 찰밥 해 먹지. - 정누미(상리댁, 여, 75세) 씨 제보

신부가 가마에 타고 오면서 요강에 찹쌀과 달걀을 가져와서 사흘 동안 농 위에 두었다가 밥을 해 먹는다는 풍속이다. 표현에서는 요강으로 이야기되고 있지만, 일반적인 사례들과 견주어 보면 용단지를 들고 시댁에 들어오는 것을 뜻하고 있음을 알 수 있다. 즉, 처가의 복을 시댁으로 옮겨 오는 것이다.

시댁에 가매가 들어오만, 짚을 요만큼쏙 묶어 가지고 양짝에 요래 놓고, 인제 아무 탈 없이라고 그래지. 탈 없이라고 이래 불을 해 노만, 가매 미는 이가 불을 이리저리 획 끄고, 발로 이리저리 해가 꺼 주고 들어오지. [조사자: 아, 가마 메는 사람이 발로 끄고 들어오는 거예요? 그거 말고는요?] 그거 말고는 뭐, 인제 가매를 메고 들어오만, 문 앞에 이래 대만, 맨 처음에 인제 감주물이나, 감주물이나 끓여 가지고 서 가주 있다가 색시를 요래 믹이지 왜, 가매 문을 열고, 요래 열고 마시지. 세 번을 쪼매큼쏙, 그래. [조사자: 왜 그렇게 합니까?] 그래 아무 탈 없고 좋으라고 그래지. 좋으란 뜻에서 주지. - 정누미(상리댁, 여, 75세) 씨 제보

9장 의례와 신앙을 통해 본 가일마을의 특성 _ 243

감주를 마시고 나면 안방으로 인도되어 큰상을 받게 된다. 가장 화려한 치장을 하고 가장 아름다운 모습으로 가장 귀한 대접을 받는 절차다. 물론 이후 시작될 시집살이가 두렵긴 하지만 신부에게 있어서 이 날은 최고의 날이다.

큰상 받으만 땅콩 겉은 거도 일일이 반으로 쪼개서 며칠을 괴어 가지고 큰상을 받았지요. 우선 사당부터 인사드리고 다음날부터 안어른들에게 인사드리러 다니고 했지요. 종부니까 특히 더 했지요. - 권종만(남, 67세) 종손 제보

마을 어른들이 경험한 혼례는 다양한 양상을 띠고 있다. 한국사회가 격동하던 시대에 놓여 있었기 때문이다. 그러나 외양은 크게 바뀌었지만 혼례의 이념적 기반들은 상당 기간 유지되었던 것으로 보인다. 최근까지도 혼서지를 주고받는 경우도 나타나고 있으며, 폐백의 절차 역시 지속되고 있다.

예전에 시집오는 적에는 혼인 말이 양짝에서 뭐, 지금은 서로 보고 하지만은, 예전에는 보는 것도 없고, 서로 보도 안 하고 어른들 말만 듣고, 또 양반만 따지고, 양반만 그거 따지고 대대로 양반이 또 인제, 사람이 사다 보만, 나이 많애 가지고 50~60대나 보만, 안양반이 안에 여자가 죽는 수가 있잖아. 죽는 수가 있으만, 꼬꼬재배는 그래도 처녀를 데리고 왔어. 예전에 못사는 집이나 그런 집에는 데리고 왔어. 꼬꼬재배를 하만 그래 대우를 받지만은 혹시나 딴 집에 시집가서 사다 오는 그런 사람이 있을 수도 있잖아. 그런 사람들하고 사만 대접을 못 받고 [조사자: 꼬꼬재배는 시켜 줍니까?] 꼬꼬재배는 없지. 안 시켜 주고, 또 없고, 거서 또 자손이 나잖아요. 자손이 나면 서자라고 안 알아준다고. 큰제사 문중제

사 큰제사 지낼 때는 제관들이 많잖아요. 서자한테 거 못 가고 축 밑에 내려서라 그래요. 그게 예전에는 그렇게 살았어. 요새는 뭐, 양반도 없고, 상민도 없고 사지만은 예전엔 그게 엄했잖아요. -정누미(상리댁, 여, 75세) 씨 제보

상처를 해서 재혼을 할 때에도 처녀를 데려올 때에만 꼬꼬재배를 했다는 이야기다. 꼬꼬재배를 하지 못하면 대우를 받지 못하고, 그 자녀 역시 서자로 차별을 받았다. 혼례와 관련하여 지켜져 온 엄격한 규범을 설명하고 있다. 엄격한 신분제의 질서를 엿볼 수 있는 대목이다.

가일마을에서 혼례와 관련하여 현재까지도 유지되고 있는 행사는 며느리를 들일 때 결혼식 전날 벌이는 동네잔치다. 주로 국수를 대접하는데, 반드시 손국수를 만들어서 대접한다고 한다. 이는 혼례의 장소가 시내 예식장으로 바뀜에 따라서 식장까지 갈 수 없는 어른들을 대접하기 위한 행사로 볼 수 있다.

3) 회갑, 칠순 등의 축수의례

회갑, 칠순, 팔순 등의 축수의례는 가족의 행사이기도 했지만, 특히 동성마을에서는 대단한 마을 행사로 여겨졌다. 하지만 고령화된 현대사회에서는 이러한 축수의례가 갖는 의미가 대폭 축소되었다. 또한 의례의 방식 역시 상당한 변화를 보이고 있다. 이전에는 마을 전체의 행사가 되기 일쑤였지만, 현대에는 가족 중심으로, 또는 당사자들의 여행 등으로 바뀌었다. 가일마을에서도 역시 환갑례는 거의 이루어지지 않는다. 칠순 같은 경우에도 마을 내에서 잔치를 벌이는 경우는 거의 없고, 주로 안동시내 식당이나 뷔페에 나가서 행사를 치른다고 한다.

마을에서 벌였던 전통적인 축수의례를 살펴보자. 1970년대 이전까지는 전통적으로 네 가지 고기를 장만해서 잔치를 크게 벌였다고 한다. 소고기, 돼지고기, 닭고기, 개고기 등을 갖추어야 제대로 된 잔치로 인정받을 수 있었으며, 마을 주민들은 주로 달걀, 감주, 탁주 등을 현물로 부조했다고 한다. 간혹 현금으로 부조를 하기도 했지만 상당히 예외적인 경우였으며, 대부분의 권씨나 안씨들은 일절 부조금을 받는 일이 없었다고 한다. 아래의 「환갑노래」는 당시의 흥겹고 떠들썩한 잔치의 양상을 잘 보여 주고 있다.

　　어와 세상 벗님네야 이내말좀 들어보소
　　진사급제 우리영감 동네건아 내아들아
　　만고 효부 내 며늘인가 만고효녀 내딸인가
　　일월성가 내딸이야 동방화초 내 손자야
　　북방하초 내 손녀야
　　살기 싫은 시집살이 무명길쌈 하나보니
　　그간 61년 되엿구나
　　압록강에 들온배는 친구벗을 싣고오고
　　뒷록강에 들온배는 소주약주 싣고오네
　　동자야 술부어라 소야모야 모인 친구
　　빠짐없이 접대하라 한잔술에 눈물난다
　　시오시오 받으시오 한잔술에 눈물난다
　　시오시오 받으시오 이술한잔 받으시오
　　만족만족 놀아보세 술이취해 못놀겠네
　　배가고파 못놀거든 탁주청주 잡으시고
　　술이적어 못놀거든 소주약주 잡으시고
　　만족만족 놀아보세 오늘해가 가고보면

다시못올 시절일세

『한국의 향촌민속지』에 소개된 미울댁(여, 1991년 당시 70세)의 규방 가사 한 대목이다. 환갑잔치를 맞이한 기쁨과 넉넉함이 잘 드러나고 있다. 가일마을에서는 종손의 경우, 환갑 때는 간단히 친지들과 식사만 했고, 부인 환갑에 맞추어 제주도 여행을 다녀왔다. 또한 안기경(남, 82세) 어른 역시 환갑 때 여행을 다녀왔고 칠순, 팔순 잔치도 가족끼리만 조촐하게 했다고 한다. 가일에서는 환갑, 칠순 잔치보다는 일상적인 생일잔치가 활성화되어 있다. 집안 어른의 생일이 되면 마을어른들을 초대하여 식사를 대접하는 형태가 현재까지도 보편적으로 전승되고 있는 것이다.

4) 간소화되고 있는 상례

동성마을로 자리 잡고 있는 가일마을에서 상장례는 마을 전체의 행사로 인식되었다. 하지만 해방 이후부터 신분제가 사라짐에 따라서 종가를 중심으로 했던 질서는 해체되었다. 결국 이때부터 안동권씨의 신종계, 순흥안씨의 행상계, 각성바지들의 상두계로 분화되었다. 상례의 시공간이 병원으로 바뀌어 감에 따라서 몇 번의 변천과정을 겪었고, 현재는 겨우 명맥만 유지하고 있다. 40여 년 전까지만 해도 '대도듬(상여가 나가기 전날 빈 상여를 메고 소리 연습을 하는 것)'도 하는 등 마을 공동의 행사 성격을 띠고 있었지만, 점차 그러한 분위기는 사라지고 상장례 절차가 간략해지게 되었다.

[조사자: 어른들 먼옷은 언제부터 준비를 해요?] 뭐, 그기사 대중없지.

한 육십만 넘으면 안 할리껴? [조사자: 아, 어른이 육십 넘으면 준비하는 거예요?] 예전에는 육십 전에 하겠지. 육십 전에 안 할라? 예전엔 이꾸 안 살았잖니껴? 환갑 사만 많이 산다 이랬어. 예전에는 뭐 돈 있는 사람은 육십 전에 준비가 있을 끼고, 없는 사람은 돌아가시만 후닥딱 하는 사람도 있고 예전에는 종우옷도 입고 가는 이도 있었어. 문종우옷. 예전에는 못사이 도리가 없잖아요. [조사자: 이 동네도요?] 이 동네는 잘 몰라도 어쨌든 예전에는 그랬어요 우리 클 때 보이께로 속에 옷은 종우로 해 입히고, 겉으로는 밍주나 삼베 해가 입히고. 뭐, 행상하기도 바빠 가지고 지게를 지고도 가는 사람은 수타 많앴고, 예전에는 그랬어요. 지금은 뭐 못 살아도 병원으로 가니까. -정누미(상리댁, 여, 75세) 씨 제보

육십 세를 전후해서 미리 수의를 준비하는 관습을 설명하고 있다. 수의는 주로 윤달에 마련한다고 한다. 일제강점기까지만 해도 권씨 문중의 경우 유월장留月葬이라고 해서 달을 넘겨서, 길게는 100일까지도 상례를 치뤘다고 하며, 여막도 짓고 참 조신하게 상을 치렀다고 한다. 한 예로 서울 중앙고보 재학 중 항일운동을 하다가 옥고를 치르고 요절한 권오운 지사의 경우를 들 수 있다. 11월에 돌아가는데 공동묘지에 토롱으로 해 놓았다가 이듬해 3월에 장례를 치렀다고 한다. 당시 수많은 조문인파가 몰려서 만사가 밭 하나를 가득 채울 정도였다고(권장[남, 63세, 족보이름 용대] 씨 제보) 한다.

이때에는 시신의 보관을 위해 '토롱'을 만들어서 밭에 설치하여 놓았는데, 이를 '외빙한다'고 한다. 관을 짚과 흙으로 덮어서 보관하는 형태다. 또한 아무리 상기를 줄여도 4일 성복에 5일장, 또는 7일장, 9일장 등이었다고 한다(권종만[남, 67세] 종손 제보). 가일마을에서는 동성마을의 특성을 반영하듯이 부고장을 친인척에게만 보내는 것이 아니라,

인연이 있는 각 문중에도 보냈다. 또한 묘 쓸 곳도 지관을 통해 미리 봐 두고 상례 절차가 시작되면 장사지(택일지라고도 하는데, 지관이 발인일시, 묘의 위치, 묘 깊이와 방위, 상여가 장지에 도착해서 머무는 자리의 방위, 여막의 방위, 하관일시, 하관시에 축을 맞을 가능성이 있어 피해야 할 사람들의 간지 등을 밝혀 기록하여 둔 문서)를 작성하여 만전을 기할 정도였다.

병곡 종택 종손의 경우, 조부는 7일장, 선고는 5일장(1975년), 모친은 3일장(1984년)으로 상례를 치렀다고 한다. 또한 종가집은 상여계에 들지 않았다고 한다. 상여계에 들지 않아도 종가집의 일에는 마을주민 모두가 자발적으로 참여했기 때문이다. 종가의 권위가 드러나는 대목이다.

마을주민들이 기억하는 상례는 우리가 「축제」나 「학생부군신위」와 같은 영화에서도 보았듯이 한판의 축제였다. 물론 호상일 경우다. 특히 마을 소임이던 털보영감(권종선, 안동시내에서 들어옴)의 선소리와 재담은 전국에 내놓아도 손색없을 정도로 대단했다고 한다. 특히 한문에 조예가 깊어서 노래의 문서가 많았을 뿐만 아니라 상당히 박식한 내용으로, 심금을 울리는 회심곡을 듣는 느낌이었다고 한다. 상례기간 밤에는 흰죽을 끓여 온다. 특히 발인하기 전날에는 상두꾼을 뽑게 되는데, 상두꾼에게는 풍년초 한 봉지와 명태 한 마리가 지급되기 때문에, 형편이 어려운 집에서는 너도나도 상두꾼이 되고자 하였다고 한다.

5) 합리화를 지향하는 제례

가일마을의 제례는 불천위제를 올리고 있는 종가의 예법을 기준으로 해서 이루어지는 안동권씨의 제사 형태와, 권씨들과 구별 짓기를 시도하는 순흥안씨의 제사 방식으로 구분된다. 확연하게 차이를 보이는 것은 단설과 합설 문제다. 권씨 문중에서는 고위考位와 비위妣位를 따로 단설로 모시고 제사를 지내는 데 비해서, 순흥안씨의 경우에는 제사 때마다 합설로 모시고 있다.

안동권씨의 제례는 크게 불천위제不遷位祭, 기제忌祭, 시제時祭, 차례茶禮 등으로 구별할 수 있는데, 병곡 선생의 불천위 제사를 기준으로 삼고 있다. 이 중 동성마을의 특성을 잘 드러내는 제사 형태로 시제를 꼽을 수 있다. 음력 10월 1일부터 10일간 벌어지는 연속된 묘사는 문중의 주요 성원들이 결속력을 강화하고 문중의 결집력을 드러낼 수 있는 효과적인 장치다. 2005년 11월 7일에 행해진 묘사의 사례를 통해 가일마을 제례의 특성을 살펴보자.

병곡 선생을 비롯한 인근 묘에 대한 시사는 해당 지파들을 중심으로 준비되었다. 전날 유사들이 장을 봐 오고 마을입구에서 가게를 하는 후손이 제수를 장만하였다. 묘사 날 아침 10시경 문중의 어른들이 도포를 입고 하나둘씩 종가 사랑방에 모여들었다. 아무리 나이 많은 어른들이 있어도 종손의 권위는 철저하게 지켜지고 있었다. 자리배치에 있어서도 상석을 내주었고 종손의 말에 모두 경청했다. 제사시간을 기다리면서 이런저런 얘기들이 오갔는데, 대부분 문중 일에 관한 것이었다. 일전에 관리를 제대로 하지 못해 되찾지 못한 위토를 어떻게 돌려받을 것인지, 10월에 거행한 막난 권오설 선생 관련 학술대회 결산 문제 등이 주요 논의 주제였다.

종손은 미리 컴퓨터로 축문을 작성해 프린트해 놓았다. 변화하는 시대에 맞추어 가는 것이다. 시간이 되어 묘 있는 곳으로 출발했다. 유사들은 제수를 경운기에 실고 묘 있는 곳으로 바로 왔다. 제일 먼저

▲ 시사 지내는 모습

지냈다. 오래 전부터 특정 위치에 설단을 만들어 놓았기 때문에 제를 지내는 과정에 막힘이 없었다. 다음은 산신제 축문이다.

「山神祝」
維歲次 乙酉十月 庚寅朔 初六日乙未 幼學安東權五兌
敢昭告于 土地之神 恭修歲事于
九代祖考 宣敎郞府君 九代祖妣 宜人豊山柳氏
八代祖考 贈 資憲大夫 吏曹判書兼 成均館祭酒
侍講院贊善府君 八代祖妣 贈 貞夫人 載寧李氏
七代祖考 折衝將軍 龍驤衛副護軍 府君 七代祖妣
淑夫人 禮安李氏 六代祖考 處士府君 六代祖妣
孺人 順天金氏 六代祖妣 孺人豊山柳氏 之墓
維時保佑 實賴神休 謹以淸酒脯醢 恭伸奠儀 尙
饗

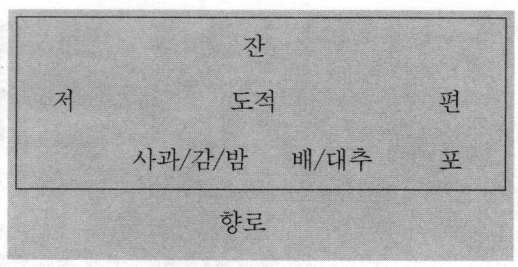

<시사 산신제 진설도>

묘사를 지내가면서 종손은 이동할 때 향과 향로를 직접 챙겨서 들고 다녔다. 그리고 순서대로 제사를 지내야 하지만 참사자들의 동선을 고려해서 순서를 바꾸기도 하였다. 묘사를 지내는 동안에도 문중의 어른들은 조상들의 업적이나 사건에 관해, 사실 관계 등에 관해 끊임없는 토론을 벌였다. 묘사의 현장에 있기 때문에 더욱 적극적인 의견 개진 등이 이루어져 논의가 활발해지는 듯했다. 다음은 병곡 선생 묘사의 축문과 진설도陳設圖다.

「屛谷 先生 墓祀 祝文」
維歲次 乙酉 十月 庚寅朔 初六日乙未 十代孫
鍾萬 敢昭告于
顯 先祖考 贈 資憲大夫吏曹判書兼 成均館祭酒
侍講院贊善府君
顯 先祖妣 贈 貞夫人 載寧李氏 之墓
氣序流易 霜露旣降 瞻掃封塋 追遠感慕
謹以淸酌 歲事 尙
饗

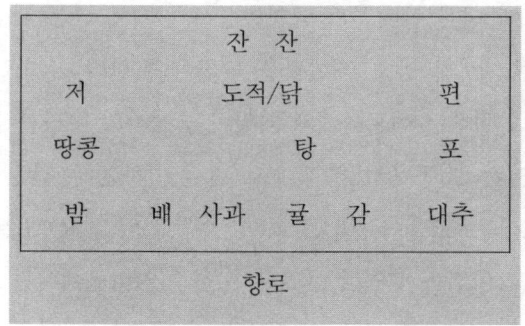

<병곡 선생 묘사 진설도>

제차는 '진설-분향-강신-참신-초헌-독축-아헌-종헌-첨잔-정저-국궁-재배-음복' 순으로 진행되었다. 묘사를 마치고 마을입구 가게집 뒷방에서 음복을 했다. 미리 준비한 탕국과 비빔밥, 막걸리 등이 준비되어 있었는데, 종손을 위한 상은 독상으로 차려졌고, 안쪽에 상어른들의 상, 중간어른들의 상, 중장년들의 상 등이 준비되었다. 문중 어른들의 토론은 음복 자리에서 더욱 열띠게 벌어졌다. 특히 풍

▲ 독상을 받는 종손

산유씨 묘에 대한 안씨들과의 외손봉사 문제에 많은 관심을 보였다. 더 이상 물러서지 말고 초헌관을 되찾아야 한다고 강조한다.

묘사에 참여했던 어른들에게 가일마을 제사의 특징을 물어보니, 가일마을에서는 '조동율서棗東栗西'로 진설을 하는데, 같은 일문이라도 서후 쪽에서는 '조율이시棗栗梨枾'에 맞추고 있다고(권오걸[남, 83세] 어른의 제보) 차이점을 설명해 주었다. 또한 가일마을에서는 묘사는 합설로 드리고, 불천위 제사와 기제사는 단설로 모시고 있다고 한다. 어른들은 물론 가가예문이라는 말을 빠뜨리지 않았으며, "도랑 건너 집사 마라"는(권오걸[남, 83세] 어른의 제보) 말로 표현하기도 하였다.

다음으로 기제사를 살펴보자. 현재 종가의 기제사는 종손의 2대 조상까지만 모시고 있다. 1970년대 후반 부친 길제시吉祭時에 3·4대조 조상들의 신위까지 함께 조매祧埋했기 때문이다. 이는 당시 문장 역할을 하던 화천할배(정남 권오근)가 주장해서 추진된 일이다. 따라서 현재 시습재 종택의 사당에는 병곡 선생 불천위, 조부모, 부모의 신위만 모셔져 있다. 이러한 제사의 축소는 한국사회에서 일반적인 흐름이다. 1969년도에 제정되었고 1973년에 보다 강력하게 시행되었던 「가정의례준칙」에도 2대 조상까지만 모실 것이 명문화되어 있다. 아마도 당시의 의례 간소화 분위기와 젊은 종손과 종부를 아낀 화천할배의 결단이 있었을 것으로 판단된다.

보통 안동 지역 제사의 간소화는 3가지 방향에서 이루어진다. 첫째, 불천위제나 기제사의 고비위를 선고 제일로 합설시켜 한 번으로 통합하는 방법, 둘째, 제사 대수를 3대, 2대로 낮추는 방법, 셋째, 입제일 밤에 제사를 모시는 것이 아니라 파제일 초저녁에 제를 지내는 방법 등이다. 결국 가일마을에서는 둘째, 셋째 방법을 도입하여 제례를 간소화하고 있음을 알 수 있다.

  제사를 간소화한다는 것이 봉제사奉祭祀의 의무에 불충하다는 의미는 될 수 없다. 제사를 간소화함으로써 현재를 살아가는 후손들이 보다 극진한 마음으로 조상 제사에 임할 수 있다면 상황과 조건에 맞는 제사 형태를 만들어 가는 것이 더 바람직할 수 있는 것이다. 특히, 병곡 종택의 경우에는 불천위제사가 고정적으로 잡혀 있기 때문에 불천위로 대표되는 윗대 조상들에 대한 제사와 면식이 있는 조상들에 대한 기제사로서의 봉제사 의무를 조건에 맞게 다하고 있다고 볼 수 있을 것이다.

  이와 같은 변화는 안동의 여러 유력 성씨로부터 이미 시작된 지 오래다. 다만 이러한 변화를 어떻게 받아들이느냐 하는 것은 더 이상 숨기거나 할 것이 아니라, 상황과 조건에 따른 분명한 명분을 제시하고 현대사회에 적응해 나가는 과정임을 설득해 나가야 할 것이다.

3. 가일의 집지킴이와 마을지킴이

1) 집지킴이

  먼저 전통적인 가신신앙을 살펴보자. 약 30여 년 전까지만 해도 대부분의 집에서 성주, 삼신, 조왕, 터주, 용단지 등을 모셨다고 한다. 특히, 성주와 삼신, 용단지는 한 집안의 유지 발전과 밀접하게 연관되어 있는 것으로 인식하였다. 성주고사를 지낼 때에는 대주, 즉 집안의 남자 어른이 직접 제관으로 나서서 절을 드리곤 했다고 전한다. 또한 성주신앙의 이면에는 일정한 사회적 경제적 기반을 확보하고 있는 집에서나 모실 수 있었다는 제보로 알 수 있듯이, 유가적 풍토와 상당 부분 연결되었다고 보인다. 즉, 종법의 체계화와 상통하는 대주 중심의 신앙이라는 점에서 일정한 합의가 이루어진 것으로 판단된다. 가일마을에서 가장 강조되고 있는 가신은 삼신三神이다. 다양한 사례를 살펴보자.

우리 시조모가 옛날에 명주 있어, 명주, 명주 있는데 그걸 한꾸리를 뒀대. 한꾸리를 비가지고, 섣달에 목욕을 하고 그래가주 우리 시조모가 혼자서 섣달에 저 정상 대백에, 당마당이 얼마나 먼데, 그래가주고 밤에 혼자 올라가셨대, 목욕재계를 하고 섣달에 찬물에다가 목욕을 하고 밤에, 옛날에 자슥 못 낳으면 쫓게 가거든. 그래 가주 올라가주고 밤새도록 절을 하고 밤중 되가 닭 우는 소리가 나더래. 그래가 내려오셨대. 맹주꾸리를 다 풀어서 여기서부터 풀면서, 우리 큰집 그때는 여기 살았거든, 이 기와집에 바로 이짝 집에 살았는데, 꾸리를 풀면서 사무 올라갔는데 바람이 솔솔 불어도 낭기 하나 안 걸리고, 또 내려오면서 그 꾸리를 비는데, 다 풀어서는 내려오면서 다 비는데도 낭기 하나 안 걸리더란다. 그래 가지고 그달부터 태기가 있어 가지고 아들을 삼형제를 낳았는데, 우리 큰집에 영우네 할배래. —전옥매(영주댁, 여, 75세) 씨 제보

가일마을 가신신앙의 특징은 가신신앙이 마을공동체 신앙과 밀접한 연관을 맺고 있다는 점이다. 특히 삼신을 당마당으로부터 받아 온다고 인식하는 점이 그러하다.

그래 우리 큰아들은 둘칠 날 우리 아버님, 아들 할아버지가 섣달 열사흘 날 났는데, 둘칠 할쯤에 돼지를, 돼지고기를 설에도 쓰고 한다고 한 여남근 사 가지고 오셨는데, 그게 인제 상가집 돼지라. 그게 부정을 타 가지

고 애가 잠을 안 자고, 한 달 동안 울고 저녁으로 울고 킬룩거리고 잠을 안 자고 그랬는데, 내가 꿈을 꾸니까 상가집에 인제 상주가 둘이가 아이고 아이고 카면서 지팡이를 짚고 그게 자꾸 꿈에 몇 번 보이는 기라. 그래 가지고 누구가 보살이 어디 왔다 카더라고 그래 가주고는 한번 물어본다고 할머니가 그러니까. 시어머님이 물어본다고 그러니까. 그래 어머님을 막 뭐라 그면서 부정이 탔다면서, 그래 가꼬 낼 아침에 삼신에 인제 물하고 밥하고 미역국하고 잘못했다고 빈다고, 저녁에 미역을 담궈 놓고 그랬는데 그날 저녁에 애가 잠을 잘 자더라. 애가 잠을 잘 자고 그런데 아침에 미역국 끓이고 밥도 쌀밥해 가지고, 그래 벌물을 소금하고 고춧가루하고 타 가지고 우리 아버님이 잘못했다고 벌물을 잡숫고 인제 막 할매요 잘못했니더, 잘못했니더 카매 절을 하고, 그래가 나았다 카이께. – 유외숙(웃천댁, 여, 60세) 씨 제보

상가집 고기로 인해 탈이 난 아이를 삼신에게 빌어서 나았다는 이야기다. 집안 할배가 벌물을 먹고 빌어 낫게 되는 과정은 손자에 대한 애정을 잘 드러내고 있다. 또한 가일마을의 가신신앙 형태 중 특이한 것이 있는데, 바로 칠석날 우물을 치고 국수를 제수로 올리는 형태다.

근데 우리들 할 때 칠월칠석날 샘을 쳐요. 그래서 밑에 인제 낙엽이나 밑에 떨어진 거 건져 내고, 그때는 우물신에 모친이 국수를 해요. 국수를, 칼국수를 해서 삶아서 건져서 요새 이런 기계국수 아니고 그걸 갖다 놨다가 먹어요. [조사자: 그것도 먹어요? 식구들이?] 그 대신 우물신에는 놋그릇은 안 가져가요. 질그릇은 가져가도. 사기그릇은 가져가는데 그 내용 뜻은 모르는데, 놋그릇 가지고 우물에 가면 야단맞아요 왜 그런지는 몰라 과거에 무슨 뜻이 있었는지는 몰라요. [조사자: 국수는 왜 가져가요?] 국수는 따지고 보면은 옛날에 국수가 오래 길지? 물이 안 마르고 오래 있어 달라는 그 말이에요. – 권원탄(남, 68세) 씨 제보

샘을 치고 난 뒤 국수를 제수로 올렸다가 그것을 식구들이 먹는 형태다. 물(용왕)이라고 하는 것과 국수라고 하는 상징이 만나서, 물은 물대로 풍요를 보장받고 명은 명대로 받는 일석이조를 지향하고 있다.

다음으로 기성종교로 분류되고 있는 불교와 기독교에 대해 간략히 살펴보자. 가일마을은 신앙과 관련해서 상당히 역동적인 양상을 보여준다. 민속신앙뿐만 아니라 다양한 종교가 가일마을과 관련되어 있음을 알 수 있다. 먼저 불교와 관련하여 지곡사, 연등골, 옥정사 등이 마을에 자리 잡고 있었다는 점을 꼽을 수 있다. 종손이나 권원탄 씨는 작은 정산 쪽에서 절이 있었던 주춧돌을 보았다고도 하고, 권중영, 권용국 씨 등이 인근 지역에서 금동불을 발견하기도 했다고 증언한다.

또한 마을회관에서 오른쪽으로 돌면 마을 뒷산에서 이어져 내려오는 낮은 산자락 조금 높은 곳에 조립식 건물이 보이는데, 이곳이 바로 가일교회다. 가일교회는 1930년경 대한광복회에 군자금을 제공했던 권영식이 결핵환자 치료를 위해 미국인 선교사를 초빙하면서 설립되

▲ 가일교회

었다. 당시 초빙된 선교사는 옥호열(Harold Voelkel)이었다. 이렇게 설립된 교회는 선교와 더불어 의료봉사를 해 주었는데, 한국전쟁 당시 소실되었다.

그 후 1957년에 다시 설립되었는데, 현재 한 명의 전도사가 목회 활동을 펴고 있다. 조그마한 시골의 교회로 교인의 수는 6명이고 유년 주일반 및 중등부 학생들도 5~6여 명이 더 있다고 하는데, 대부분 타성 씨들이다. 연중행사로는 1년에 한 번 있는 부흥회가 있지만, 이것으로는 교회의 발전을 기대할 수 없는 상황이라고 한다. 이는 가일마을뿐만 아니라 많은 농촌마을에서도 일어나고 있는 현상으로 마을의 주민들, 특히 젊은이들이 교육이나 직장 등의 문제로 대도시로 많이 떠나고 있기 때문이라고 하며, 전체적으로 마을주민들의 참여도는 높지 않은 편이다.

2) 마을지킴이

안동 지역에서 동성마을의 공동체신앙은 하회, 하계, 소산, 내앞 등의 사례에서 알 수 있듯이 세거 성씨들과 타성들간의 타협과 조화를 지향하고 있다. 마을사회가 지연공동체로서 지니는 정체성이 바로 동제에서 잘 드러나기 때문이다. 가일마을의 동제는 30여 년 전(마을주민들은 1972년경이었다고 기억하고 있다)에 중단되었지만 요즘 들어 동제를 되살리고자 하는 노력이 진행 중이다.

가일의 동신은 산신, 서낭, 할배 등으로 일컬어진다. 마을주민들은 보통 당마당이라고 부른다. 흥미로운 점은 가일마을의 앞산인 화산을 주산으로 삼고 있는 하회의 동신과 내외를 이루고 있다는 이야기가 가일에 전승되고 있는 것이다. 가일의 주산이 정산이고 앞산이 화산이기 때문인 것으로 설명되기도 하고, 역사적으로 이루어져 온 하회유씨와의 통혼 관계에 의해서 자연스럽게 형성된 담론인 것으로 파악될 수도 있다. 다음 이야기는 이를 보다 구체적으로 밝히고 있어 주목된다.

> 그래 인제 풍경(방울)을 가져가야 하회탈놀이를 했거든요. 근데 말로는 어떻게 하냐 하면은, 하회에서 탈놀이를 한다 카면은, 가일당에서 풍경이 하회당으로 스스로 풍경이, 귀신이 와서 보내 준데. 그런데 그것을 요새 현대에 추측을 하면은, 밤중에 와서 모셔 갔는 거야. 그르이 다른 사람 모르지. 밤중에 없던 게 아침 새벽에 올라가믄 나와 있으니까. 밤중에 와서 모셔 가서 탈놀이를 했다 이거래. 그러이 스스로, 풍경이, 바로 보이니까 날아갔다 캤거든. 지금 하회탈놀이에서는 그 말 한 마디 없어요. —권원탄(남, 68세) 씨 제보

또한 다음 이야기는 하회마을과의 친연성을 강조하면서 거의 한마을, 한핏줄과 다를 바 없다고 이야기한다.

> 하회하고 가일하고는 성만 다르다 뿐이지, 피가 섞인 건 반반이래. 성만 다르지 한자손으루 같이 보믄 돼. 저 할배 저 할배 전부 하회 외손이고, 우리도 전부 다 하회 외손이고. 여도 저룰 가구 또 오고가고 해 가지고 성만 다르다 뿐이지 전부 고만 따지면은. —권대인(남, 61세) 씨 제보

그러나 하회 여서낭당과의 관련성은 몇몇 제보만 있을 뿐, 문헌자료나 분명한 증거를 확보하기 어려운 상태다. 병곡 종손 역시 11대 조모님(서애 선생의 증손녀)이 하회에서 시집왔고, 본래 하회마을의 주산인 화산도 가일마을 소유였는데 유씨들에게 내주었다고 주장하기도 한다.

▲ 가일마을의 서낭당(당마당)

　가일마을에서 모시는 동신은 네 군데로 분산되어 있는데, 먼저 마을 좌측 산중턱에 커다란 소나무가 대여섯 그루 모여 있던 곳으로, 그 곁에는 두 칸짜리 당집이 있다. 두 번째로는 마을입구 저수지 곁에 아름드리 느티나무가 있는데, 이 나무 옆에 1미터 정도 높이의 자연석이 서 있다. 그 다음 세 번째로는 마을입구에서 초등학교로 가는 길에 황새머리라고 부르는 곳에 돌이 하나 더 있었다고 하며, 마지막으로는 마을 뒤쪽에 있는 수곡 종가의 담벼락 아래에 돌이 있는데, 이 돌들은 당마당의 나무와 구별하여 거리당이라고 불렀다고 한다.

　서낭당, 산신당, 당마당, 서낭할배, 산신할배 등으로 불리는 정산 기슭의 동제당은 막돌쌓기로 낮은 울타리를 만들고, 돌로 쌓아 맞배지붕만 얹은 두 칸 건조물이었다. 목재 기둥이나 벽면 없이 돌을 쌓아 놓고 지붕만 기와로 얹은 상당히 독특한 형태다. 1972년 마지막으로 동제를 지내지 않게 되자 관리가 소홀해져 현재는 지붕이 내려앉았다. 안기경 씨의 제보에 따르면 두 칸 중 오른쪽 칸은 전사청 같은 기능을 했고

▲ 수곡고택 앞 옛 신체

왼쪽에 신을 모시고 제를 지냈다고 한다.

다음으로 거리당을 살펴보자. 거리당은 마을입구를 지키는 조산의 기능 외에 비보의 역할을 담당하고 있다. 즉, 가일마을 정산의 형국이 여근의 형상이기 때문에 여근의 음기와 조화를 이룰 수 있도록 남근석(양기)을 세운 것이다. 이러한 양상은 안동 영남산의 여근 형국에 대한 비보풍수와 상당히 흡사한 형태를 보여 준다. 이는 영남산의 사례와 같이, 작은 정산 쪽에 옥정사란 절이 있었고 그 근처에 옥정 약수가 있어 물을 얻으러 오는 이들이 마을입구까지 늘어서 있었다는 데에서 확인할 수 있다. 여러 제보자의 의견들이 분분하기는 하지만 수곡고택 담 앞에 있는 돌 등이 모두 남근석이었을 가능성도 있다. 어쨌든 정산의 서낭당과 마을입구의 거리당이 조화를 이루며 마을을 수호하였음은 분명한 사실이다.

▲ 마을입구 남근석과 당목

▲ 정산과 마주 보고 있는 남근석

그걸 뭐라 그랬냐 하면은 남근석이라 했어. 남근석이라고. 그게 왜 그러냐 하면은 동네 형국이 남근석이 있어 가지구 여근형이기 때문에. 그래서 거 남근석이 있는 거지. 거리당에는 돌 표시 고 옆에 보면은 남근형의 쪼그만 게 있어. 거 왜 그냐면은, 이 동네 형상이 여근상이라. 여근상인데, 여근상이라도 다리를 벌리고 있는 여근상이라 말이지. 그래서 벌린 여근상은 그걸 달래기 위해서, 말하자믄 달래 줘야 된다 말이지. 그래 그러믄은 남근이 필요할 거 아이래. 거 항상 남근이 있으믄 그걸 달래서 수습해서, 안정을 하도록 하기 위해서, 그걸 예방하기 위해서 인제 그걸 한단 말이래. 안 그래 놓으믄 여 항상 인제 다리를 벌리고 뭔가 자꾸 그래, 음기가 너무 세기 때문에 그걸 방지하기 위해서 남근석을 세웠어.
— 권오식(남, 79세) 씨 제보

가일의 풍수지리와 관련해서 또 다른 두 가지 설이 있는데, 정산과 우측의 작은 정산 사이 골짜기가 움푹 패어 있어, 인물은 많이 나는데 중도하차하는 경우가 많다는 것이다. 권오식 어른은 이를 역사적인 사건들과 연결시켜 설명한다.

> 그래 7대 동안에 금부도사가 세 번 내린 집은 영남에서 우리집뿐이라. 연산 갑자사화, 중종 기묘사화, 영조 무신사화. 그래 7대 동안 금부도사가 세 번 왔어요. -권오식(남, 79세) 씨 제보

쟁쟁한 문중인물들이 사화에 연루되는 것은 바로 풍수의 문제 때문이라는 인식이다. 또 다른 한 가지 설은 마을의 형국이 학(봉황)이 목을 길게 빼고 날개를 편 형상인데, 지곡지를 확대하는 바람에 학의 머리가 물에 젖어서 마을에 좋지 못한 일들이 많이 일어난다는 것이다.

위와 같은 여러 풍수 인식은 가일마을의 역사와 마을의 환경적 조건을 연결지어 생각함으로써 좋지 못한 역사적 사건들을, 인간의 힘으로는 어쩔 수 없었던 불가항력적인 것으로 간주하고자 하는 담론을 잘 보여 준다. 또한 여근곡에 대해 남근석을 세웠듯이 앞으로 풍수적으로 부족한 부분을 채워 간다면 더욱 좋은 일들이 생길 수 있다는 인식도 엿볼 수 있다.

가일마을의 동제는 1972년까지 지냈다. 마을주민들은 동제가 없어지게 된 원인 중 하나로 기독교, 천주교인들의 갹출 거부를 꼽는다. 1960년대까지만 해도 제비 마련을 위해 마을의 젊은이들이 지신밟기를 하면서 걸립을 했다. 걸립을 하면 마을주민들은 쌀, 보리 등의 곡식을 내주었다고 한다. 보통 한 되 정도이지만 정해진 것은 아니고 각자의 성의에 따른 것이다. 이때 "눌리세 눌리세 지신 지신 눌리세" 등을 외치며 지신밟기를 했다고 한다.

보통 제관은 안동권씨 1명, 순흥안씨 1명이 맡았고, 유사와 허드렛일은 타성에서 담당했다고 한다. 제사는 유교식 독축고사 형태로 지냈으며, 일제강점기 초기까지 제를 끝낸 보름날이나 열엿새 날에는 동편, 서편으로 나뉘어서 줄당기기도 했다고(안기경[남, 82세] 씨 제보) 하는데, 직접 경험한 분들이 없어 자세한 내막은 알 수가 없다.

동신의 영험은 여러 부면에서 나타난다.

불 써 가지고 모두, 여기뿐 아니래도 당마당뿐 아니래도 딴 데도 자식 못 낳으면 불 써, 절에 가면 불 쓰러 가잖아. [조사자: 할머니도 불쓰러 가셨어요? 당마당에?] 난 안 갔지. 난 안 갔는데, 첫 번째로 오이께네, 당마당에 가서 절하라 그더라. 젊은 사람들이 가이께네, 왜 하라그노 그이께네. 당마당에 가 절을 해야 첫아들을 놓는다 그러. [조사자: 절하러 가셨어요?] 그래 모르고 가서 절을 했지. 절을 꾸벅꾸벅, 옛날에 우리 집안에 유전아지매 새댁이라고 마구 몇 이가 올라갔는데, 큰집 종질부 하고 올라가가 절을 했어. 꾸벅꾸벅 했어. 근데 놓기는 참 첫아들 낳았지. 다 첫아들 낳았어. - 전옥매(영주댁, 여, 75세) 씨 제보

동신과 관련한 영험담이다. 기자속이나 가신신앙 등에서도 언급했듯이 당마당은 아들을 점지해 주는 기도처로 공식화되어 있었던 셈이다. 현재 종손이나 문중어른들, 특히 풍천면장을 역임했던 권대인 씨 등은 마을제사를 살려야 한다고 주장한다. 보이지는 않지만 동제를 중단한 이후로 여러 피해가 많았다고 하며 마을공동체의 결속력 강화를 위해서도 반드시 필요하다고 보는 입장이다. 또한 이러한 분위기의 배경에는 주민들의 경제력 증대, 안동시의 전통 지향 분위기, 전통적인 민속마을로서의 위상을 제고하고자 하는 전략 등이 자리 잡고 있다.

4. 의례와 신앙으로 본 가일마을의 특성

의례와 신앙은 인간이 공동생활을 영위하면서 가장 필수적으로 요구되는 문화적 장치다. 그러므로 어떤 공동체인가에 따라서 의례와 신앙의 내용과 성격 역시 차별화되는 양상을 보여 준다. 가일마을은 안동 권씨들의 동성마을이다. 동성마을의 정체성을 현실생활에서 가장 잘 드러내는 것이 바로 의례와 신앙이라 할 수 있다.

이러한 의례와 신앙이 보여 주는 가일마을의 정체성은 다음과 같이 정리할 수 있다.

첫째, 동성마을로서의 정체성이다. 이는 모든 의례의 중심 주체에 단계별 문중조직망이 연결되어 있고, 의례의 완결성을 추구하기 위해 문중이 연동되는 체계로 나타난다. 즉 직계가족-당내친척-문중인으로 확대되는 가운데 의례의 완결성과 더불어 동성마을로서의 위상을 확보하고 있음을 알 수 있다.

이러한 측면은 가일의 주도 성씨인 안동권씨와 다른 성씨집단들이 벌이는 상제례와 관련된 긴장과 경쟁에서 가장 잘 드러난다.

먼저 상여계를 들 수 있는데, 안동권씨의 신종계, 순흥안씨의 행상계, 각성바지들의 상두계로 나뉘어 있었다. 이는 해방 후의 일로서, 신분제가 해체되면서 형성된 구도다. 권씨네들의 신종계는 오래 전부터 있었지만 그들 중에는 솔거노비나 소위 '하동'으로 일컬어지는 행랑, 즉 외거노비를 거느리고 있는 집들이 많았고 반상의 구별이 엄했던 터라 궂은일은 대부분 이들에게 맡기고 쌀 한두 되씩의 부조를 하면 그만이었다. 그러나 해방이 되면서 순흥안씨들이 인근의 못골에 사는 안씨네들과 함께 새로 행상계를 조직하고 상민들의 동원도 여의치 못하게 되자 어쩔 수 없이 직접 나서게 된 것이다. 그리고 상여를 공동으로 사용할 수 없었던 각성바지들 역시 상두계를 조직하여 별도로 상여와 그릇을 마련하게 되었다.

동성마을의 주체로서 안동권씨의 위상을 확보하고자 하는 여러 가지 노력에서 이러한 점은 잘 드러난다. 또한 사례로 들 수 있는 점은 외손봉사와 관련된 것이다. 하회마을 개기선조인 유전서공 윗대인 유개 등의 묘가 가일에 있는데 안동권씨와 순흥안씨가 외손봉사하고 있다. 그런데 이 묘제의 초헌관을 안씨에서 맡고 있다고 한다. 안동권씨의 입장에서는 사위의 항렬로 보아도 권씨가 윗대인데 왜 안씨에게 초헌관을 내어 주게 되었는지 모르겠다며 초헌관을 되찾아야 한다고 강조한다.

둘째, 의례와 신앙의 연결고리에 유학적 원리와 규범이 개입하고 있음을 확인할 수 있다. 유가적 위계를 구현하고자 하는 의지의 실행 경로에 의례와 신앙이 자리하고 있는 것이다. 즉, 유가적인 규범을 여성의 영역이나 민속신앙에도 적용하는 사례가 나타난다.

이제 삼신은 말하자면 시어머니를 모시지. 내 바로 우에 시어머니를 모시지. 그러니 삼신할매라 그러지. [조사자: 옛날에 그러면 시어머니 때 모셨으면, 할머니가?] 받았지. 받았지. 할머니가 모시다가 없애고 놔뒀다가 다시 받았다고 내가 시어머님을 다시…… 내가 시어머니를 삼신을 모셨잖아. 모시다가 내가 죽으만 우리 며느리가 삼신할머니를 탈라 카면 내를 받아 줘야 해. 그래 대를 그래 내려간다고 [조사자: 그러면은 며느리가 들어온 상태에서 삼신을 받으면, 시어머니만 삼신을 모시는 거예요? 며느리는 그냥 관여를 안 하고?] 관여를 안 하지. - 권화자(안동댁, 여, 65세) 씨 제보

[조사자: 할머니들이 저기서 삼신을 받아 내려오고 아들 빌고 그랬다던데 서낭할밴데 거기다 빕니까?] 아들은 할머님이 놓는 것이 아니고, 할아버지 없이 아들은 없어 안 그래? [조사자: 그래서 할아버지한테?] 그러니 옛날 말이 아버지 날 낳으시고, 어머니 날 기르시니, 종자는 남자고 밭이 여자거든, 지금 보면 어머니가 낳지만, 열 달 전으로 거슬러 올라가면 아버지가 날 낳으시고, 어머니가 열 달 동안 뱃속에 나를 기르시거든, 지금 들어보면 옛날 말이 틀린 게 없어. -권원탄(남, 68세) 씨 제보

할배(남신)로 일컬어지는 산신 또는 서낭신으로부터 삼신을 받아오는 이유에 대한 해설도 재미있는데, 본래 아들은 아버지가 낳는 것이기 때문이라고 설명한다. 즉, 유가에서 언급되는 "아버지 날 낳으시고 어머니 날 기르시니"라는 문구와 같이 아버지의 정자로부터 새 생명이 시작되기 때문에 삼신할머니가 아닌 서낭할배로부터 후대의 씨를 얻어 온다고 믿는 셈이다.

셋째, 의례와 신앙의 측면이 전통적인 유교와 무속이라고 하는 형이상학적 원칙과 더불어 합리성을 추구하는 방향으로 실행되고 있음을 알 수 있다. 이는 앞에서도 살펴보았듯이 동성마을로서 유교를 강조하는 것과 함께 상황과 조건에 맞는 대안을 찾아가려는 여러 가지 노력으로 나타나고 있다. 현실적인 감각을 놓치지 않으면서도 합리적인 방향을 찾아가는 지혜를 엿볼 수 있는 것이다. 이러한 사례로 들 수 있는 것이 바로 산신과 삼신, 기자속을 연결짓는 담론이며, 또한 1930년경 결핵이 만연하자 서양인 선교사를 불러들여 자연스럽게 신앙과 의료 활동이 연동될 수 있도록 만든 것 등이다.

넷째, 유력 성씨 인물의 사상이나 처세의 방향이 손쉽게 파급될 수 있는 기반으로, 동성마을의 연대력이 작용하고 있음을 알 수 있다. 특

히, 좌파독립운동이나 만주 이주 등에서 잘 드러나고 있다.

우리 동네가 가장 많이 나간 것은 일제 학정이 심할 때, 1930년대 그때 간도로 많이 갔어요. 간도가 하얼빈 지역은 간도는 동쪽에 있었는데 하얼빈이 간도 서쪽이라 서간도라고 했어요. 그때 많이 이주를 해 갔고, 그 다음에 산업화가 되면서 애들이 나가서 안 들어오니까 말하자믄 살아 있는 송장들만, 내 그튼 이…… 안 그래요? 살아 있는 송장만 남아 있고 그러이 인제 수가 줄지…… 늙은이 죽고 나면 그 집이 비거든. 안동댐 같은 데는 수몰되니까 집단 이주되지만 다른 동네는 자연스러운 거라.

[조사자: 30년대 간도로 갈 때는 독립운동 하러 갔습니까?] 거 가서 독립운동하러 간 사람도 많고, 의식 있는 사람들은 운동하러 많이 갔고, 배우지 않은 사람들은 여기는 농토가 적으니까 간도로 갔다 온 사람들이 간도는 농토가 많으니까 자기가 노력하면 살 수 있어요. 그러니까 갔는 거야 이제. [조사자: 동네도 잘 못살고, 뜻있는 사람은 운동하러 가고?] 이 동네에서뿐만 아니라 전국에서 이제 그런 현상이지…… 전국적으로 간도로 간 사람이 그 두 부류야. 그러니 만주로 독립운동 하러 가신 분들 중에 광복군으로 들어가신 분도 있고, 그러이 가는 길이 뜻이 꼭 자기 주의사상이 투철한 것이 아니고 주변 사람을 따라 팔로군으로 들어갈 수도 있어. 팔로군이 중공군인데, 해방되니 빨갱이 됐지. 해방되기 이전엔 독립운동할려고 팔로군에 들어갔지 소련 위할라고 팔로군에 들어간 게 아니거든, 우리가 1937년생인데, 내 두 살, 세 살 이런 때는 모르니까 다섯 살 날 때 빈집이 참 많았어요. 우리 집 뒤로도 내가 아는 것도 한 열댓 채 없어졌어요. ―권원탄(남, 68세) 씨 제보

가일마을의 정체성은 현재진행형이라 볼 수 있다. 역사적으로 형성해 온 가일마을의 정체성은 근현대를 만나면서 상당 부분 변모하였지

만 여전히 동성마을의 전통을 지닌 문화마을로서의 위상을 확보해 나가기 위해 노력하고 있다. 현대사회에서 의례와 신앙은 유가적 성향을 가지고 있는 동성마을의 현재적 모습을 살펴볼 수 있는 주요한 대상이다. 개인의 삶과 공동체의 삶을 연결하고 있는 의례와 신앙은 한 마을의 특성을 살피는 작업이 될 수 있다. 각 마을이나 문중에 따라서 의례와 신앙의 구체적인 수행 방식은 일정한 차이점을 보여 준다. 결국 이러한 의례 및 신앙에 대한 인식의 차이는 근본적으로 자신이 서 있는 존재 기반과 관련되어 있으며, 사회경제사적 변화 과정과 그 궤를 같이하고 있음을 알 수 있다. (조정현)

10장

문중과 종가를 지키는 숙명의 종손들
— 20세기의 병곡 종손 3인의 삶

1. 병곡 권구와 그 종가

1) 병곡 권구의 선대는 누구인가

병곡屛谷 권구權榘(1672~1749)는 안동권씨 27세로, 복야공파僕射公派의 지파인 참의공파參議公派에 속한 인물이다. 복야공파는 안동권씨 15파 가운데 하나로서 10세 권수홍權守洪(고려시대)을 파조로 하며, 그 예하의 참의공파는 가일마을 입향조 권항權恒(1403~1461)을 파조로 한다.

안동권씨 18세인 입향조 권항은 강릉판관을 지낸 권심權深과 평해 손씨 사이에서 장남으로 태어났다. 『가일안동권씨약사佳日安東權氏略史』를 보면, "권항은 1441년 문과에 급제하여 장인 풍산유씨 유서柳湑로부터 뒷산과 전답을 물려받으면서 가일마을에 정착하였다"라고 되어 있다. 이것이 바로 가일이 안동권씨의 터전이 되는 첫 출발이었다. 하지만 그는 오랜 관직 생활로 외지를 전전하였으며 영천(현 영주)군수로 재직하다가 1461년에 임지에서 사망하였고, 1463년에 가일에 안장되었다. 이러한 사실로 미루어볼 때 권항은 가일에 기반을 두기는 하였으되, 실제로 산 기간은 퍽 짧았던 것으로 여겨진다.

권항의 입향 이후 이 마을에서 배출된 초기 인물 가운데 두드러진 사람은 권항의 손자인 화산花山 권주權柱(1457~1505)다. 그는 도승지와 경상도관찰사를 지냈으나, 불행하게도 1505년(연산군 11) 갑자사화에 연루되어 유배지인 평해에서 사약을 마시고 생을 마감하였다. 그의 부인 고성이씨 또한 같은 날 가일에서 낭떠러지로 뛰어내려 자결하고 말았다. 이것은 한편으로는 가일의 안동권씨가 유림 사회에서 올곧은 선비정신을 드높인 첫 번째 계기로 인식된다.

오늘날 가일에 살고 있는 안동권씨는 권주의 넷째 아들인 권굉權硡

(1494~?)의 후손들이다. 왜냐하면, 권주의 장남, 차남, 삼남은 아들이 없었거나 몇 대를 내려오다가 후손이 끊겨 버렸기 때문이다. 권굉 또한 아들이 둘이었으나 장남에게는 아들이 없어서 차남인 권의남權義男이 가계를 잇게 되었다. 그러다가 병곡의 증조인 24세 권경행權景行(1583~1651)이 가일을 떠나 예천 용궁 오룡리로 옮겨 살았고, 병곡의 아버지인 26세 정곡井谷 권징權憕(1636~1698)의 대에 이르러서야 다시 가일마을로 돌아왔다.

27세인 병곡 권구는 입향조 권항의 9대손으로 가일에서 태어났다. 비록 입향조 이래 후손이 끊겨 버려서 3대손에서 넷째 아들로, 4대손에서는 둘째 아들로 가문이 이어졌지만, 후손이 이어진 계통을 중심으로 할 때 병곡은 입향조의 9대 주손冑孫으로 인식되어 왔고 또 화산 권주의 7대 주손으로 여겨졌다. 그런 점에서 병곡 종가는 권항의 종가, 혹은 권항보다 더 명성이 있는 권주를 정점으로 하는 화산 종가라고도 할 수 있다. 하지만 가일 사람들과 유림 사회에서 설명하는 것처럼 권항이나 화산이 불천위不遷位가 아니고 병곡이 불천위이기 때문에 '병곡 종가'라고 부르는 것이다. 자연히 종손에 대해서도 '병곡 종손'이라고 부르게 된다.

【표 1】 입향조부터 병곡까지의 종통

권씨 세대	18세	19세	20세	21세	22세	23세	24세	25세	26세	27세
이름	恒	邇	柱	碈	義男	浩然	景行	搏	憕	榘
관계 및 위상	입향조			柱의 제4남	碈의 제2남					불천위
입향 후 세대수		1대	2대	3대	4대	5대	6대	7대	8대	9대

2) 병곡 권구로부터 지금 종손에 이르기까지

  병곡은 아버지 권징과 어머니 졸재拙齋 유원지柳元之(1598~1678)의 딸 사이에서 태어났다. 병곡은 퇴계학맥의 적통인 갈암葛庵 이현일李玄逸(1627~1704)의 문인으로서, 과거에 응시하지 않고 유학의 전통을 지키면서 학문 연구에 전념하였다. 병곡은 갈암의 손녀사위가 되면서 자연히 그의 가르침을 받게 되었고, 갈암의 아들 밀암密菴 이재李栽(1657~1730)와도 교유하였다. 병곡은 천문・역법曆法・역학易學・사기史記 등에 조예가 깊어서 『경의취정록經義就正錄』, 『독역쇄의讀易瑣義』, 『기형주해璣衡註解』, 『여사휘찬의의麗史彙纂疑義』 등을 지었고, 부녀자들을 위하여 옛날의 명훈名訓을 한글로 번역한 『내정편內政篇』 등을 남겼다. 또한 그는 향리에서 사창社倉을 열어 빈민을 구제하고 향약을 실시하여 양풍良風을 교도함으로써 실천유가의 면모를 보였다. 1728년(영조 4)에는 이인좌의 난에 연루되었다는 혐의로 서울로 압송되어 영조의 국문을 받았으나 무혐의로 풀려났다.

  이렇게 병곡은 평생 벼슬길로 나아가지 않고 학문을 연마하고 덕행이 높았던 인물이었기 때문에, 사후에는 유림들에 의해 불천위不遷位로 추대되었다. 또한 그를 기점으로 하여 화산 권주 이후 가일의 안동권씨 가문은 다시 번성하기 시작하였다. 그의 아들과 손자들이 특히 현달했기 때문이다. 병곡의 아들은 권진權縉, 권즙權緝, 권보權補 셋이 있는데, 이 가운데 셋째 아들 수곡樹谷 권보는 학문이 뛰어났다. 이들에 의해서 가일의 안동권씨는 지역사회에서 확고한 위상을 정립하였고 문중 활동도 왕성해졌다. 현재의 종손 권종만은 병곡의 10대 종손이다. 19세기말부터 치면 큰선비였던 권술봉, 권오운, 권대락에 이어 권종만이 종손을 승계하여 임무를 수행하고 있다.

【표 2】 병곡부터 현종손까지의 종통

권씨 세대	27세	28세	29세	30세	31세	32세	33세	34세	35세	36세	37세	38세
이름	榘	縉	明佑	旭	琮	欽	準衡	述鳳	五運	大洛	鍾萬	佾右
위상	불천위										현종손	차종손
종손 대수		1대 종손	2대 종손	3대 종손	4대 종손	5대 종손	6대 종손	7대 종손	8대 종손	9대 종손	10대 종손	11대 종손

3) 종택의 공간 구성과 이용

병곡 종택은 마을 뒷산인 정산井山 아래 드넓은 풍산들을 바라보며 남향으로 지어져 있다. 가문의 계통을 따른다면 병곡 종택은 화산 권주의 고택이기도 하다. 화산 고택은 원래 이 마을 내 다른 곳에 있었는데, 후손들이 예천 용궁 오룡리로 옮겨 살다가 17세기 후반에 다시 가일로 돌아와 살기 시작하면서 지금의 병곡 종택인 시습재時習齋가 처음 지어진 것으로 보인다. 다만 지금의 종택은 문중에 전해 오는 이야기로 보거나 건축 양식 및 보존 상태로 볼 때 19세기 중엽에 중건된 것으로 추정된다.

종택은 500여 평의 넓고 평탄한 대지 위에 ㅁ형의 살림채에다 그 동북 측후방에 3칸 사당을 갖춘 전형적인 안동 지역의 반가건축 양식을 취하고 있다. 물론 조상을 모신 사당은 살림채와 구분하기 위하여 담장으로 구획되어 있다. 원래는 지금의 대문간 오른쪽에 사당 앞쪽으로 6칸 대청(祭廳으로 사용)과 사랑방을 갖춘 큰 사랑채가 있었으나 20세기 초반에 소실되었다고 한다.

현재 남아 있는 건물을 중심으로 보면 이러하다. 앞쪽에 남향하고 있는 건물은 사랑채로 이용되고 있는데, 오른쪽 끝은 대문간이며, 그

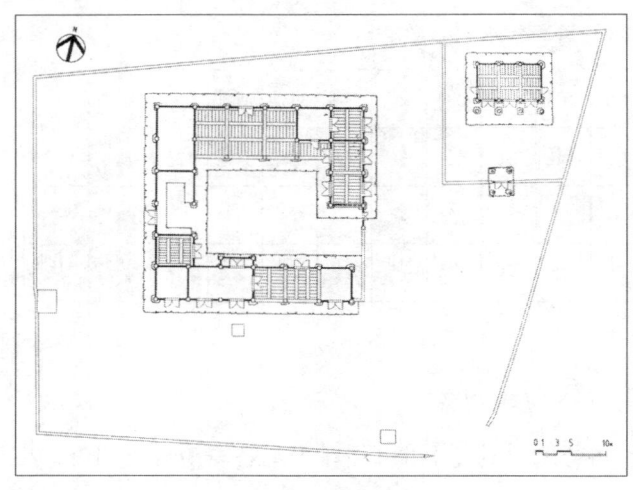

<병곡 종택 시습재 평면도>

왼쪽이 2칸 대청, 그 왼쪽이 2칸 사랑방, 그 왼쪽은 사랑부엌이다. 남향하고 있는 뒤쪽의 건물은 안채로서, 제일 왼쪽에 2칸 안방, 그 오른쪽에 6칸 안대청, 그 오른쪽에 상방이 있으며, 상방 동쪽으로는 '동쪽고방'(혹은 東庫)으로 불리는 3칸의 공간이 마련되어 있다. 안방의 남쪽에는 부엌이 붙어 있고, 그 남쪽으로는 다시 '서쪽고방'(혹은 西庫)으로 불리는 마루방이 사랑채의 부엌과 연결되어 있다. 동쪽고방은 2층 구조인데, 1층은 흙바닥이고 2층은 마루로 되어 있다. 1층에는 주로 탈곡하지 않은 곡식을 보관하였고 2층에는 서책과 병풍 등을 보관하였다. 서쪽고방은 마루바닥으로 되어 있는데, 탈곡한 곡식과 제기를 보관하는 곳으로 이용된다.

안방에는 종부가 살고 사랑방에는 종손이 기거하여 왔으며, 지금도 그러하다. 문중의 큰 행사인 병곡선생 불천위제사는 현재 안대청에서 지낸다. 그러나 애초의 사랑채가 소실되지 않았을 때는 불천위제사를 그곳에 있는 사랑대청에서 지냈다고 한다. 참고로, 병곡 불천위제사는

▲ 병곡 종택 시습재 전경

고위와 비위를 함께 모시지 않고 제삿날 해당하는 분의 상만 차리는 단설單設을 하며 진설법에서 메와 국의 위치를 생시와 다르게 놓는 좌설左設을 한다는 점이 특징이다. 또한 안동 지역의 불천위제사에서 자주 보이는 생고기(生肉)를 올리지 않고 익힌 고기(熟肉)을 사용한다.

2. 병곡 8대 종손 권오운: "시국이 암울해도 옛 법도를 지켜야"

조선왕조의 국운이 기울고 사회가 혼란스럽던 1881년에 병곡의 8대 종손 권오운權五運(1881~1961)이 태어났다. 병곡의 7대 종손이던 아버지 권술봉(1847~1908)과 어머니 풍산유씨 사이에서 태어났다. 아버지는 호가 근산根山이며 지역에서 큰선비로 알려져 있었다. 그래서 권오운은 집에서 아버지로부터 교육을 받았다. 당시 시습재 사랑방과 사랑대청은 바로 마을의 서당이었기 때문에 옛날식 한학 공부가 당연할 수밖에 없었을 것이다. 권오운은 글씨를 무척 잘 썼다고 한다. 지금 남아 있는 대표적인 필적은 입향조 권항의 묘비문이다.

　권오운은 연안이씨 집성촌인 예천군 호명면 송곡리松谷里 출신의 이낙구李洛九의 딸과 혼인하였는데, 부인(1876~1944)은 연안이씨 종가의 종녀였다. 『안동권씨참의공파보』의 기록에 부인이 권오운보다 5살 위인 1876년(병자)생으로 된 것으로 보아, 권오운은 10대 초반, 부인은 10대 후반의 나이에 혼인을 한 것으로 이해된다. 이것은 당시의 일반적인 풍습이었다.

　권오운이 장가들 무렵은 정말로 나라가 열강의 틈바구니에서 혼란했던 시기였으나, 우리나라의 유교적 생활관습은 잘 지켜지던 때였다고 할 수 있다. 다만, 그는 어릴 적에 상투를 틀고 관례를 치렀을 것인데, 단발령이 내린 후 상당한 시간이 지나서야 삭발을 하고 지냈다고 한다. 그래도 죽을 때까지 두루마기를 입고 갓을 쓰고 다녔다. 다음 일화는 그의 복장을 이해하는 단서가 될 것이다.

　해방이 되고 난 후에 예천에 갔다 오다가 미국놈들이 이 어른 갓을 뺏어가 버린 적이 있었어. 그 참 괴변이 났지, 야단이 났다 말이래. 지프차 타고 가던 미국놈들이, 갓 쓰고 가는 어른을 세워놓고 사진 몇 장 찍더니만 고만 달려들어 갓을 뺏어가 버렸어. 그래서 이 어른이 갓을 뺏겨 버리고 탕건 바람으로 동네에 와서 젊은 사람들 불러 놓고, "눈이 빠끔하고 노랗고 코가 높은 놈들이 내 갓을 뺏어 갔으니 찾으라"고 했다. 그런 사람을 잡을 도리가 있나? 미군놈들 세상인데 당해 내나? 누가 누군지도 알 수 없고. 양반이 갓을 뺏겨 버렸으니, 탕건 차림으로 와 놨으니, 참 허망하고 분한 일이지. 해방되고 미군들이 와 보니까 길거리에서도 갓 쓰고 다니는 사람을 보기 어려웠는데, 두루마기 입고 갓 쓴 사람이 가니까 신기했던 모양이래. 그 후로도 돌아가실 때까지 동네를 나가

▲ 병곡 8대 종손 권오운　　　　　　　　　▲ 만년의 권오운

실 때도 갓 쓰고 두루마기 입고 나갔다. 요새 같으면 양복 입고 넥타이 매고 정장 차림으로 나간다는 뜻이지. (가일마을 권오연, 74세)

　권오운은 구한말에 '혜민원惠民院 주사主事'의 벼슬을 받았다. 혜민원은 1901년(광무 5)에 왕명에 의하여 설치된 것으로, 흉년에는 기근자를 돕고 평상시에는 고아·홀아비·과부·무의탁 노인을 구호하던 기관이었다. 혜민원은 1904년에 폐지되고 그 구휼 업무는 내부內部로 이관되었다. 따라서 권오운이 혜민원 주사의 직함을 유지한 기간은 길어야 4년 이내였다.

　일제강점기에 권오운은 특별하게 일제에 항거한 이력은 없다. 그렇다고 해서 조금이라도 일제에 부역한 것도 아니다. 일본 순사들이 마을의 '소임'을 앞세워 다니면서 강제공출을 해가는 것에 대해서는 대단히 못마땅하게 여겼다.

　권오운은 선비의 기개를 가졌으되 성품이 온화했다. 제사를 지낸 후 음복으로 술 한 모금 마시는 것을 제외하고, 보통 때는 술도 마시지 않았다. 그러면서 일상적인 예절이나 법도를 중요하게 여겼다. 특히 말을 아끼고 남의 이야기를 들어주는 방식으로 생활했다. 말을 많이 하면 탈이 나기 쉬우므로 말을 아끼면서, 대신 남의 이야기를 잘 듣고 경우에 맞지 않으면 이렇게 해서 안 된다는 결단을 내렸다고 한다. 그래서 당시 문중의 일에 대해서는 권오운이 이야기를 하면 최종 결정이 난 것으로 통했다. 이 마을에는 문중을 대표하는 세 어른인 '삼문장三門丈'이 있는데, 노년기의 권오운은 종손이면서도 문장을 겸했다고 한다. 그러니 권오운은 종손으로서 문중의 혈통적 구심점이기도 하면서 문장으로서 사회적 구심점이기도 했다.

그는 평소에는 무척 온화했지만 문중에 누가 될만한 언행을 한 사람에 대해서는 단호하게 불호령을 내렸다고 한다. 더구나 체격이 동네에서 가장 크고 목소리도 우렁차서 온 동네가 쩌렁쩌렁 울릴 정도였다고 한다.

마을 어른들이 조금이라도 잘못한 일이 있으면, 혼이 납니다. 내 어릴 적에도 석고대죄를 하는 사람을 두 명이나 봤다. 다른 게 있나요. 술을 과하게 마시고 뭐 좀 말이나 행동이 이상했다 하는 소문이 할아버지 귀에 들어가면 미리 알고 여기 와서 꿇어앉아 비는 것이다. "형님요, 용서해 주시소." 이러던 어른이 두 분이 계셨다. 내 기억에는 그래요. (10대 종손 권종만)

권오운은 특히 아이들을 좋아하고 귀여워했다. 마을의 어느 집에 아이가 태어났다 하면 반드시 찾아가서 축하를 해 주었다. 아이를 안 보고는 못 배겼다고 한다. 이러한 그의 행위에는 아이 한 명이 더 태어나면 문중이 번성해진다는 점도 작용했다고 하겠다.

권오운은 "봉제사와 종가를 지키는 일"에 가장 큰 노력을 기울였다. 그래서 지금 종손 권종만은 "나는 할아버지의 10분의 1도 못 따라간다"고 하는 것이다. 권오운이 가장 으뜸으로 친 것은 봉제사였고, 그 다음이 접빈객이었다.

▲ 권오운이 쓴 입향조 묘비문

당시의 종손은 요즈음보다 더 규범적인 삶을 살도록 요구받았고, 실제로 더 유교윤리를 철저히 실천하면서 생활했다. 그래서 권오운은 효행이 대단한 어른으로도 잘 알려졌다. 효행의 연장선상에서 그는 조상제사와 숭조사업에 힘을 쏟았다. 갑술년(1934)에 입향조 권항의 묘비를 세우면서 비문을 쓰고, 무술년(1958)에는 『무술보戊戌譜』라는 족보를 간행하고, 또 화산 권주의 묘제를 위한 선원재실仙原齋室의 기와를 다시 이는 작업을 주도하였다. 그는 이렇게 조상을 모시는 것이 동네 사람들을 융화시키고 단합하게 하는 것이라고 생각했다.

찾아오는 손님도 대단히 많아서, 늘 손님맞이로 시간을 보냈다. 동네 어른들도 아침을 드신 후에 종가로 많이 모여들었다. 보통 문사門事에 관한 이야기가 가장 자주 거론되었다. 조상에 대한 걱정도 하고, 선영 관리 등에 대해서도 많은 이야기를 나누었다. 그래서 권오운은 사랑방이나 대청에 앉아 있을 때에도 항상 의관을 정제하고 있었다. 물론 찾아오는 사람도 '둥치바람'으로 찾아오지 않았다. 둥치바람이라는 것은 의관을 정제하지 않은 차림새를 가리키는 말이다. 권오운은 평생을 사랑방에서 지냈는데, 사랑방에 있을 때면 언제나 바깥 창문과 출입문을 동시에 볼 수 있는 위치의 아랫목에 앉아 있었다. 바깥에 인기척이 있으면 창문을 열어 누가 오는지를 확인했고, 지체가 높거나 나이 많고 항렬이 높은 어른이 오시면 아랫목으로 모셨다.

손님에게는 음식대접을 소홀하게 하지 않으려고 애썼다. 사랑대청에서 안채로 통하는 문을 열고 손님이 왔다는 통보를 권오운이 직접 하였다. 당시에는 모든 음식을 집에서 만들어야 했고 또 식품도 넉넉하지 못해서 고생을 했는데, 그런 와중에서도 제사 지낸 후에 제물을 남겨 두었다가 손님접대용으로 활용하였다.

옛날에는 '중리장'도 없었고 '풍산장'을 다녔다. 풍산장까지는 여기서 4킬로미터 거리다. 장날은 오일장이다. 요새처럼 장이 맨날 있는 것이 아니다. 제사를 지내고 쉽게 상할 것은 바로 먹어 없애지만, 나머지는 소금 단지에 묻어둔다. 종가에는 제사가 많거든, 다 없어지려고 하면 제사가 또 다가온다. 생선 같은 것은 손님을 대접하기 위해서 둔다. 포 같은 것은 '보푸름'(포를 두드려서 육질을 실처럼 가늘게 분쇄하여 소금과 참기름으로 간을 하여 무친 것)을 해서 내놓는다. '대구 보푸름'은 맛이 '명태 보푸름'하고 아주 틀리다. 대구포가 명태포하고 다르다. 대구포를 보풀려서 참기름으로 무쳐놓으면 반찬이 색깔도 좋고 맛도 좋다. 소금은 안 넣고, 참기름으로만 무친다. 종가에 찾아오는 손님에게는 대구 보푸름이 최고다. 왜냐하면 종가는 불천위제사 때 쓰는 대구포가 (40센티미터 정도로 두 손을 벌리며) 이만하거든. 일년에 꼭 2마리가 있으니까. 그리고 시사 지내면 음복을 안 하고 종가에 보낸다. 들어오면 잘 놓아두었다가 접빈객하라고 보낸다. (가일마을 권오연, 74세)

권오운은 슬하에 아들만 둘 두었다. 맏이는 권대락權大洛(1911~1975)이고, 둘째는 권대연權大淵(1915~1986)이다. 권오운은 아들들의 교육에 대해 많이 고심했던 것 같다. 옛날 서당식 한학 공부만 시키는 데 만족하지 않고 신교육을 받는 것도 필요하다고 생각했던 모양이다. 이 두 아들은 소학교를 졸업했다. 제도식 학교교육을 받을 기회를 아들에게 제공한 점에서 교육에 있어서는 진보적인 의식도 있었던 셈이다.

권오운은 직접 농사일을 하지는 않고, 농감農監을 하였다. 조상제사를 위한 각종 소所에 딸린 농토 이외에도, 종가에서는 500석 정도를 수확할 수 있는 농사를 지었다고 한다. 그래서 가을이 되면 답품(踏驗)을 하는 데 참석하기도 했다. 일반적으로 답품은 족친 가운데 종가의 심부름을 하는 사람이 대리인의 자격으로 하는 것이지만, 종손이 직접 답품에 참석하기도 했던 것이다. 소작농의 입장에서는 '단가름'(타작을 하여 볏단 수량으로 나누는 방식)을 하는 것이므로 종손이 직접 오면 훨씬 더 반겼다고 한다. 종손과 같은 사람이 오면 소작농에게 훨씬 더 후하게 배려해 주었기 때문이었다. 하지만 위토에 대해서는 각 소의 유사들이 알아서 처리하므로 종손이 답품을 갈 이유가 없었다.

권오운은 자녀들의 혼사에 대해서는 가문의 지체와 당사자의 인성을 중요하게 생각했다. 그래서 장손녀를 영주 이산면 지동에 있는 옥천전씨沃川全氏 종가의 종부로 출가시켰다. 맏며느리는 예천 감천면 광평(넓은들)에 사는, 비교적 부유한 청주정씨 집안에서 맞아들였다. 후술하겠지만, 맏며느리이자 병곡의 9대 종부가 되는 청주정씨는 마음씨가 그지없이 고왔다고 한다. 둘째 아들 대연大淵의 처가 되는 둘째 며느리는 문경 산양의 인천채씨仁川蔡氏 집안에서 맞아들였고, 그녀가 일찍 세상을 뜨자 다시 연주현씨延州玄氏를 맞아들였다.

부인 연안이씨는 종부의 도리를 다하느라 애썼다. 연안이씨는 한글을 알고 사용하였다. 권오운보다 17년 앞서 해방 1년 전에 세상을 떠났는데, 생전에 접빈객 봉제사에 소홀함이 없어야 한다는 소신을 가지고 실천에 옮겼다. 병곡 불천위제사를 지내기 위하여 준비할 때면, 종부는 음식을 마련하는 것보다는 족친의 부녀자들에게 지시하고 음식 조리를 감독하는 역할을 맡았다. 병곡의 10대 종손 권종만이 들려 준 다음 이야기는 종부가 조상에게 누가 되지 않는 봉제사를 하기 위한 의식의 일단을 드러내고 있다.

할머니가 안변소 앞 사철나무 밑에 놋제기를 파묻는 것을 봤다. 일본놈들한테 안 뺏기려고 그랬다. 그 놋제기가 지금도 남아 있다. 그대로 두었으면 빼앗겼을 것이 뻔하다. 종부로서 할 도리를 한다고 생각한 것뿐이었을 것이다. 그때 일본놈이 칼을 차고 '소임'의 귀를 잡아끌면서 '누구 집에 가자' 그랬다.

그리고 종가에서 문회를 열면 종부 연안이씨는 "사랑채와 안채 사이의 공간에서 가만히 앉아 들었다. 문사에 관하여 이야기할 때만 듣는 것이고, 종부도 그 내용을 알아야 적절하게 대처할 수 있기 때문이다. 그리고 종부도 말할 권한이 있기 때문에 이치에 맞지 않는 부적절한 내용이면 한 마디의 조언을 하기도 했다"는 것이다.

연안이씨는 그 시기에 대개 그러했듯이 내외관념이 투철했다. 특별한 경우를 제외하고는 평생을 남편 권오운과 다른 방에서 생활했다. 남편은 사랑방에서 기거했고, 연안이씨는 젊을 때는 상방에서, 나이 들어서는 안방에서 기거했다. 할머니의 옷차림은 언제나 치마저고리였다. 옛날식 속옷을 입고, 치마저고리를 입었다. 나들이할 때는 내외를 한다고 처네(薦衣)로 얼굴과 머리 부위를 가리고 다녔다.

권오운과 연안이씨가 함께 생활하던 시기에는 종가에 '드난이'(들락날락하는 사람이라는 뜻)라고 해서 외거노비가 몇 명 있었다고 한다. 물을 길어 오든가 장작을 패고 나무를 하는 사람들이었다. 남녀 드난이가 다 있어서, 연안이씨는 길쌈도 하지 않았다고 한다. 그러다가 해방이 되어 이 마을에서 내로라하는 사회주의자가 대거 등장하면서 이들은 자연스럽게 마을을 떠났다고 한다.

3. 병곡 9대 종손 권대락 : "객지에서 살아도 제사는 안동에서"

병곡의 9대 종손 권대락權大洛(1911~1975)은 시습재에서 아버지 권오운과 어머니 연안이씨 사이에서 태어났다. 어릴 때는 권오운으로부터 한학을 배웠다. 인근 하회마을에 있던 '풍남소학교'를 졸업한 것이 제도교육 학력의 전부다. 그 후 3살 위인 부인 청주정씨(1908~1984)와 혼인을 하였다.

권대락은 줄곧 외지에서 공무원으로 봉직했다. 처음에는 경북도청에 근무했다. 당시의 도청은 현재 대구의 중앙공원 자리에 있었다. 6·25사변 전에는 문경군에 근무했는데, 전 국회의장 채문식 씨가 문경군수로 있을 때는 산업과장직을 수행했다. 6·25사변 후에는 교육공무원으로 전직해서 경주, 울릉도, 포항, 고령 등지의 교육청에서 근무했다. 마지막 직책은 고령군 교육청의 사무장이었는데 요즈음으로 치면 서무과장이다. 퇴직한 후에는 귀향해서 시습재에서 생활했다.

놀라운 일은 권대락이 공직 생활 내내 부인과 별거 생활을 한 것이다. 부인은 안동의 시습재에서 시아버지를 모시고 자녀들과 함께 살았

▲ 병곡 9대 종손의 중년 시절

고, 권대락은 집을 떠나 객지에서 홀로 생활하였다. 퇴직 후에 시습재로 돌아와서 비로소 부인 청주정씨와 함께 살게 되었으나, 그 기간은 10여 년 정도밖에 되지 않는다. 집에 돌아와서는 조상을 위하고 문중의 일을 처리하면서 여생을 보냈다. 그러나 술을 좋아해서 위 수술을 두 번이나 받았으며, 건강이 좋지 못해서 일찍 세상을 떠났다.

평생의 대부분을 객지에서 보냈지만, 종가의 사당에 조상을 모신 신주가 있었기 때문에 제사만큼은 반드시 집에 와서 지냈다. 불천위제사는 물론이고 4대봉사를 위한 기제사에도 반드시 참석하였다. 당시만 해도 조상제사에 대한 의식이 사회 전반적으로 강했기 때문에 큰 문중의 종손에게는 직장에서도 제사지내러 간다 하면 편리를 봐 주었다고 한다. 제사 이외에도 이따금씩 문중에 중요한 일이 있으면 집에 와서 처리하곤 하였다. 이렇게 가끔씩 집에 와서 짧으면 하룻밤, 길면 2박3일 정도씩 머물다가 근무지로 돌아가는 생활의 연속이었다.

전통적인 농경사회를 기반으로 하는 유교적 생활 방식과 근·현대적 직장 생활 사이에서 상당한 고충을 감내하면서 살았던 권대락이었다. 전통과 현대의 시간적, 이념적 충돌 속에서도 그는 종손으로서 조상을 섬기는 일을 소홀히 하지 않았다. 평소에 공직 생활을 할 때는 양복을 입고 다녔지만, 제사를 지낼 때는 반드시 도포를 입고 갓을 쓰고 지냈다. 그만큼 옛 법도를 잘 지키려고 했다. 조금이라도 간소하게 한 것은 없고, 아무리 힘들어도 더 철저하게 제사를 받들고 문중 일을 처리했다고 한다.

그러한 면모는 부모제사에서는 반드시 슬피 곡을 하면서 지내는 곡사哭祀를 했다는 데서도 확인된다. 곡사라는 것은 아직 상중喪中이라는 뜻으로도 해석된다. 유가적 전통을 고수한 아버지 권오운은 부모제사에서 곡사를 하지 않았음에도 권대락이 부모제사에 곡사를 했다는 것은, 일찍 돌아가신 어머니 연안이씨, 그리고 공직에 몸담고 있다는 이유로 제대로 봉양하지 못한 아버지 권오운에 대하여 불효를 저질렀다는 감정이 솟구쳐 올라서 그런 것이 아니었을까 생각된다. 어쩌면 그것은 연로하신 아버지를 대신하여 해야 할 차종손次宗孫의 역할을 제대로 하지 못했다는 죄책감의 발로일 수도 있다.

사실상 권대락이 그렇게 객지에서 공직 생활을 하면서 지낼 수 있었던 데에는 부인의 헌신적인 희생이 있었다. 부인 청주정씨는 무척 마음씨가 넓고 인내심이 많았다고 한다.

요새 말로 하면 법 없이도 사는 사람이다. 참 너그럽고 무골호인이었다. 퇴계 선생의 두 번째 부인이 '바보할머니'라고 하는 이야기가 있는데, 바로 우리 어머니가 '바보어머니'라. 그 어른은 당신한테 뭐가 손해고 뭐가 득인지 잘 모르고 살았다. 그렇기 때문에 객지에 아버지 혼자 떠나 계셔도, 참 집을 지키고 계셨지. 요새 같으면 어림도 없는 일이다. 그래도 어머니는 '이 종택의 안주인은 내다'라는 심정으로 살았다. 시부모님 봉양하고, 집 지키고, 자녀양육하고, 봉제사하고, 접빈객하고, 그렇게 살았다. 시어른이 살아계시니 종손이 어디를 가든지 따라서 떠나지를 못했다. 집을 떠날 조건도 안 되었고, 조건이 되어도 안 떠나실 분이었다. 이 집 벗어나면 죽는 줄 알았다. (10대 종손 권종만)

이처럼 병곡의 9대 종부는 가정과 문중에 너무나 순종적이었고 인내심도 많았다. 그러므로 남편 권대락이 오랜 기간 동안 객지에서 공직 생활을 할 때에도 항상 집을 지키느라 떨어져 살았다. 그래도 권대락이 집에 왔다가 떠날 때에는 대문 밖에도 따라 나가지 않았다는 것이다. 오직 종부로서 집을 지키면서 시부모봉양, 봉제사, 접빈객으로 일생을 보냈던 것이다.

그래도 부인의 일상생활에는 사회의 전반적인 변화가 일정하게 반영되었다. 부인은 시어머니 연안이씨보다는 옷차림새에 조금 변화가 있었다. 중년기까지는 흰색 치마저고리만 입고 지냈지만, 노년기에는 치마저고리 위에 스웨터를 걸친다든지 색깔이 있는 옷을 덮어 입기도 했다. 그러나 양장은 아예 하지 않았다. 머리에도 평생토록 비녀를 지르고 살았다. 일생을 집밖으로 나가지 않고 오로지 종가를 지키면서 살던 청주정씨가 시어머니를 모시고 살 때의 일과를 보자.

어머니가 일어나시면 첫째, 집 앞의 대문을 연다. '개문만복래開門萬福來'라고 문을 열어야 한다. 이어 세수하시고 머리를 단장하시고 아침 준비를 하신다. 아침 먹고 설거지를 끝낸 후에는 할아버지 의복 빨래를 했다. 무명옷을 빨래하려면 힘이 들었다. 요새는 하이타이도 있고 하지만 그때는 양잿물도 쓰고, 비누도 썼지만 귀해서 여의치 않으면 집에서 직접 잿물을 받아 빨래를 했다. 또 방아를 찧어야 했다. 대량이면 큰 방아가 있는 곳에 가서 찧어 와서 다시 집에서 디딜방아로 대꼈다. 제사를 준비하는 것은 큰일이었다. 주장(보통) 보름 전부터 준비를 했다. 준비 과정이 길었다. 요즘 같으면 오늘 제사면 오늘 오전에 장보러 가서 살 건 사고 떡도 맞추지. 옛날에는 달포 전부터 준비했으니, 할머니, 어머니는 그런 것이 일상생활이었다. 또 손님 오시면 접빈객하는 것이 중요한 생활이었다.
그리고 명을 잣는다든지, 바느질을 해야 했다. 호롱불 켜 놓고 밤늦게까지 바느질하시고. 칼에 손이 찔리고, 골무 끼고 화로 가져다 놓고 다려 가면서, 힘이 모자라서 인두로 눌러 가면서 다리고 이런 것이 일상생활이었다. 그때는 모든 걸 수작업으로 하니까 느려서 남의 일을 돌볼 여가가 없었다. 내 앞에 닥친 일만 해도 끝이 없었다. 도포 한 벌 하면 몇 번 손이 갑니까? 하나하나 다 뜯고 기워야 되고, 풀을 해서 다리고, 과정이 그렇다 보니 온통 쉼 없이 일하는 게 일상생활이었다.
늘 조상 받드는 것, 시어른 받드는 것, 자식들 거두는 것, 그것의 반복이었다. 이렇게 집 지키며 사는 부인들은 365일 쉬지 않고 일했다. 요새 같으면 부녀자들이 나가서 윷도 놀고 고스톱 치고 하지만 그 당시에는 모이는 장소가 흔하지 않고, 어른들이 있기 때문에 부녀자들은 함부로 남의 집 출입을 못했다. 문병을 간다든지, 아이들이 아프면 가 보지, 그 외에는 남의 집에 안 갔다. (10대 종손 권종만)

이처럼 조상을 받들고 시부모를 봉양하고 자녀를 양육하고 집안 살림 하는 데 며느리들은 온 힘과 시간을 다 투자했던 것이다. 길쌈은 실을 잣고 매서 도투마리에 감는 작업까지만 했고, 그 나머지는 이웃의 전문적으로 하는 사람에게 삯을 지불하고 맡겼다. 시어머니가 계실 때는 시어머니도 옆에서 며느리의 일을 도왔다. 말로 가르치기도 하도, 직접 앉아서 도우기도 했다. "옆에 앉아서 일하는 것 봐도 반은 한다"는 말이 있다. 시어머니가 옆에 있으면 며느리는 더 성실히 일하게 된다는 뜻이다. 시어머니 연안이씨는 며느리 청주정씨의 일을 그렇게 잘 되도록 도와주는 관계였다.

10대 종손 권종만이 들려주는 "고부간에 딸 같고 며느리 같았다"는 말이 이 둘의 관계를 압축적으로 설명하고 있다. "어머니는 할머니에게 어떤 거부도 안 했고, 거부가 있을 수도 없었다. 할머니가 어머니한테 소리 지르는 것도 보지 못했고, 어머니가 할머니한테 심하게 하는 것도 못 보았다. 할머니가 시키면 시키는 대로 했고, 죽으라면 죽는 척이라도 했다"는 것이다. 시어머니 연안이씨는 돌아가실 때까지 안방에서 기거했고, 며느리 청주정씨는 상방에 살다가 시어머니가 돌아가신 후에 안방에 들어가서 살기 시작했다. 그때 청주정씨는 50세가 채 되지 않았다.

이제 1950~60년대에 종가의 일가족이 어떻게 가족적 질서를 유지하면서 한솥밥을 먹고 지냈는지에 대하여 10대 종손의 이야기를 토대로 살펴보고자 한다.

할아버지는 보통 진지를 드실 때 꼭 안방에서 드시고 밥숟가락 놓으면 바로 나왔다. 그러나 손님이 오면 사랑방에서 손님과 함께 먹었다. 할아버지는 안방에서 식구끼리 밥 먹을 때는 외상을 받기도 하고, 장손자(권종만)와 겸상을 하기도 했다. 할머니와 누나, 동생은 안방에 모여 '두리반'에서 함께 식사를 했다. 어머니는 '네모반'(사각반)에 대해서는 손님반이라며 아껴서 사용했다. 어머니는 밥을 꼭 방바닥에 놓고 잡수시고, 부엌에서 먹기도 했다. 시어머니가 돌아가신 이후라야 며느리가 밥상에서 먹지, 그 전에는 며느리는 절대로 밥상에서 밥을 먹지 않았다.

객지에서 생활하시는 아버지가 가끔씩 오시면 할아버지와 아버지 이렇게 부자간에 겸상을 하는 형태도 있었다. 보통 부자간에는 겸상을 하지 않는다고 하는데, 우리 집에서는 부자 겸상도 했다. 아마 아버지가 가끔 오시니까 그런지도 모르겠다. 할아버지와 아버지가 겸상을 할 때면 장손자인 나는 할머니 상에서 함께 밥을 먹었다.
평소에는 할아버지와 장손자가 사랑방에서 생활을 했고, 아버지는 오실 때마다 어머니가 기거하는 안방에서 생활했다. 그래야 내가 태어나고 누나가 태어났지. 그런데 할머니가 계셨을 때는 아버지가 객지에서 들어오면 어머니가 기거하는 상방에서 생활했다. (10대 종손 권종만)

이 상황을 보면, 남녀유별의 가치관은 외부에서 손님이 왔을 때 확실하게 발동하는 것으로 확인된다. 즉, 할아버지 권오운은 평상시에는 안방에서 외상, 혹은 장손자와 겸상으로 밥을 먹지만 손님이 오면 사랑방에서 밥을 먹었던 것이다. 그리고 아버지 권대락이 집에 머무는 때에는 할아버지와 아버지가 겸상을 했다는 사실은, 원만한 부자관계를 특별히 의식한 배려였던 것으로 이해된다. 아무튼 할아버지, 아버지, 장손자, 손님은 음식을 먹을 때 가장 예우를 받는 사람들이었다. 다음으로 할머니와 누나, 어린 동생은 같은 밥상에서 밥을 먹었다는 점에서 그 지위가 동등하게 여겨졌다. 마지막으로 지위가 가장 열악한 사람은 방바닥 혹은 부엌에서 밥을 먹는 며느리였다. 이러한 사실을 볼 때 20세기 중반 경에도 종가에서는 남존여비 의식이 무척이나 강했다는 점을 알 수 있다. 그리고 종통을 이을 장손자는 상당히 귀한 대접을 받았다는 점을 새삼 확인할 수 있다.
권대락은 제반 문사를 옛 전통대로 문회를 열어 문규에 따라 처리하였다. 그로서는 특히 종손으로서 객지에서 생활했던 까닭에 문중의 일을 제때에 처리하기 어려운 입장이었으므로, 더욱더 문규에 따른

▲ 병곡 9대 종손(왼쪽 두 번째)과 종부(오른쪽 첫 번째)

문사의 집행을 강조하고 중시할 수밖에 없었을 것이다.

이렇듯이 권대락과 그 부인은 일제강점기와 해방, 미군정기, 6·25, 4·19, 5·16 등의 급박한 시대상황 속에서 문중을 지키고 조상을 받들며 부모를 섬기는 일에 혼신의 힘을 기울였다. 세상이 아무리 바뀌어도 종손으로서, 종부로서 해야 할 일에 대해서는 조금도 소홀하게 하지 않으려 애썼다. 권대락은 객지에서 홀로 공직 생활을 하면서도 그의 아버지 권오운이 1961년에 돌아가실 때까지 종손의 역할을 담당했고, 또 부인 청주정씨도 예사 종부보다 더 많은 일을 희생적으로 해 왔다. 이런 점에서 권대락은 아버지와 부인 덕분에 직장 생활을 하면서도 차종손 또는 종손의 도리를 다할 수 있었다고 하겠다.

1975년에 권대락이 사망했을 때나 1984년에 부인 청주정씨가 사망했을 때, 모두 5일장으로 상례를 치렀다. 종손이나 종부가 사망하면 '종복宗服'이라 하여 문중구성원들이 모두 두건을 쓰고 상례에 참여했다고 한다.

4. 병곡 10대 종손 권종만 : "격변기를 살면서 다시 종가를 지켜"

병곡의 10대 종손 권종만權鍾萬(1940~현재)은 일제강점기 말엽에 시습재에서 태어났다. 그는 어릴 적부터 주로 사랑방에서 할아버지 권오운과 함께 생활하였다. 자연히 할아버지로부터 『명심보감』도 배웠다. 할머니 연안이씨로부터도 대단한 사랑을 받았다. 할머니는 밖에서 음복용으로 들어오는 음식이 있으면 할아버지에게 먼저 맛만 보게 한 뒤 장손자인 권종만에게 가져다 줄 정도였다.

권종만은 가일마을에 세워진 풍서초등학교를 졸업하고, 병산중학교(지금의 풍산중학교)를 졸업하였다. 고등학교부터는 아버지가 있는 경북 고령에 가서 함께 생활하면서 고령고등학교를 졸업하였다. 고등학교 졸업 후 1960년에는 군에 입대하여 만 3년을 복무하였다. 제대 이후 집에서 농감을 하면서 오랫동안 할아버지를 모시고 어머니와 생활하였다. 아버지는 객지에서 공직에 몸담고 있었기 때문이다. 그는 1976년 37세의 늦은 나이로 혼인을 하였다. 아쉬울 게 없는 차종손이었지만 대단한 만혼이었다. 당시만 해도 큰 종가의 종손에게 시집을 오려는 사람이 잘 없어서 상당히 어려운 혼사를 치렀다고 한다. 그 무렵부터 종가에서 제사모시는 것이 힘들어 종손에게는 시집을 안 오려고 했다. 다음은 중매로 지금의 종부와 맞선을 보고 혼인하기로 결정하게 된 이야기다.

집안어른의 중매로 대구에서 직장 생활을 하는 예천 맛질 출신의 함양 박씨 집안의 규수와 선을 보게 되었다. 대구까지 가서 선을 봤는데, 신부될 사람은 어른들의 권유로 맞선 자리에 나오기는 했으나 종부의 위치를 감당키 어렵다고 거절의 뜻을 밝혔다. 혼사가 성사되기 어렵다고 판단하고 일어서 나오는데, 장인어른이 밖에서 기다리고 계셨다. 그런데 장인어른 하시는 말씀이 "이보게, 이 사람아 자네 아직 안 끝났네" 하시면서 점심을 사 주시겠다고 하셨다. 어른이 가자는데 뿌리칠 수도 없고, 안 그래도 중매한 어른과도 교분이 있는데 그냥 가면 예의가 아닌 것 같아 점심 대접을 받았다. 여름이라 냉면을 먹으러 갔다. 나는 자초지정을 말씀드렸다. "싫다는 사람 억지로 오라고 할 일도 아니고 어른이 억지로 떠민다고 시집갈 일도 아니니, 본인의 의사가 중요합니다"라고 말씀드렸다.

어른이 하시는 말씀이 "아직 안 끝났다" 이겁니다. 가만히 생각해 보니 그냥 가면 딸이 혼날 것 같았다. 도저히 마음이 안 놓여, 뭔 일이 생기면 안 될 것 같아서 대구 북부터미널에서 버스를 타기 전에 이 사람 직장으로 전화를 했다. 이런 일로 점심을 대접받고 간다는 이야기를 하고 "아버지가 화가 나셔서 어떤 꾸중을 하시더라도 본인의 뜻대로 하시오"라고 했다. 이 사람이 생각하기를 "거절한 사람에게 이런 전화를 하기는 쉬운 일이 아닌데……"라고 생각하면서, 지금은 처남인데, 자기 남동생을 퇴근 후에 밖에서 만나 의논을 했다고 한다. 결국, 기분이 상했을지도 모르는 상황에서 남을 배려까지 할 수 있는 사람이라면 마음고생은 안 시키겠구나 하는 생각이 들어 시집을 가기로 결정을 한 것 같습니다. 장인어른이 무척 유하신 성품인데 이때는 화를 많이 내셨다고 들었습니다. 이 사람은 처음에는 종부자리가 버거워 시집을 안 오려고 했던 겁니다. (10대 종손 권종만)

이렇듯이 권종만은 규수들이 종가의 종손에게 시집가는 것을 기피하던 시기에, 뒤늦은 혼인을 하게 되었다. 신부는 신랑보다 두 살 아래였다. 신부는 예천에서는 조선시대에 가장 많은 인물을 배출한 함양박씨 가문의 딸이었고, 장인은 공군 장교로서 대구에 살고 있었다. 권종만은 지금 종부와 혼인을 하게 된 것을 장인어른의 덕택이라고 생각하고, 또 처남의 판단도 거기에 한몫을 했다고 보고 있다.

할아버지(8대 종손 권오운)가 계실 때는 "안동군수 할래, 영남종손 할래 하면, 다들 영남종손 한다"고 하던 시절이었다. 그때는 군수가 부임하면 각 문중의 유림부터 찾아뵙고 인사를 드리는 것이 우선이고 관내 순시는 그 다음이었다고 한다. 유림과 종가부터 찾아와서 인사를 했으니, "종손 벼슬이 제일"이던 시기였다. 아버지(9대종손 권대락) 시절에만 해도 서로들 종가로 시집가서 종부가 되고자 했다. 당시에는 종부로 시집을 못 가서 야단이었다고 한다. "종부는 탕국에 살찐다" 말이 있는데, 이는 종부가 제사를 자주 모셔야 한다는 뜻도 되고, 종부로 시집가면 배곯지 않고 살 수 있다는 뜻도 된다. 그런데 세월이 흐르고 세상이 바뀌니 종가는 혼처로서 기피의 대상이 되고, 자연히 종손이 될 사람은 장가들기가 힘들어졌던 것이다. 종가는 별로 변하지 않았는데 종가에 대한 인식은 크게 달라져 있었다.

▲ 총각 시절의 병곡 10대 종손

혼례는 대구에 있는 대구예식장에서 신식으로 올렸다. 당시는 "구식혼례를 할 수도 있었는데, 이미 신식 바람이 불고 동네의 젊은 사람들이 도시로 나가던" 시절이었다. 그만큼 도시에 대한 동경, 신식에 대한 열망이 컸던 때였다. 또한 구식혼례를 하면 신부 집에서 해야 옳은데, 대구에 있는 처가에서 하는 것도 여의치 못하고 가일마을에서 구식혼례를 한다면 손님접대를 할 젊은이가 부족한 상황이었다. 그래서 신식혼례를 치르기로 했다고 한다. 그런데 혼례식장에 들어온 하객들의 옷차림은 신랑 측과 신부 측이 매우 상반된 모습이었다.

식장에 오신 할아버지들이 한복을 입으시고, 여기(신랑 측)는 문중의 어른들이 많이 왔으니까, 사진을 보면 3분의 2가 한복을 입었다. 다른 곳은 넥타이 부대 아닙니까? 여기는 종손이 결혼을 해서 그런지 모르지만 그 당시에 한복, 두루마기 입고 온 손님이 많았다. 혼례를 치를 때는 대구 계신 분도 많고 모두 객지에 계실 당시인데, 오실 때는 보통 한복을 입는데 한복을 입고 오시는 것이 그게 새롭게 느껴진다. 딴 데 갈 때는 양복을 입는데 한복을 입고 오셨으니, 내 위치가 종손이어서 그런지 지금 생각해도 감회가 깊다. 신부 측 하객은 거의 양복이었다. 장인어른은 예법에도 밝고 글도 잘 하시는 분인데, 내한테 하시는 말씀이 "야, 그래도 두루마기 입고 오신 어른분들이 많아 보기 좋다" 그런 말씀을 한 적이 있다. 이제 가만히 생각해 보면, 전통을 더 지키고 있던 안동에 대한 느낌이 남다르셔서 그렇게 말씀하신 것 같다. (10대 종손 권종만)

당시 대구에는 이미 신식혼례가 보편화되어 있었고, 하객들도 양복 차림이 일반적이었다. 그럼에도 신랑 측 하객들은 두루마기를 입고 온 사람이 다수였던 것이다. 안동 가일마을 권씨 문중의 병곡 종손이 뒤늦게 장가를 든다고 하는 상황에서, 안동, 대구, 서울 등지에서 모인 하객들이 옛 전통을 좇아 두루마기를 입고 온 것이었다. 예천의 유명한 함양박씨 문중에서 온 사람들보다도 안동권씨가 더 옛날 풍습을 따랐다고 해서 신랑 측이 훨씬 더 양반이라고 생각한 데서 시대변화를 읽는 종손의 의식이 엿보인다.

이어서 부산으로 신혼여행을 갔다가 처가에 가서 자고 신랑만 시습재로 돌아왔고, 나중에 신행 날짜를 잡아서 신부가 왔다. 신부는 며칠

동안 실과를 괴어서 준비한 큰상을 받고, 이날 시댁의 모든 어른들께 폐백을 올렸다. 폐백을 드릴 때, 신랑은 양복을 입고, 신부는 원삼과 족두리 차림이었다. 지금도 그러하듯이 신부는 전통 복장이고 신랑은 현대식 복장이었으니, 아무래도 여성들이 전통을 더 오래 간직한다고 하겠다.

신랑 권종만과 신부 함양박씨는 시습재에서 6년간을 어머니 청주정씨를 모시고 함께 살았다. 이때 두 아들도 태어났으니, 1977년에는 일우가, 1980년에는 일용이 태어났다. 그리고 1978년에 권종만은 또 문중 내적으로나 지역사회적으로 중요한 의례를 치렀다. 그것은 다름이 아니라, 사당에 모신 조상 신주 전신前身의 표제문表題文을 고쳐 쓰고 봉사 대수에서 제외되는 조상의 신주를 매안埋安하는 길제吉祭였다. 이것은 종가의 종통을 이어받는 새로운 종손의 승계 의식이기도 하다. 길제는 삼년상을 마친 후에 택일하여 지내는 것으로, 사당이 있는 종가에서만 볼 수 있는 제사다.

병곡의 9대 종손 권대락이 1975년에 사망하였으니, 삼년상을 마친 후 1978년에 병곡의 10대 종손 길제를 지낸 것이다. 이때 문중에서는 불천위와 2대 조상에 대해서만 제사를 받드는 것으로 결정하였다. 그리하여 병곡 종가에서는 지금껏 고위考位와 비위妣位를 합쳐 여섯 조상에 대해서만 제사를 모신다. 그러니까 10대 종손이 승계하는 것을 계기로 종전의 4대봉사 방식을 2대봉사 방식으로 간소화하게 된 것이다. 물론 불천위제사는 그대로 계승하여 받들고 있다. 결과적으로 불천위를 제외하면, 면식面識 조상에게만 기제사를 모시는 형태가 되었다. 안동 지역 대부분의 종가에서 여전히 4대봉사를 하고 있다는 점에 비추어 보면 당시 가일의 권씨 문중에서는 상당히 진보적으로 제사

제도를 개혁한 셈이다.

　권종만은 1982년에 경남 마산에 있는 건설회사로 취업을 했고, 종부와 아이들도 모두 마산으로 이사를 하였다. 자녀들의 교육 문제를 효과적으로 해결하기 위해서 취업을 선택했다고 한다. 마산에 살 때 부모와 조부모의 기제사는 거기서 지내고, 병곡 불천위제사는 안동 시습재에 와서 지냈다. 아파트에서는 방 세 칸 중에 한 칸에 제사에 사용할 병풍, 신식 혼독魂櫝, 향로, 제기, 제상 등 조상제사를 위한 용품을 따로 보관하면서 사용하였다. 일반 기제사는 사사로운 제사이므로 아파트에서도 지낼 수 있었지만, 불천위제사는 온 문중과 지역의 유림들이 참여하는 제사인 만큼 안동에 있는 종가에서 지냈다. 기제사를 지낼 때는 지방紙榜을 써서 신주를 대신하였다. 신주가 안동의 종가 사당에 있었고 출주出主가 불가능하여 지방을 쓴 것이다. 이러한 제사의 방식도 문회에서 내린 결정에 따른 것으로 이해된다.

　안동을 떠난 종손 권종만은 마산에 살면서도 늘 안동의 시습재를 잊지 않았고, 조상에 대한 생각이 뇌리에서 떠나지 않았던 모양이다. "마산에 살 때에도 시습재 사랑방이라고 생각하고 잤지, 마산의 아파트가 내 집이라고 생각해 본 적이 없다"는 한 마디가 그러한 심정을 잘 나타내고 있다. 그만큼 권종만은 개인적으로 고뇌가 많았다고 봐야 할 것이다. 한편으로는 농경사회를 압박하면서 다가오는 산업사회의 위세를 무시할 수 없었고, 다른 한편으로는 큰 문중의 종손으로서 감당해야 할 책무가 막중했기 때문이다.

　종손이 얼마나 무거운 짐인지는 "사람들이 내게 종손이라고 부를 때와 이름을 부를 때 내가 받는 느낌이 크게 다르다"는 말로도 능히 짐작이 된다. 종손은 언제나 언행을 조심해서 실수하는 일이 없도록 노력하는 것이 중요하다고 한다. 거기에는 종손 한 사람의 실책으로 온 문중이 평가절하되는 일이 없어야 한다는 뜻이 담겨 있다. 다음 이야기는 평소 종손이 삶에 임하는 자세가 어땠는지를 말해 준다.

우선 저는 종손이라는 생각이 머리에 박혀 있습니다. 행동을 잘못하면 나 혼자 비난받는 것이 아니라, 온 문중을 욕되게 하는 일이 될까 봐 늘 조심하는 편이다. 내가 자기 집 같으면 술을 먹어도 아무 관계가 없는데, 신이 아닌 경우에는 실수도 하지만, 술을 먹고 누구하고 다툼을 한다든가 하는 것은 내 기억에는 아직 없다. 이런 것이 종손이라는 것 때문에 안 그런가 싶습니다. (10대 종손 권종만)

그러나 미래에 종손이 될 자신의 아들에 대해서는 엄격하게 가르치지는 않는 것 같다. "맏아들은 내가 가르치지 않아도 자신이 종손이라는 것을 안다. 내가 가르친 것은 제례와 족보에 관한 것들이다. 지금은 스스로 잘한다. 둘째 아들은 그런데 관심이 적다. 맏이와 그런 데서 차이가 나는 것 같다"는 설명에서, 장남은 스스로 문중과 종가에 대해 상당한 관심을 기울인다는 것을 엿볼 수 있다.

2005년 3월 22일 종손 권종만과 종부는 마산 생활을 청산하고 안동 가일의 시습재로 돌아왔다. 23년간의 회사 생활을 접고 고향으로 돌아온 것이다. 마치 권종만의 13대조가 가일을 떠나 예천 용궁에 살다가 11대조 때 다시 귀향하게 되는 것과 같다고나 할까. 문중에서는 대환영을 했으며, 권종만은 눈물을 흘렸다고 한다. 종부는 항상 조상과 문중에 죄스러운 마음을 가지고 있으면서 서둘러 귀향하기를 종손보다 더 갈망했다고 하는데, 둘째 아들의 대학졸업이 끝난 후에야 안동으로 돌아오게 되었다.

【그림】병곡 종가의 최근 가계도

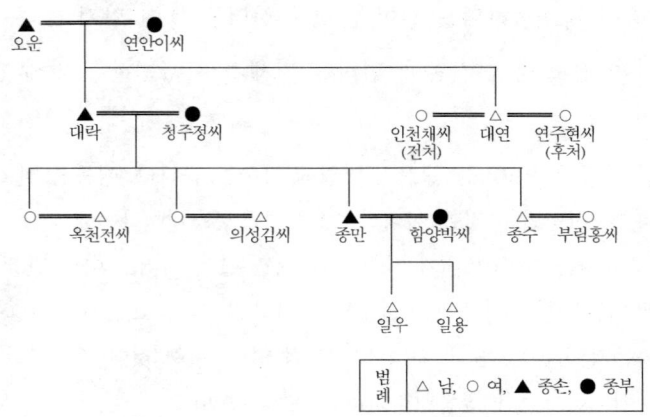

　문중에서는 종손이 귀향한다는 소식을 듣고 얼마나 반가웠던지, 매년 정월에 개최하던 친족회親族會를 연기하여 3월 26일에 개최하였다. 친족회는 경향 각지에 살고 있는 가일 입향조의 후손들이 다 모여서 친목을 다지며 윷놀이를 하고 술과 음식을 장만하여 노는 모임이다. 그런데 종손의 귀향환영식을 겸하여 친족회를 연기하여 열었던 것이다. 이에 대해 종손은 늘 문중구성원들에게 고맙게 생각하고 있었다.
　다시 시습재로 돌아온 종손 권종만은 역시 예전 할아버지 때처럼 사랑방을 지키고 있다. 밥을 먹을 때는 안방으로 들어가고 그 밖에는 주로 사랑방에서 생활하며, 종부는 안방에서 생활하고 있다. 남녀간의 내외법이 여전히 유지되고 있음을 알 수 있다. 권종만이 지키는 사랑방은 예전 시습재의 사랑방처럼 마을의 손님과 외처의 손님으로 활기를 되찾았다. 이 사랑방에서 문중 운영의 현대화 문제, 문중 규약의 정비, 제례의 간소화 문제, 묘제를 위한 소의 관리 등이 오늘도 논의되고 있을 것이다.

▲ 다시 종가로 돌아온 병곡 10대 종손

요즈음 권종만의 뇌리를 누르는 일 가운데 하나는 차종손의 혼사 문제다. "나는 회갑을 하지 않았는데, 맏아들 장가가는 날이 내 회갑날입니다. 며느리가 와야 뭐 회갑을 하지. 며느리한테 얻어먹어야지"라는 말 속에는 세태에 대한 아픔이 묻어나고 있다. 매스컴에서는 너무 종가 생활을 힘든 쪽으로만 몰아간다는 것이다. 실제로 종가에서 종부는 관리자이고 불천위제사와 같은 문중 차원의 행사는 문중에서 다 협력하여 행사를 치르고 있어서, 종부가 피상적인 생각처럼 힘든 것은 아니라고 한다. 그런데 매스컴에서 퇴계 종가 같은 곳을 집중적으로 부각시키고, 또 거기서 치르는 행사를 마치 종손과 종부가 다 해결해야 하는 것처럼 오도하고 있다는 것이다. "오늘날 종가의 예비 종손들이 장가 못 가는 데는 매스컴의 책임도 있다"는 지적은 세인들에게 많은 것을 생각하게 한다. (배영동)

11장

안동권씨(참의공파) 집성마을 공간의 얼개와 한옥

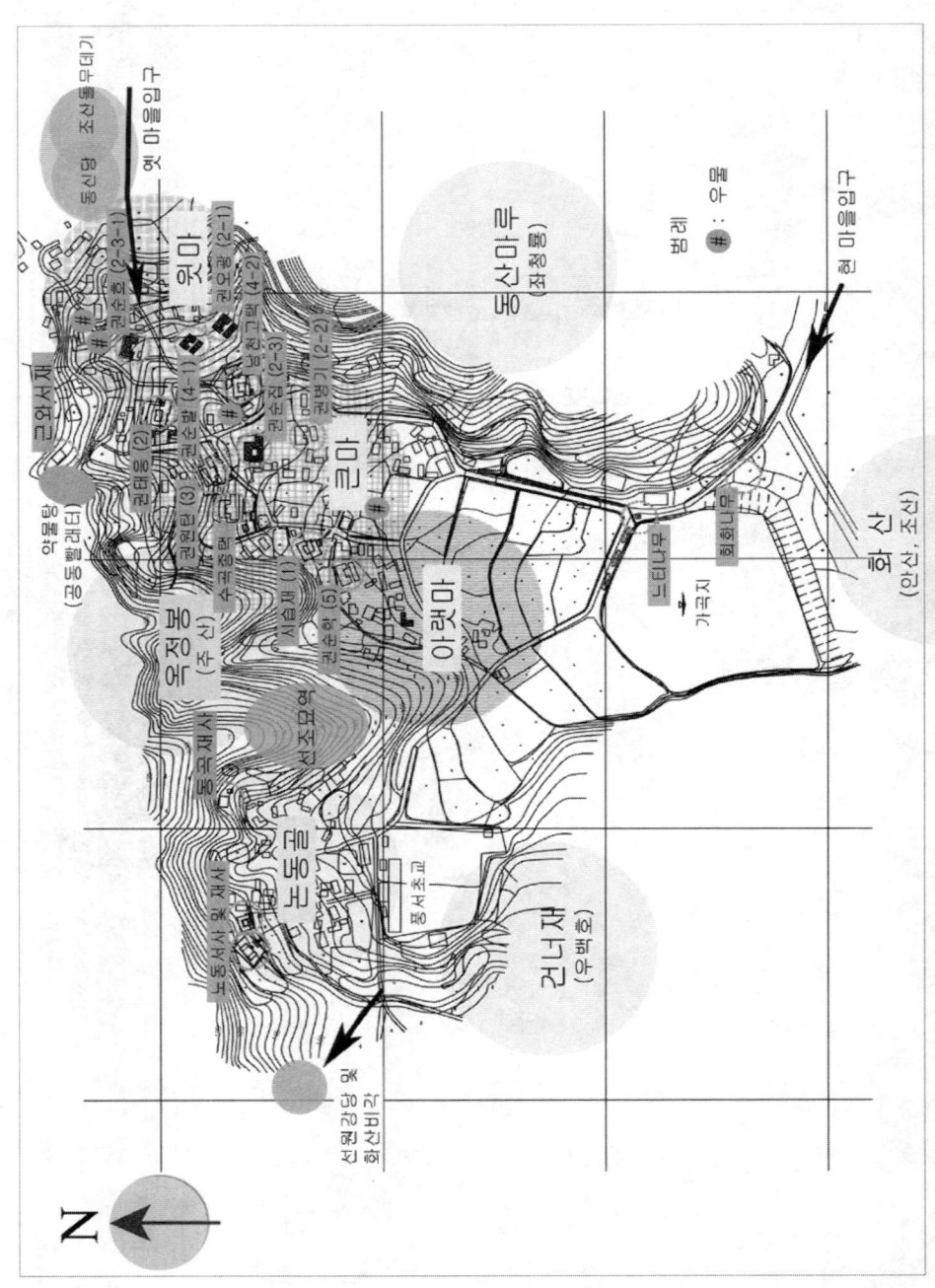

1. 가일마을 공간의 얼개

한국 촌락의 기본형은 산과 물을 기저로 한 자연환경, 즉 뒷산과 좌우로 펼쳐진 산, 그리고 그보다는 조금 낮은 앞동산으로 둘러싸인 영역 사이를 시냇물이 관통하는 형세를 취한다. 이러한 배산임수의 기본형은 사는 이의 기본적인 상황 조건을 만족시킨다. 또한 진산鎭山이라 불리는 주산主山을 배경으로 펼쳐진 공간과 연못을 지니며, 그 좌우에는 협소감을 느끼지 않을 정도의 산으로 에워싸여져 있다. 전방의 가까운 산을 안산案山이라 하고 멀리 보이는 산을 조산朝山이라 하는데, 안산은 정자가 마을의 시각적 표식이 될 수 있게끔 낮으면 낮을수록 좋다. 결국 촌락의 영역은 조산朝山-안산案山-진산鎭山-조산祖山이라고 하는 공간적인 위계와 시선축의 형태를 이룬다. 이러한 한국 전통마을은 자연재해를 피하고 외부의 침입을 막을 수 있으며 쉽게 먹을거리를 얻을 수 있는 곳에 자연과 어울리는 공간을 꾸민다.

가일마을 역시 명형국지의 기본 조건인 배산임수를 갖춘 명당 가거지로서, 포근하고 아늑하게 느껴지는 마을이다. 시습재 뒤편 주산인 정산(옥정봉)과 좌우로 뻗어 내린 동쪽의 '동산마루'와 서쪽의 '건너재'는 마을을 감싸 안아 비바람으로부터 피해를 입지 않게 해 주며, 열린 앞쪽으로는 이로운 바람과 물을 얻게 하고 눈 맛을 좋게 해 준다. 앞쪽의 낮은 곳에 넓게 펼쳐진 가일들은 먹을거리를 제공해 준다. 그 너머 멀리에는 조산이자 하회의 주산인 화산이 바라보이는데, 이 산을 따라 낙동강이 굽이쳐 흐르고 있다.

한국전통마을은 이러한 풍수지리적 영역성과 함께, 원시신앙적 요소에 따라 마을 내부에 크고 작은 공간들로 구성되어 그 나름의 공간적 율동을 가지게 된다. 이를 크게 구분한다면 서장·중장·종장으로 나눌 수 있다. 이들 각 장은 서로 다른 자연·인문적 조건에 따라 늘어나기도 하고 생략되기도 하면서 각기 다른 특징을 지닌 채 영역성을 이루고 있다.

먼저 산을 넘거나 골짜기를 돌면 동구가 시작된다. 동구에는 경계 표시의 암시로 장승·서낭 및 서낭당·조산돌무더기·솟대 등의 민간신앙적 요소들과 효자·열녀비각 등이 자리잡고 있다. 이런 동구를 좀 지나면 향나무 등이 심어져 있는 공동우물(샘) 혹은 빨래터가 시설되는데, 공동우물과 빨래터는 마을을 드나드는 사람들에 대한 감시 기능을 겸하게 된다. 또한 마을의 중심에는 공동사랑방 역할을 하는 정자 또는 정자목 공간을 두는데, 대개의 경우 정자나무를 심고 그 밑에 많은 사람이 앉을 수 있는 자리를 마련한다. 이 광장을 지나면 고샅(마을의 좁은 골목) 끝에 주택들이 배치되어 있다.

가일 개기 당시의 동구는 동쪽 웃마의 위쪽 능선에 남아 있는 동신당·조산돌무더기 지역으로, 이 언덕을 넘어서야 마을이 보였는데, 지금은 마을 앞쪽의 국도가 나면서 동구가 마을보다 낮은 곳이 되었다. 예나 지금이나 동구에서 마을 속이 쉬이 보이지 않는, 마을자리는 천연의 요새다. 웃마 동쪽 언덕을 올라서 서낭을 지나 들어오던 옛 율동은 사라지고 지금은 마을 초입에 수문장 노거수 회화나무(안내판: 300년, 주민얘기: 500~600년), 가일 못(300년 전 조성, 일제강점기 때 확장), 버드나무(안내판: 200년, 주민얘기: 300~400년) 등이 새로운 리듬과 가일 고유의 분위기를 느끼게 한다. 마을의 공동우물은 지금은 사용하지 않지만 네 곳(시습재 앞에 현재 메워져 있음)이 남아 있으며, 공동빨래터는 근와서재 좌측 약탕골계곡에 있었다고 한다.

이와 같은 토속적 배치를 취한 한국전통마을 중에서도 많은 분포를 갖고 있는 동족마을은 또한 유교적 덕목에 따른 배치적 특성을 지니고 있다. 동족마을 안의 여러 가구들은 하나의 조상으로부터 마치 나뭇가지처럼 분가하여 만들어지기 때문에 대를 이어 받는 가구는 분가해 나간 가구에 대하여 큰집과 작은집의 관계를 갖는다. 동족마을에서 뿌리에 해당하는 가구를 대종가라고 하는데, 대종가는 한 집안의 대표일 뿐 아니라 한 마을의 대표가 되어 집안일과 마을일을 결정하는 데 큰 역할을 한다. 이에 따라 마을 안에서는 종족적 질서가 엄격하게 반영되어, 마을의 상징이 되는 종가에 대한 입지라든가 장손과 지손들에 대한 엄격한 구분을 건축적으로 표현하고 있다. 이런 질서는 가옥을 입지시키는 배치뿐만 아니라 각각의 주거 형태에서도 나타난다. 실제로 동족마을에서는 마을의 중심이나 윗자리에 대종가가 위치하고 그 다음에 소종가가, 가장 변두리나 아랫자리에 소작농이 각각 위치하는 것을 확인할 수 있다.

가일마을은 현재 안동권씨 동성마을로 100여 가구가 모여 살고 있다. 우리나라 동성마을은 17세기부터 본격적으로 시작되었다. 가일도 안동권씨 참의공파(가일권씨)의 동성마을이 되기 이전의 혼성 때 공간 짜임은 현재와 달랐다. 지금은 가일 못둑에서 바라보이는 마을자리가 '큰마'·'웃마'·'아랫마'·'논동골'(노동골)의 네 영역으로 나뉘어 있다. 논동골 뒤편 산 너머에는 화산 권주가 수학하던 곳을 기념하여 후손들이 지은 선원강당이 자리잡고 있는 작은 '선원부락'이 있다. 이 부락까지 포함하면 가일은 모두 다섯 부락으로 나눌 수 있다. 그리고 주산인 옥정봉에서부터 흘러내려 큰마와 논동골을 경계지우는 낮은 구릉의 솔밭은 300여 년에 걸쳐 조성된 '가일권씨' 선조들의 묘역이다. 따라서 묘역은 경敬(내세)의 공간으로, 마을은 속俗(속세)의 공간으로 그 고유의 영역성을 갖게 된다.

큰마는 마을에서 가장 핵심 지역으로 이곳에 대소종가가 모여 있다. 대종가 시습재(1)가 주산 옥정봉을 등진 혈자리에 위치해 있고 그 다음으로는 권태웅(2)·권오광(2-1)·권순호·권병기(2-2)·권순집(2-3)·권원탄(야유당, 3)·권순발(4-1)·남천고택(4-2)·권순학(5) 순으로 종법위계에 따라 큰마와 웃마에 각기 자리잡고 있다. 마을 서쪽에 위치한 논동골은 가일권씨 학문의 상징인 노동서사가 있는 곳으로 1943년 풍서초등학교가 설립되면서 집들이 들어선 작은 동네다.

마을에 소재하고 있는 많은 한옥들 중에서 문화재로 지정된 집과 공적인 건물은 이들 속에 담겨진 건축 내용을 다루었고 나머지는 사진과 도면만으로 간략히 소개한다.

2. 가일마을의 한옥

1) 시습재

소재지 : 경북 안동시 풍천면 가곡리 415
소유자 : 권종만
문화재 종별 : 경상북도 문화재자료 370호
건립 연대 : 19세기 중엽

시습재는 이 마을에서 가장 오랜 역사를 지닌 대종가다. 도승지, 경상도관찰사 등을 역임한 화산 권주(1457~1505)의 옛집으로 화산의 7대손 병곡 권구의 재호다. 권구의 자는 방숙이고 호는 병곡이다. 아버지는 선교랑을 지낸 징이고 어머니는 풍산유씨 현감 원지의 딸이며 서애의 증손녀다. 1672년에 이 집에서 태어났다. 1690년 19세에 갈암 이

▲ 시습재 전경

현일의 손녀에게 장가들면서 갈암의 문인이 되었다. 1749년 78세로 죽을 때까지 평생 학문 연구와 저술에 몰두하여 많은 연구서와 교양서를 저술하였다. 『병곡집』 14권 7책(속집 포함), 『역대연혁도』 등이 간행되었고 부녀자의 교양서인 『내정편』이 전한다. 지금의 건물은 약 150여 년 전에 지은 것이라 한다.

  대종가는 종법위계가 제일 높은 집으로 마을의 핵심적 자리인 주산 옥정봉 바로 앞에 남향으로 앉아 있다. 우측 모서리에 나 있는 트임대문을 들어서면 넓은 바깥사랑마당 너머로 'ㅁ자형' 몸채가 보인다. 몸채 우측 약간 뒤편에는 이 집에서 위계상으로 가장 높은 사당이 별도로 일곽을 이루면서 자리하고 있다. 몸채는 가운데 안마당을 중심으로 정면 6칸, 측면 6칸이 둘러싸고 있다. 정면은 남자들이 기거하는 사랑 공간으로 사랑방 2칸과 사랑대청 2칸을 중앙부에 앉혔다. 사랑방 좌측 1칸은 고방이고 사랑대청 우측 1칸은 안마당으로 출입하는 중문간이다.

중문간을 들어가면 안마당 너머 시원스레 열려 있는 안대청이 마주 보인다. 대개 안대청이 2칸인 데 비해 이 집은 큰일이 많은 대종가답게 3칸으로 비교적 크게 잡아 놓았다. 뜨거운 여름날 안마당에 땡볕이 내리쬐면 광정光井이 되는 마당이 달구어져서 더운 공기가 상승하게 된다. 상승기류가 넓게 잡아 놓은 안대청 뒷벽에 나있는 바라지창으로부터 뒷산의 시원한 공기를 빨아들인다. 아무리 무더운 여름이라도 이 안대청에 있으면 최고가의 에어컨 바람을 능가하는 자연풍을 맞으면서 한여름을 잊고 지낼 수 있다. 안대청 뒷벽에 나있는 창호는 일반적으로 그 크기가 같은데, 이 집은 중앙의 창이 좌우보다 반 정도로 작은 독특한 모습을 하고 있다. 또한 좌우의 창은 영쌍창欞雙窓(창틀 가운데에 세운 작은 기둥을 欞이라 한다)으로 18세기 이후로는 거의 찾아볼 수 없는 고식이다.

안방 앞으로는 큰 안부엌과 마루방이 이어져 ㅁ자 집의 왼쪽 날개를 이루고 있다. 안대청 좌측에는 안주인이 거처하는 안방이 앞뒤 2칸통으로 길게 배열되어 있고, 우측에는 건넌방 1칸이 대청 모퉁이에 놓여 있다. 건넌방 오른쪽 접한 곳에는 마루방이 있고 그 앞으로는 상방과 고방, 그리고 우측 뜰로 나가는 통래간이 뻗어 ㅁ자 집의 오른쪽 날개를 이루고 있다.

사랑채는 바깥주인이 거처하는 곳으로, 사랑방과 사랑대청이 각기 2칸씩 몸채 정면 가운데 모두를 차지하고서 이 집을 드나드는 모든 사람을 지켜보고 있다. 사랑방 왼편에는 안채와 사랑채 양쪽에서 유용하게 이용할 수 있는 고방을 마련해 두었다. 사랑대청의 뒷벽 2칸 중 좌측 1칸은 유교 덕목에 따른 남녀 공간구분의 차원에서 안방 및 안대청이 보이지 않게 벽으로 막았다.

▲ 안대청 배면 중앙과 우측면 영쌍창

▲ 시습재 사당 전경

건물 구조양식은 기단을 자연석으로 바르게 쌓아 막돌 초석을 놓고 모두 네 모 기둥을 세운 홑처마 민도리집이다. 안대청은 사랑대청과 달리 기둥 상부에 보 밑을 바치는 보아지를 끼우고 안팎을 아름다운 초각으로 장식하여 품격을 높였다. 대청 상부는 도리를 세 줄로 걸친 3량가로 휘어진 곡재의 대들보를 얹고 그 위에 사다리꼴 모양의 대공을 놓아 종도리를 받치게 했다.

사당은 정면 3칸, 측면 1칸 반 규모의 홑처마 맞배지붕집이다. 정면에는 반 칸 크기의 개방된 툇간을 두어 제례의식이 원활히 이루어지게 하였다. 툇간 뒤편을 보면 정면 3칸에는 높은 널 위에 조그맣게 세살을 베푼 비교적 어두운 문을 달고, 좌·우측에는 작은 광창을 내어 실내가 엄숙한 분위기의 감실형으로 꾸며져 있다. 건물의 구조양식은 자연석을 질서정연하게 쌓은 기단 위에 막돌 초석을 놓은 다음 정면에만 둥근기둥을 세우고 기둥 사이의 도리와 장혀 밑에 작은 접시 모양의 소로小櫨를 수장한 민도리집이다. 정면 둥근기둥 상부에는 보를 받치는 보아지를 끼우고 그 안팎을 마치 새 날개 모양의 익공처럼 초각하여 고급스럽게 장식하였다. 상부의 가구는 5량가로 대들보 위에

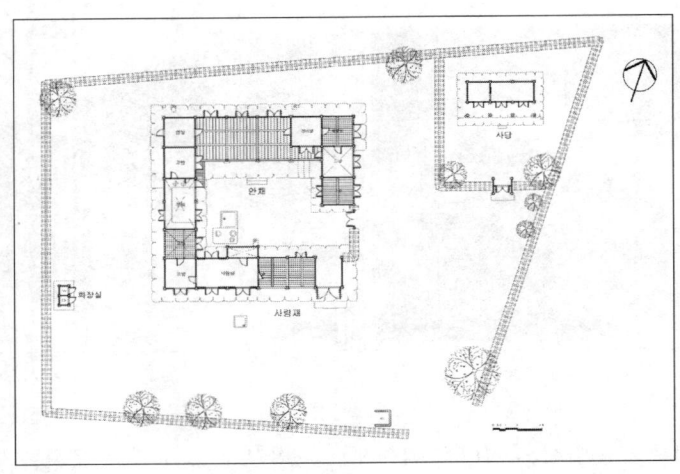

<시습재 배치 평면도>

동자주를 세워 종보를 받치게 하고 종보 위에 사다리꼴 모양의 대공을 놓아 종도리를 지지토록 했다.

2) 권태응 가옥

소재지 : 경북 안동시 풍천면 가곡리 421-2
소유자 : 권태응
문화재 종별 : 중요민속자료 202호
건립 연대 : 19세기 후반

이 집은 원래 수곡 권보의 손자 권환이 생가인 수곡종택을 짓기에 앞서 양가 제택으로 지은 것이라고 한다. 풍기광복단과 대한광복회에 참여하여 독립자금모금활동 등을 한 독립운동가 권영식(1894~1930)이 태어나고 죽은 집이다. 그 뒤 현재의 주인 권영대의 선친 권태응이 매입하여 오늘에 이른다. 건립 연대는 정확히 알 수 없으나 구조양식으로 보아 1800년대 후반의 건축으로 추정된다.

▲ 권태응 가옥 원경

시습재의 우측 동편 비교적 높은 위치에 남동향으로 자리잡고 있다. 대지 앞쪽 가운데에서 우측으로 조금 치우친 곳에 초가 대문채가 앉아 있고 그 뒤편 석축을 쌓은 약간 높은 땅에 ㅁ자형 몸채가 덩그렇게 자리해 있다. 대문채 우측에는 사랑 공간에서 이용하는 측간 외측이 전면 담장에 접해 있고 그 바로 후방의 좌측 담장 쪽에는 연못이 마련되어 있다. 여자들이 사용하는 측간 내측은 ㅁ자 몸채 좌측의 전방에 위치해 있다. 내측과 몸채 사이에 있는 짧은 담장은 내외 담장으로 유교 덕목에 따라 바깥 사랑 공간과 안쪽 안채 공간을 구분짓기 위해서다.

이 집의 출입은 현재 초가 대문채로 드나들지 않고 우측 모서리부의 담장 일부를 터서 외측과 연못 사이로 출입하고 있다. 출입로를 따라 들어서면 ㅁ자형 몸채의 정면 우측에 약간 돌출한 큰 사랑 공간이 위용을 드러내면서 맞이한다. 사랑 공간을 비스듬히 지나면 안채로 들어가는 중문간이 바라보인다. 중문 안으로는 여성 공간인 안채가

▲ 권태응 가옥 안방 상부 다락

보이지 않도록 차면벽을 설치하여 대각선상으로 출입하도록 하였다. 안방과 안대청이 가로로 길게 늘어서 안마당 폭을 가득 메우고 있다. 안방 좌측에는 3칸 규모의 아주 큰 안채부엌과 고방 등이 앞으로 길게 뻗어 좌측 날개를 이루고, 안대청 우측에는 건넌방·도장방 등이 사랑 공간까지 이어져 우측 날개를 만들고 있다.

안방과 안채부엌 위를 비롯한 여러 곳에 이 집의 큰살림을 보관할 수 있는 크고 작은 다락들을 많이 두었다. 안채의 구조양식은 민도리 형식으로 자연석 기단 위에 막돌 초석을 놓고, 핵심 공간인 안대청에 만 굵은 원주를 세워 큰 대접 모양의 주두를 얹고 기둥 사이에는 작은 접시 모양의 소로로 수장하여 격을 높였다. 안대청 상부 가구는 5량가 이며 대들보 위에는 양측에 동자주를 세워 종보를 받치게 하고, 종보 위에는 사다리꼴의 판대공을 놓아 종도리를 지지토록 했다. 동자주 상부에는 주두를 얹고 도리 방향으로 동자행공를 끼워 소로를 놓고, 대공 가운데에도 소로를 끼워 장식하였다.

사랑채는 안채와 접해 있음에도 불구하고 마치 별도로 떨어져 있는 것처럼 높다랗게 지었다. 사랑 공간은 항상 집의 머리가 되어 전망이

▲ 사랑대청 상부 가구 ▲ 사랑대청 상부 井자형 천장과 부채살 모양의 서까래

트인 제일 좋은 곳을 차지하여 바깥에서 볼 때에도 가장 돋보이는 형태를 취하게 마련이다. 집 주인의 풍모를 나타내는 상징적인 곳이기도 하다. 사랑채는 좌측에 사랑방 2칸이 앉고 그 오른쪽으로 사랑대청 2칸이 배열되어 있다. 사랑대청에서는 담장 너머의 바깥 경관을 감상할 수 있으며, 이 집을 오가는 모든 동정을 살펴 볼 수 있다.

사랑채의 구조양식도 안채와 거의 같게 꾸며진 민도리 형식이다. 다만 사랑대청 상부의 우측에 안채에서 볼 수 없는 '우물 정'(井)자 모양의 천장과 부채살 모양의 아름다운 선자연 천장이 꾸며져 있음이 다르다. 이런 천장은 대개 사랑채처럼 아름다운 곡선미를 가진 팔작지붕을 구성할 때 만들어진다.

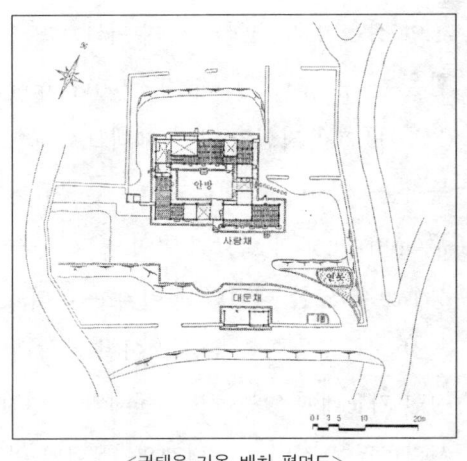

<권태응 가옥 배치 평면도>

11장 안동권씨(참의공파) 집성마을 공간의 얼개와 한옥_315

▲ 수곡종택 전경

3) 가일 수곡종택

소재지 : 경북 안동시 풍천면 가곡리 419
소유자 : 권대송
문화재 종별 : 중요민속자료 176호
건립 연대 : 1792년(정조 16)

이 집은 병곡 권구의 셋째 아들로 평생 도학에 심취하고 검소한 생활을 해 온 수곡 권보(1709~1777)의 유덕을 추모하여 그의 손자 권환(1767~1852)이 자신의 생가 제택으로 1792년에 건립한 집이다. 재산을 독립운동자금으로 내놓고 군자금모금활동을 한 독립운동가 우암 권준희(1849~1936)가 살았던 곳이자 그의 손자로 역시 독립운동가인 권오상(1900~1924)이 태어난 곳이기도 하다.

시습재 우측으로 조금 떨어진 북쪽에 남서향으로 앉아 있다. 대지 정면 가운데에 있는 3칸 대문채의 우협칸에 낸 대문을 들어서면 넓은 사랑마당을 건너서 사랑채와 그 뒤의 안채가 ㄷ자를 이루고 있다. 사

▲ 수곡종택 사당 전경

랑마당 좌측에는 새 사랑채가 있고, 안채의 오른쪽 뒤편 약간 높은 터에 사당이 자리잡고 있다.

앞쪽의 사랑채는 정면 8칸 중에서 우측 4칸은 큰사랑채이고, 안채로 들어가는 중문간을 포함한 좌측 4칸은 지붕이 한단 낮은데 중문간에서 좌측으로 작은사랑방과 방 각 1칸에 직교한 통칸 고방이 연접해 있다. 큰사랑채는 막돌 초석 위에 대청에만 원주를 세우고 대청 상부 가구를 3량가로 구성하여 휘어진 곡재의 대들보 위에 사다리꼴의 판대공을 세운 검소한 구조이다. 사랑채 지붕을 여느 집처럼 팔작으로 화려하게 꾸미지 않고 맞배지붕으로 한 것도 조부의 검소함을 잇고자 한 것이라고 한다.

안채는 ㄷ자형으로 되어 있는데, 안마당 쪽을 향한 4칸 중 오른쪽 2칸은 전면이 개방된 안대청이고 왼쪽 2칸은 통칸 안방이다. 안방의 좌측에 접한 2칸 반 부엌과 1칸 고방이 앞의 사랑채 쪽으로 연이어져 좌측 날개를 이루고, 안대청 대청 우측에도 고방·웃방·새댁방·부

▲ 안대청 상부 가구

▲ 새 사랑채

엌으로 도합 3칸 반이 뻗어 우측 날개를 구성하고 있다. 안방과 안채부엌 등의 상부에는 이 집의 살림 규모를 엿보게 하는 크고 작은 다락들을 마련해 두었다.

안채의 구조양식은 자연석 기단 위에 막돌 초석을 놓은 다음 안대청에만 원주를 세우고, 대청 상부 가구를 5량가로 가구하여 대들보 위의 양측에 짧은 동자주로 종보를 받치게 하며 종보 위에는 사다리꼴 판대공을 놓아 종도리를 지지하도록 했다.

새 사랑채(一枝齋)는 은퇴한 주인이 여생을 보내는 곳으로 일종의 별당으로 정면 3칸의 겹집이다. 앞줄의 우측 2칸은 개방된 마루로 고급스러운 계자각 난간을 돌렸고, 좌측의 온돌방은 마루 쪽으로 온통의 큰 들문을 달아 시

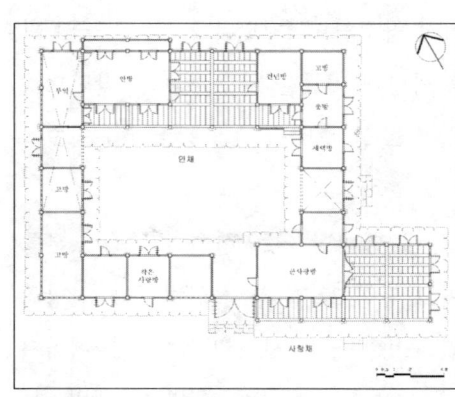
〈수곡종택 몸채 평면도〉

원스레 개방되게 하였다. 뒷줄에는 어칸에 마루방을 꾸미고 좌우에 방을 1칸씩 들였다. 구조양식은 안채와 거의 같은 모습으로 툇마루 모서리 상부에 팔작지붕을 얹을 때 만드는 부채살 모양의 선자연이 아름답다.

사당은 단칸 건물로 정면에만 굽널을 높게 하고, 세살을 베푼 문을 설치하고 나머지는 벽체로 막은 간략한 구조의 맞배지붕집이다.

4) 남천고택
소재지 : 경북 안동시 풍천면 가곡리 422
소유자 : 권용대
문화재 종별 : 경상북도 문화재자료 324호
건립 연대 : 1850년(철종 원년)

이 집은 야유당 권장이 철종 1년(1850) 경 그의 넷째 아들 권숙(1832~1901)의 세간 집으로 지은 것이라고 한다. 권태응 가옥 전방 약간 우측에 남향으로 앉아 있다. 집 앞에는 원래 지금보다 훨씬 더 넓은 마당과 여러 건물들이 있었다고 하는데 지금은 텃밭으로 일구어져 그 흔적을 짐작할 수 없다.

마을 도로와 연결된 텃밭 좌측을 따라 들어가면 정면의 一자형 중문간채와 그 뒤편의 안채와 사랑채가 ㅁ자형을 이루고 있다. 앞마당 전방 우측에는 근년에 연못을 조성하고 정원을 꾸몄다. 연못은 방형으로 되어 있고 그 가운데 원형의 석가산이 만들어져 있다. 연못의 전체 형태는 동양 우주관의 천원지방天圓地方의 조형원리를 따라 조성된 것으로 원형은 하늘을, 방형은 땅을 의미한다.

사랑채는 중문간채의 가장 우측에 나 있는 중문간에서 뒤편으로 한

▲ 남천고택 전경

칸 물러서고 다시 오른편으로 한 칸 떨어진 곳에 있는데, 사랑방과 사랑대청으로 구성되어 있다. 사랑채는 집의 머리답게 돋보이도록 크고 높게 지었다. 이 사랑 공간에서 정성들여 꾸민 앞마당의 연못과 정원을 내려다보며 감상할 수 있다. 안마당에서 사랑방으로의 출입은 사랑방 좌측에 마련된 벽장 옆에 나 있는 문으로 하는데, 이 벽장이 사랑 공간에서 안채가 직접 보이지 않게 하는 내외 구분의 차면 벽 역할을 하고 있다.

한편 이 사랑채에서 권숙이 기거하면서 학문 연구와 가족들을 중심으로 한 후진 양성에 노력하였다고 한다. 이때의 사랑채는 조선 후기의 범계급적이고 초등적인 일반 서당과는 구별되는, 고차원적 교육기관으로 존재했던 지방별·문벌별·당색별로 폐쇄되어 있는 형태의 서당이었으리라고 추측된다.

중문을 들어서면 안마당 건너서 안채의 안방과 안대청이 가로로 길게 놓여 마당을 가득 메우고 있다. 안방 좌측에는 안채부엌과 고방이

▲ 안대청 상부 가구

세로로 길게 놓여 좌측 날개를, 안대청 우측에는 마루방·상방·샛방이 뻗어 우측 날개를 이루고 있다. 19세기 말의 가옥 구조는 대체로 수장 공간의 확보와 동선의 편의를 위해 전진·후퇴가 발달하는 평면 구성을 갖는데 이 집도 안채와 사랑채에 벽장과 툇마루, 쪽마루가 비교적 많다.

건물의 구조양식은 자연석 기단 위에 막돌 초석을 놓고 네 모 기둥을 세운 간결한 민도리 형식이다. 대청 상부 가구는 3량 가로 대들보 위에 사다리꼴 판대공을 세워 종도리를 받게 하였다.

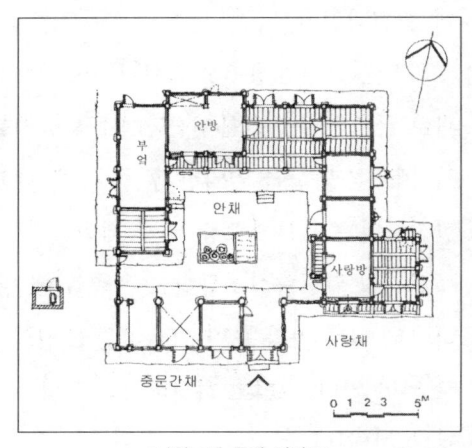

〈남천고택 몸채 평면도〉

▲ 선원강당 및 화산비각 원경

5) 선원강당 및 화산비각

소재지 : 경북 안동시 풍천면 가곡리 544
소유자 : 권종만
문화재 종별 : 경상북도 문화재자료 35호
건립 연대 : 1843년(중건)

이 건물은 화산花山 권주權柱(1457~1505)가 수학한 자리를 기념하기 위해 후손들이 지은 강당이다. 창건 연대는 정확히 알 수 없고, 1843년에 중건되었다.

화산은 1474년(성종 5) 진사가 되어 1480년(성종 11)에 친시문과에 갑과로 급제하여 1497년(연산군 3)에 도승지를 거쳐 충청도·경상도관찰사, 예조참판 등을 역임한 후 중종 때 의정부우참찬에 추증되었다. 화산신도비는 1711년(숙종 37)에 세워졌다.

선원강당은 풍서초등학교 우측 편에 나 있는 길을 따라 낮은 구릉 너머로 계속 가다 보면 작은마을 초입의 오른쪽 산자락 끝에 남향으로 앉아 있다. 그리고 화산비각은 강당 우측의 약간 높은 곳에 서향으로 놓여 있다.

▲ 선원강당 전경

▲ 대청과 방 사이의 창호(좌측 쌍창과 우측 외짝 문)

강당의 앞에는 L자형 재사가 앉아 있고 그 우측 편에는 부속채가 자리잡고 있어 전체적으로는 口자형을 이루고 있다. 강당은 정면 4칸, 측면 2칸 규모의 홑처마 팔작지붕집이다. 평면구성은 중앙에 대청을 두고 그 양측에 온돌방을 배열한 중당협실中堂夾室 형식이다. 대청과 온돌방 사이의 개구부를 보면, 건물의 정면 쪽은 하부에 높은 토머름(창호 밑틀과 하인방 사이에 막은 부분)을 들여 출입이 불가능한 쌍여닫이 띠살창을 달고 배면 쪽에 굽널 띠살문을 달았다. 이처럼 대청과 방 사이를 창과 문으로 구분한 형식은 18세기 이후로는 거의 찾아볼 수 없는 오래된 모습이다. 출입동선이 가까운 건물 앞쪽에 문을 내지 않고, 또 창보다는 문이 필요한 대청과 방 사이에 창을 둔 이유는 생활의 편의보다는 유교적 행동규범을 중시했기 때문이라 여겨진다.

건물의 구조양식은 자연석을 바르게 쌓은 기단 위에 막돌 초석을 놓고 네 모 기둥을 세운 간략한 민도리 형식이다. 기둥 상부에는 큰 접시 모양의 주두를 얹어 다소간 격을 높였다. 대청 상부 가구는 5량가로 대들보 위의 양측에 짧은 동자주를 세워 종보를 받치게 하고, 종보 위에는 사다리꼴의 판대공을 놓아 종도리를 지지토록 했다.

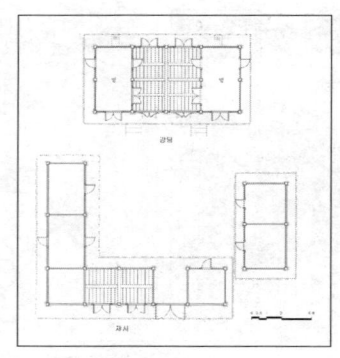

<선원강당 배치 평면도>

화산신도비는 전체 높이 1.45미터, 폭 75센티미터, 두께 27센티미터로 좌대 위에 비신과 용머리 모양의 비머리를 갖추었다. 비각은 단칸의 홑처마 맞배지붕 건물이다. 원주를 세우고 기둥 상부에 소의 혀처럼 조각한 두 개의 쇠서를 장식한 이익공 양식인데, 기둥 사이의 창방 위에는 꽃병 모양으로 장식한 화반과 원형 판재가 도리를 받치고 있다.

6) 노동서사

소재지 : 경북 안동시 풍천면 가곡리 41
소유자 : 권종만
문화재 종별 : 비지정
건립 연대 : 1835년

노동서사는 1835년 병곡 권구의 학문과 학덕을 기려 사림에서 건립하였다. 풍서초등학교 뒤편에 있는 논동골 위쪽의 뒷산자락 구릉지에 남동향으로 앉았는데, 우측 조금 낮은 곳에 노동재사가 나란히 있다.
노동서사는 산자락의 완경사지에 서사를 배치하고 그 앞에 외삼문을 두고 주위를 담장으로 둘러 일곽을 구성하였다. 서사는 정면 5칸,

▲ 노동서사 전경

▲ 노동서사(좌) 및 노동재사(우)

측면 2칸 규모다. 평면구성은 가운데 6칸통의 큰 대청을 두고 그 양측에 각기 온돌방(좌: 明義齋, 우: 居敬齋)을 둔 중당협실형中堂夾室形이다. 양측 온돌방 뒷벽에는 각종 물건을 수장하는 벽장을 마련하였다. 이런 중당협실형은 강학 공간인 향교 명륜당, 서원 강당, 정사 등에서 주로 볼 수 있는 전형적인 모습이다.

대청과 온돌방 사이의 개구부 형식은 선원강당과 유사하다. 선원강당과 마찬가지로 건물의 정면 쪽은 창틀 하부의 높은 머름으로 문턱이 높아서 출입이 어려운 쌍여닫이 띠살창을 달고, 배면 쪽에는 출입을 위한 굽널 띠살문을 달았다. 한편 양측 온돌방 정면의 쌍여닫이 띠살창에는 18세기 이후로 거의 찾아볼 수 없는 고식 영쌍창楹雙窓의 가운데설주(楹)의 흔적이 남아 있다. 위틀에 있는 제비초리맞춤의 삼각형 촉 부분과 밑틀의 홈이 그것이다.

▲ 온돌방 정면 창 위틀에 있는 영쌍창 흔적
(삼각형 촉 모양의 홈)

건물의 구조양식은 자연석

▲ 대청과 방 사이를 창(좌측 쌍창)과 문(우측 외짝문)으로 구분한 모습

▲ 대청 상부 가구

을 바르게 쌓은 기단 위에 막돌 초석을 놓고 대청 앞뒤만 둥근 기둥을 세운 민도리 형식이다. 기둥 상부에는 큰 접시 모양의 주두를 얹고 주간柱間의 도리 밑은 작은 접시 모양의 소로로 수장하여 품격을 높였다. 대청 상부 가구는 5량가로 가구하고 대들보 위에는 양측에 판재의 동자주를 세워 종보를 받치고, 종보 위에는 사다리꼴의 판대공을 놓아 종도리를 지지토록 했다. 동자주 상부에는 주두를 얹고 도리 방향으로 짧게 받친 동자행공를 끼워 소로를 놓고, 대공 가운데에도 소로를 끼워 장식하였다.

　노동서사의 지붕은 위에서 내려다보면 工자형이다. 이러한 工자형 지붕은 향교·서원 등의 강학 공간 건물에서 주로 찾아 볼 수 있는데, 여기에는 열심히 공부하라는 상징적 의미가 담겨 있다.

　외삼문은 정면 3칸, 측면 1칸 규모로 가운데가 대문간이고 그 좌측은 창고이며 우측은 온돌방이다. 대문간의 지붕이 양측간보다 한단 높은 솟을대문이다. 구조양식은 자연석 기단 위에 막돌 초석을 놓고 네 모 기둥을 세운 간략한 민도리 형식의 홑처마 맞배지붕집이다.

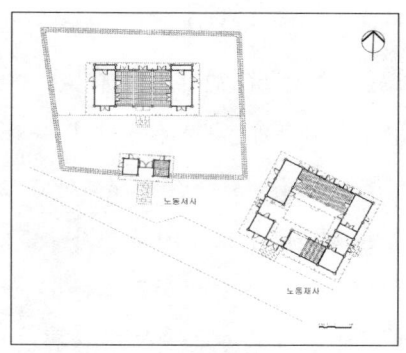

<노동서사와 노동재사 배치 평면도>

7) 노동재사

소재지 : 경북 안동시 풍천면 가곡리 41
소유자 : 권종만
문화재 종별 : 비지정
건립 연대 : 1840년경

이 건물은 풍서초등학교 뒤편에 있는 논동골 위쪽의 뒷산자락 끝에 남향으로 앉아 있다. 좌측 조금 높은 곳에는 노동서사가 있다.

재사는 우리의 관례인 묘제를 지내기 위한 건물로서 참제인의 숙식·제수 장만·음복·망제 등의 주기능과 함께 후학을 양성하는 강학 기능을 갖기도 한다. 재사는 대개 문중의 묘가 있는 곳에 자리잡는데, 가일마을도 선조들의 묘역이 바로 옆에 위치해 있다. 전저후고前低後高의 지형이기 때문에 전면에 비교적 높은 석축 같은 기단을 쌓고 그 위에 건물을 앉혔으며 주위에는 담장을 두르지 않았다.

건물은 정면 5칸, 측면 4칸 규모의 ㅁ자형 집이다. 정면의 좌측에서 두 번째 칸에 나 있는 대문을 들어서면 크지 않은 안뜰이 있고 그 너머로 3칸의 큰 대청이 뜰을 가득 메우고 있다. 대청의 좌측에는 앞뒤

2칸통의 큰 온돌방과 그 앞으로 퇴칸 1칸이 이어져 왼쪽 날개를 이루고 있고, 우측에는 온돌방 1칸 반과 부엌 1칸이 뻗어 오른쪽 날개를 이루고 있다. 대문간의 좌측에는 1칸 온돌방이, 우측에는 각 1칸씩의 외양간·곡간·창고가 연접하여 정면을 구성하고 있다.

재사에서의 대청은 재사의 규모와 기능 분화의 정도에 따라서 많은 차이를 보이는데, 전사청이나 제수청 등을 갖는 규모가 큰 재사에서는 대청이 누와 함께 음복 등의 장소로 제공된다. 규모가 작은 재사에서는 제수를 장만하는 장소가 되며, 경우에 따라서는 누마루의 기능을 보조하여 상차림과 음복 등도 행해진다. 그러나 누가 없는 재사에서는 대청이 누의 기능까지도 모두 포함하여 수행한다.

대청 이외의 다른 실들은 지금 제 기능을 다하지 못하고 있어서 그 실명을 정확히 알 수는 없으나, 재사의 기능을 수행하는 데 필요한 전사청(제사에 필요한 기구를 보관하고 제수를 장만하는 곳)·유사실(회계 및 기록, 제수 마련 및 점검, 제사절차협의, 문중회의주관 등을 담당하는 유사들이 기거하는 방)·종주실(종손실이라기도 하며, 노소를 막론하고 종손만이 머묾)·참제인실(묘제에 참제한 후손들이 머무는 방으로, 연령에 따라 방을 구분하여 사용하기도 함)·수임방(매년 묘제 때마다 교체 임명되는 제관 또는 헌관이 거처하는 방)·전임실(전임유사로 제례에 밝은 연로한 후손이 머무는 방) 등으로 나뉘어 사용되었을 것이라 생각된다.

대청의 배면에 나 있는 널문은 머름(창호 밑틀과 하인방 사이에 막은 부분) 없이 문턱을 낮추었다. 대청 배면의 창호에 머름을 두고 출입을 하지 않던 일반적인 형식과는 다른 모습으로, 19세기 이후부터는 마루 뒤로도 드나들 수 있도록 머름을 들이지 않는 경우가 종종 나타나고 있다. 건물의 네 모서리에는 상부의 도리 뺄목(기둥 밖으로 길게 빠져

▲ 노동재사 전경

나온 부분)의 처짐을 막기 위하여 윗부분이 사선으로 꺾인 통재의 까치발형 버팀목을 받친 모양새가 눈길을 끈다.

건물의 구조양식은 자연석을 가지런히 쌓은 기단 위에 막돌 초석을 놓고 대청 정면 우측 1본만 둥근 기둥을 세운 간략한 민도리 형식으로, 도리 밑에 장혀도 받치지 않았다. 대청 상부 가구는 3량가로 휘어진 곡재 대들보 위에 아주 짧은 동자대공을 세워 종도리를 받치게 했다. 짧은 동자대공으로 받쳐진 상부 삿갓 모양의 천장 경사가 여느 집보다 완만하다. 따라서 지붕도 완만한 경사를 이루는데, 이렇게 지붕을 낮게 한 것은 대청이 있는 본채가 앞쪽 건물보다 높은 곳에 위치해 있어 일반적인 높이로 할 경우 앞 건물과 너무 차이가 나서 전체적인 지붕선이 조화를 이루지 못하게 되기 때문이다. 지붕 형식은 건물의 정면 좌·우측에 합각부가 보이는 서산각 지붕으로 ㅁ자형 집 지붕 중에서는 가장 아름다운 모습이다.

11장 안동권씨(참의공파) 집성마을 공간의 얼개와 한옥_329

▲ 동곡재사 전경

8) 동곡재사

소재지 : 경북 안동시 풍천면 가곡리 산 24
소유자 : 권오걸 외 3인(문중)
문화재 종별 : 비지정
건립 연대 : 1923년

이 건물은 수곡樹谷 권보權補(1709~1778)의 묘소를 지키고 문중 자제의 학문 연마를 위해 건립한 재사다. 권보의 본관은 안동이며 자는 계응季凝이고 호는 수곡樹谷 또는 일지헌一枝軒이다. 그는 연산군 때 갑자사화로 피화된 화산花山 권주權住(1457~1505)의 9세손으로, 1709년(숙종 35) 병곡屛谷 권구權榘(1672~1749)의 셋째 아들로 태어났다. 그는 부친 권구가 1728년(영조 4) 무신란(이인좌의 난) 당시 적도들의 모함을 받아 체포되는 등 곤경을 겪는 것을 보고는 스스로 안자顔子가 되겠다는 결심을 하고, 문밖출입을 삼간 채 오로지 경사를 읽으며 관성의 방안을 깊이 모색하고 충렬의 자세를 갖추는 데 매진했다. 박손경朴孫慶·

이삼진·유종柳宗 등과 교유하며 학문적인 교감을 나누었으며, 고유高裕와는 상평통보의 통용에 따른 조세부담의 조절 방안 등을 논의하기도 했다. 평생을 처사로서 작고 누추한 집에서 가난하게 살면서도 자족하는 자세로 살았다. 1778년(정조 2) 70세를 일기로 사망했다. 문집으로『수곡집樹谷集』6권 3책이 전한다.

권보가 사망한 뒤 후손들이 처음 그의 유업을 추모할 재사로만 사용할 목적으로 권구가 세운 서당의 강당 서쪽에 3칸짜리 건물을 지었으나 폭우로 유실되고, 다시 6칸으로 건립했으나 역시 화재로 소실되었다. 현재의 건물은 1923년 새로 축조한 것으로, 최근까지 재사 기능으로뿐만 아니라 문중 자제들의 강학을 위한 공간으로도 활용되었다. 이 재사의 건립전말이『동곡지東谷志』에 남아 있다.

동곡재사는 논동골에 있는 노동서사 및 노동재사 우측 편 산골의 산자락에 남향으로 자리잡고 있다. 재사 위쪽 멀지 않은 곳에 권보의 묘소가 있다. 산자락 완경사지의 위쪽을 정지하여 재사 본채를 앉히고 그 앞쪽 좌측 낮은 곳에 주출입 사주문을 두었다. 본채 우측 편 담장에는 묘역으로 드나들 수 있는 부출입문이 나 있다.

건물은 정면 4칸, 측면 2칸 규모의 겹집으로 앞뒤 두 줄로 구성되어 있다. 앞줄은 좌측에서부터 부엌·온돌방·마루방·온돌방이, 뒷줄은 부엌 뒤편에서부터 온돌방 1칸과 마루방 2칸, 온돌방 1칸이 차례로 있다. 부엌 상부에는 반 층 정도의 다락을 두어 2/3 정도는 그 뒤편 온돌방에서, 나머지는 부엌 우측 온돌방에서 이용할 수 있게 하였다. 이처럼 부엌을 2층으로 나누어 수장 공간을 최대한 크게 잡고 두 공간에서 함께 이용할 수 있게 한 예는 흔치 않다. 부엌 뒤편 온돌방 다락문 우측 아래에는 부엌과 통하는 눈꼽쟁이 문이 나 있으며, 우측 온돌

▲ 대청과 방 사이의 정자살 불발기와 들문

방 다락문 오른쪽 아래에도 부엌 쪽으로 낸 작은 벽장의 문이 있다. 우측 방 앞에는 반 칸의 퇴칸을 두어 툇마루를 시설하였다.

대청은 문이 달린 마루방으로 꾸며져 있는데, 정면 좌측에서 세 번째 1칸과 뒤편 2칸이 'ㄱ'형을 이루고 있다. 3칸통의 대청은 뒤편 대청의 좌측 온돌방을 제외한 나머지 방들과 들어열개문으로 연결되어 있다. 들문을 모두 들어 상부 천장에 매달려 있는 들쇠에 얹어 놓으면 3칸 대청이 주위 방들과 한 공간이 되어 상당한 크기의 공간이 된다. 또 뒤편 좌측 대청과 그 앞의 온돌방 사이의 두 짝 들문은 안팎을 두꺼운 창호지를 바른 맹장지로 폐쇄하면 가벽假壁이 된다. 대청 우측의 두 온돌방 사이에는 문짝 가운데 정자살을 베푼 불발기 들문이 나 있는데, 불발기는 앞뒤로 긴 방의 실내를 밝혀 주며 정자살은 창호지를 안팎으로 바른 단조로운 문을 멋스럽게 만들어 준다.

이러한 구조들로 된 동곡재사는 많은 기능을 수행하는 재사로서는 다소 작은 규모의 건물을 집약적인 평면으로 구성함으로써 공간을 유효적절하게 이용할 수 있게 한 합리성이 뛰어난 건물이라 생각된다. 한편 정면 출입 4분합 들문과 대청 배면의 널창 위에 길게 놓여 있는 고창高窓은 채광을, 좌측 온돌방 정면 쌍창 위쪽의 눈꼽쟁이 창은 환기를 목적으로 설치한 것으로 대개 19세기 이후의 건물에서 주로 나타나고 있다.

건물의 구조양식은 시멘트로 마감한 기단 위에 막돌 초석을 놓고 네 모 기둥을 세운 민도리 형식의 홑처마 팔작지붕집이다. 대청 상부 가구는 5량가로, 대들보 위 양측에 동자주를 세워 종보를 받치게 하고 종보 위에는 소로를 끼운 사다리꼴 판대공을 놓아 종도리를 지지토록 했다.

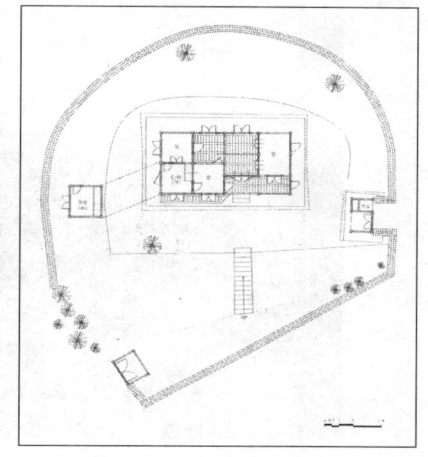

<동곡재사 배치 평면도>

9) 근와서재

소재지 : 경북 안동시 풍천면 가곡리 474
소유자 : 권대송
문화재 종별 : 비지정
건립 연대 : 1860년

근와서재는 수곡의 현손 근와 권익(1821~1876)이 평소 학문을 닦던 곳인데 원래 수곡종택 서쪽 산 밑에 있던 것을 80여 년 전 근와의 증손자 권오신이 풍치 좋은 지금의 자리로 옮겼다고 한다. 정면 우측 칸 처마 밑에 걸려 있는 현판은 권오신의 글씨로 그의 아들 권대인이 제작하여 단 것이다.

서재는 큰마 뒤편 산허리 높은 곳에 남향으로 앉아 있다. 서재 앞에서 뒤돌아서서 내려다보면 마을과 그 앞으로 겹겹이 이어져 있는 산들이 펼쳐져서 전망이 좋다. 또한 서재 좌측 계곡은 예로부터 약물이

▲ 근와서재 전경

많이 나와 '약물탕'이라 불리고 있는데, 마을의 공동빨래터로 오랫동안 이용되던 곳이라고 한다. 좌측에 나 있는 출입 사주문을 들어서면 경사지를 정지하여 서재를 앉혀 두었고 그 앞쪽 낮은 곳에는 조그마한 연못 하나가 마련되어 있다.

건물은 정면 2칸, 측면 2칸 규모의 홑처마 팔작지붕집이다. 좌측은 온돌방이고, 우측은 대청이다. 온돌방과 대청 앞에는 툇마루를 들여 놓고, 대청 우측면과 배면 밖에는 쪽마루를 시설하였다. 쪽마루는 난간을 평범한 교란으로 설치하였는데, 좁기는 하지만 이곳에서 틈틈이 주변의 경치를 감상하면서 휴식을 취했을 것으로 여겨진다. 대청과 온돌방 사이와 대청 배면에 나 있는 4분합 들문을 천장에 달려 있는 들쇠에 매달면 좁은 공간을 넓게 사용할 수 있다. 특히 대청 배면 문을 열어젖히면 뒤편의 시원한 산바람이 건물 속으로 빨려 들어와 무더운 한여름을 시원하게 보낼 수 있다.

건물의 구조양식은 시멘트로 마감한 기단 위에 막돌 초석을 놓고

▲ 배면과 우측면 쪽마루

▲ 대청 상부 가구

네 모 기둥을 세운 민도리 형식이다. 기둥 상부에는 큰 접시 모양의 주두를 얹고, 기둥 사이의 도리장혀 밑에는 작은 접시 모양의 소로로 수장하여 건물의 품격을 높였다. 대청 상부 가구는 5량가로 대들보 위 양측에 동자주를 세워 종보를 받치게 하고, 종보 위에는 동자대공을 놓아 종도리를 지지하도록 했다. 대들보 중앙에 가로로 길게 걸쳐 우측면 기둥과 결구된 충량 위에는 저울대 모양의 외기도리가 얹혀 그 위의 양측 중도리를 받치고 있다. 충량과 외기는 아름다운 곡선미를 가진 팔작지붕을 얹기 위하여 필수적으로 가구되는 부재다.

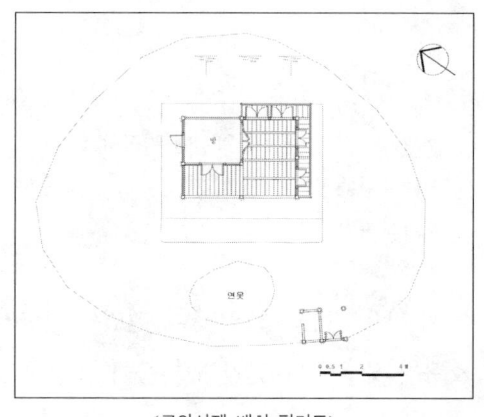
<근와서재 배치 평면도>

▲ 권오광 가옥 전경

<권오광 가옥 몸채 평면도>

10) 권오광 가옥

소재지 : 경북 안동시 풍천면 가곡리 423
소유자 : 권오광
문화재 종별 : 비지정

이 집은 권환의 손자 권성(1830~1892)이 그의 둘째 아들 준덕의 살림집으로 지어준 것이다. 현재 이 집에는 권준덕의 손자 권오광이 살고 있다.

11) 권순호 가옥

소재지 : 경북 안동시 풍천면 가곡리 449
소유자 : 권순호
문화재 종별 : 비지정

이 집은 권환이 그의 손자 권면의 살림집으로 지어 준 것을 지금의 소유자 권순호의 선친 권기웅이 매입한 것이라 한다.

▲ 권순호 가옥 안채 전경

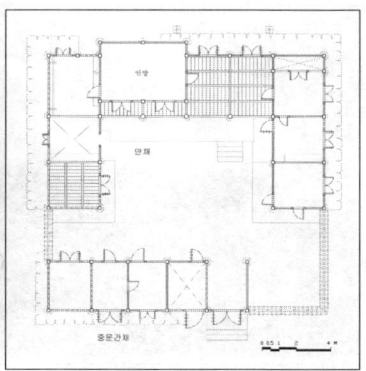

<권순호 가옥 몸채 평면도>

12) 권병기 가옥

소재지 : 경북 안동시 풍천면 가곡리 406-6
소유자 : 권병기
문화재 종별 : 비지정

이 집은 권환의 둘째 아들 권우(1813~1865)가 그의 셋째 아들 권승의 살림집으로 지어 준 것을 현재 주인 권병기의 조부가 매입한 것이라 한다.

▲ 권병기 가옥 전경

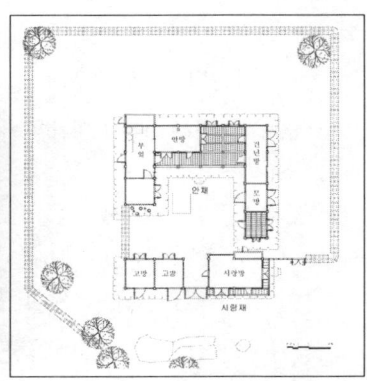

<권병기 가옥 배치 평면도>

▲ 권원탄 가옥(야유당) 전경

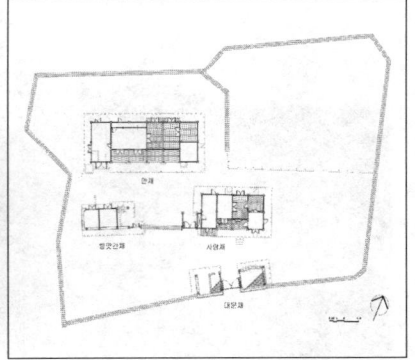
<권원탄 가옥(야유당) 배치 평면도>

13) 권원탄 가옥(야유당)

소재지 : 경북 안동시 풍천면 가곡리 420
소유자 : 권원탄
문화재 종별 : 비지정

이 집은 수곡의 증손자 야유당 권장(1802~1874)이 1844년에 고가를 매입하여 기거하던 집으로, 1921년에 권원탄의 조부 권동진(1887~1961)이 개축한 것이라 한다.

14) 권순발 가옥

소재지 : 경북 안동시 풍천면 가곡리 424
소유자 : 권순발
문화재 종별 : 비지정

이 집은 원래 순흥안씨의 집이었는데 야유당 권장이 그의 셋째 아들 권찬의 살림집으로 매입한 것이라 한다. 권찬의 주손 권대형(1927~1998)이 살다가 그의 조카 권순발에게 물려주었다.

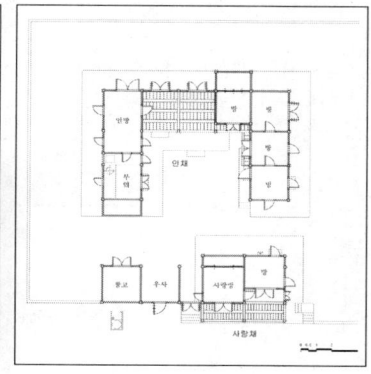

▲ 권순발 가옥 전경   <권순발 가옥 배치 평면도>

15) 권순학 가옥

소재지 : 경북 안동시 풍천면 가곡리 408
소유자 : 권순학
문화재 종별 : 비지정

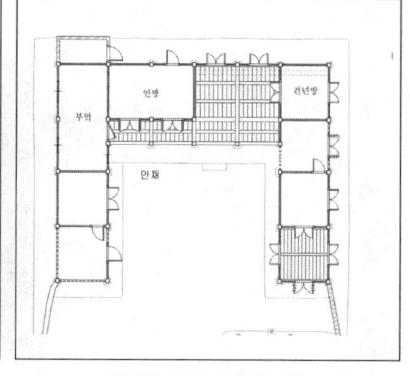

▲ 권순학 가옥 전경   <권순학 가옥 몸채 평면도>

　이 집은 야유당 권장이 그의 다섯째 아들 권석의 살림집으로 지어 준 것이라 한다. (정명섭)

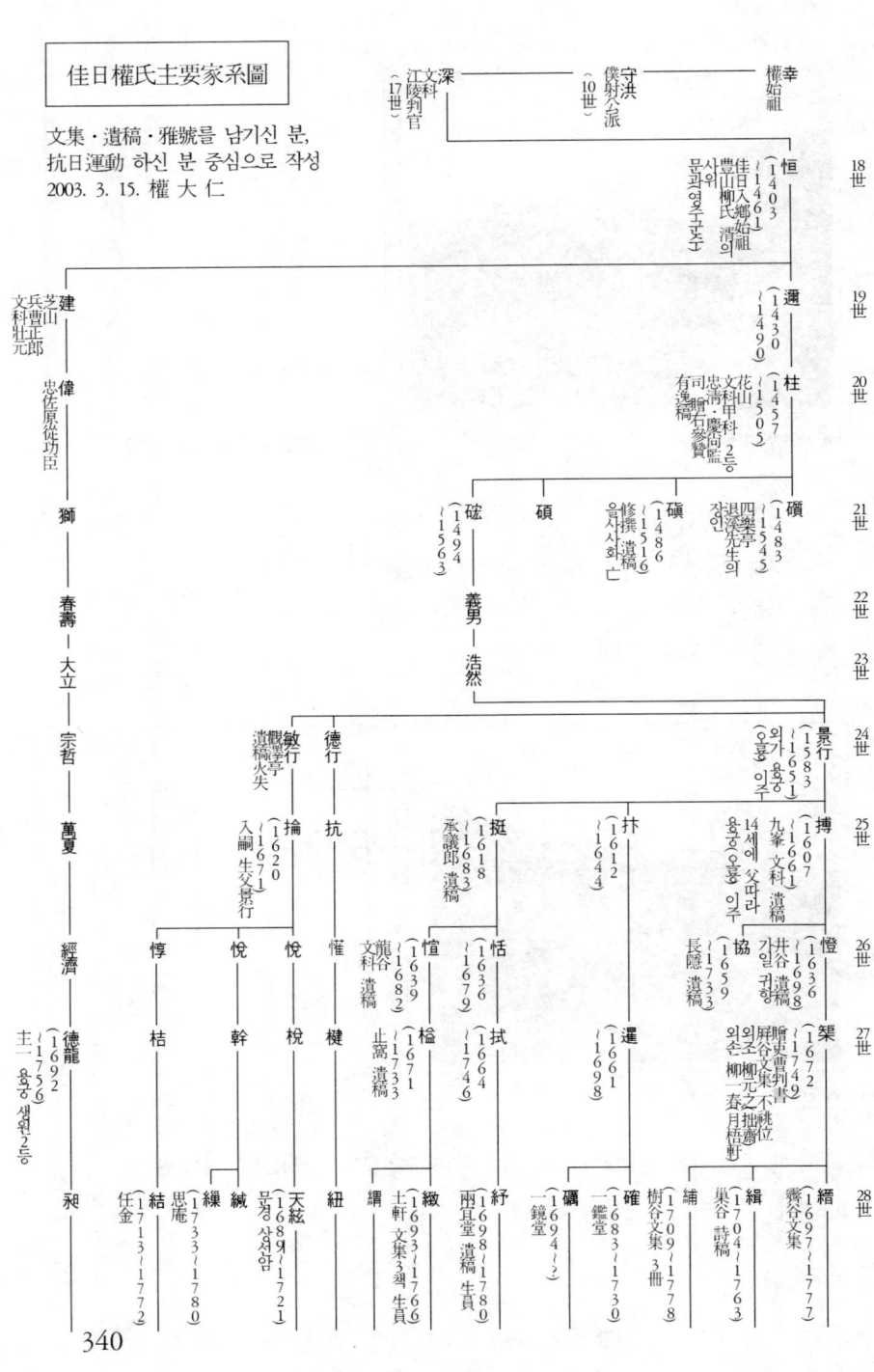

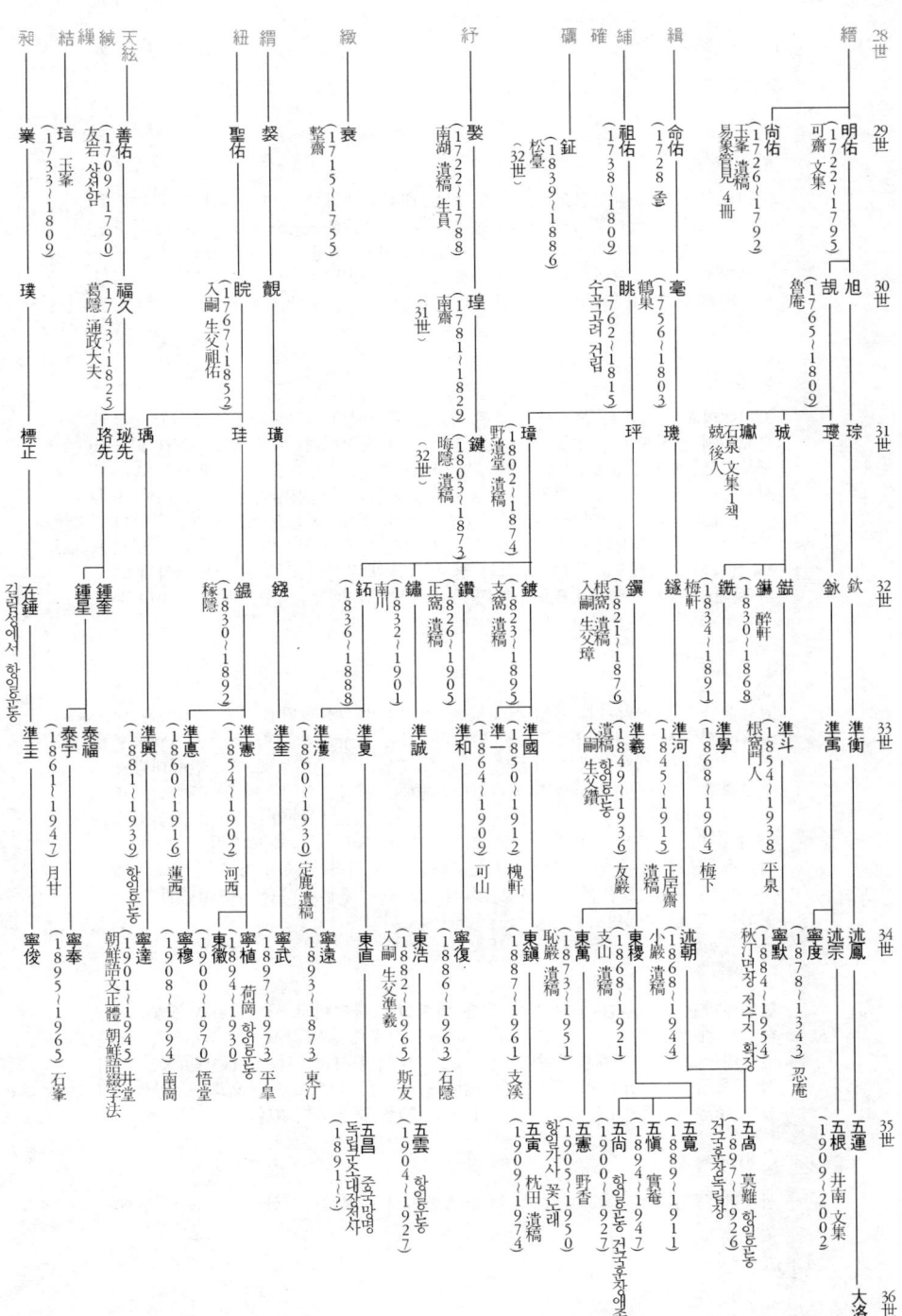

필자소개 (게재순)

■ 이효걸

고려대학교 철학과를 졸업하고 같은 학교 대학원에서 철학박사학위를 받았다. 현재 안동대학교 국학부 동양철학전공 교수로 안동문화연구소장이다. 저서로는 『논쟁으로 보는 불교철학』(공저), 『노장철학의 현대적 조명』, 『천등산 봉정사』, 『안동문화역사기행』, 『현대사회와 동양사상』 등이 있으며, 논문으로는 「화엄경의 성립배경과 구조체계」, 「화엄학과 성리학의 사유구조」, 「장자 제물론의 새로운 해석」 등이 있다.

■ 임세권

고려대학교 사학과를 졸업하고 같은 학교 대학원에서 석사학위를 받은 뒤, 단국대학교에서 박사학위를 받았다. 한국암각화학회 회장이며, 한국국학진흥원 교육연구부장 및 자료부장을 지내고, 현재는 안동대학교 사학과 교수로 재직중이다. 저서로는 『한국의 암각화, 대원사』, 『중국변방을 가다』, 『韓國金石文集成』(1) 高句麗1 廣開土王碑(공저), 『우리 인문학과 영상』(공저) 등이 있고, 논문으로는 「한국 선사암각화의 한국적 형상성의 성립」, 「선사시대 한국과 중국의 암각화 비교연구」, 「신세동 7층전탑의 원형복원」, 「새롭게 보는 한국 계단식 적석탑」, 「조선시대 금석학 연구의 실태」, 「광개토왕비의 연구 —청명본 원석탁본의 검토」, 「울진 봉편 신라비의 금석학적 고찰」 등이 있다.

■ 김미영

안동대학교 민속학과를 졸업하고 같은 대학에서 석사학위를 받은 뒤 일본 도요(東洋)대학에서 사회학박사학위를 받았다. 일본 류큐(琉球)대학 외국인객원연구원 역임하고, 안동대학교에서 안동문화연구소 전임연구원 역임했으며, 안동대학교·세명대학교 등에서 강사를 역임하였다. 현재는 한국국학진흥원 연구원으로 재직중이다. 저서로는 『일본의 집과 마을의 민속학』, 『안동양반의 생활문화』(공저), 『영양 주실 마을』(공저), 『예천 금당실, 맛질 마을』(공저), 『반속과 민속이 함께 가는 현리마을』(공저) 등이 있고, 논문으로는 「혈통과 사회적 위세에 따른 종가의 위상」, 「유교공동체적 삶의 전통과 변화」, 「'제사모셔가기'에 나타난 유교이념과 양반지향성」, 「안동 동성마을의 택호연구」 등이 있다.

■ 강윤정

안동대학교 사학과를 졸업한 뒤 같은 대학교 대학원에서 석사학위를 받고, 단국대학교 대학원에서 박사과정을 수료하였다. 상주대학교 강사를 역임하였고, 현재 안동대학교 강사로 재직중이다. 저서로는 『잊혀진 사회운동가 이준태』(공저), 『의성의 독립운동사』(공저), 『영덕의 독립운동사』 등이 있고, 논문으로는 「안동콤그룹의 조공재건운동」, 「예천무명당의 조공재건운동」 등이 있다.

■ 이해영

성균관대학교를 졸업하고 같은 학교 대학원에서 철학박사학위를 받았다. 2000~

2002년에는 안동대학교 퇴계학연구소장을, 2004년에는 국학부장을 역임하였으며 현재 안동대학교 국학부 동양철학전공 교수이다. 저서로는 『새로운 우리학문, 국학』, 『인간다운 삶을 위한 국학』, 『안동금계마을』, 『예천 금당실·맛질 마을』 등이 있으며, 논문으로는 「맹자의 왕패론으로 본 세계화」, 「공자의 구도」, 「순자의 비판의식」 등이 있다.

■ 권진호

안동대학교 한문학과를 졸업하고, 성균관대학교 대학원에서 문학박사학위를 받았다. 현재 경성대학교 한국학연구소 학술연구교수로 있다. 저서로는 『예천 금당실·맛질 마을』(공저), 『이향견문록』(공역), 『조희룡전집(6권)』(공역), 『이옥전집(3권)』(공역) 등이 있으며, 논문으로는 「미수 허목의 고문론」, 「계촌 이도현의 독서론과 고문론」, 「여헌 장현광의 문론 연구」, 「후산 허유의 문학사상」 등이 있다.

■ 주승택

서울대학교 국어국문학과를 졸업하고 같은 학교 대학원에서 문학박사학위를 받았다. 2002~2003년 안동대학교 안동문화연구소장을 역임하였으며 현재 안동대학교 국학부 한문학전공 교수이다. 저서로는 『안동의 선비문화』(공저), 『서원, 한국사상의 숨결을 찾아서』(공저), 『안동금계마을 - 천년불패의 땅』(공저), 『선비정신과 안동문학』, 『새로운 우리학문, 국학』(공저), 『예천 금당실·맛질 마을』(공저) 등이 있으며, 논문으로는 「안동문화권 유교문화의 현황과 진로모색」, 「강위와 황준헌의 비교 연구」, 「퇴계 이황의 인간 존중적 사고」, 「청량산의 문학적 위상」 등이 있다.

■ 김희곤

경북대학교 사학과와 대학원을 졸업하고, 「상해지역 한국독립운동단체연구」로 문학박사학위를 받았다. 현재 안동대학교 사학과 교수와 한국독립운동사연구소 소장으로 있다. 역저로는 『중국관내 한국독립운동단체연구』, 『대한민국임시정부의 좌우합작운동』(공저), 『백범김구전집』(공저), 『안동의 독립운동사』, 『박상진 자료집』, 『새로 쓰는 이육사 평전』, 『신돌석, 백년만의 귀향』, 『안동의 독립운동가 700인』, 『대한민국 임시 정부연구』 등이 있다.

■ 조정현

건국대학교 무역학과를 졸업하고 안동대학교 민속학과에서 석사학위를 받고 박사과정을 수료하였다. 안동대학교 조교와 안동대학교·부산대학교에서 강사를 하고 있으며, 민족미학연구소 연구위원, 안동대학교 박물관 연구원을 역임하였다. 학진기초학문육성 과제에 참여하고 유교문화축제를 기획하였으며, 안동국제탈춤페스티벌 기획위원, 안동문화지킴이 실무위원을 지냈다. 저서로는 『까치구멍집 많고 도둑 없는 목현마을』(공저), 『반속과 민속이 함께 가는 현리마을』(공저), 『줄당기기와 길쌈으로 유명한 청운마을』(공저), 『안동김씨 소산마을』(공저) 등이 있고, 논문으로는 「반상이 함께 따로 또 같이 지내는 소산동 마을굿」, 「추로지향 안동에 별신굿이 성행한 까닭은」, 「민속연행예술의 신명체험 관광 - 상설공연을 중심으로」, 「별신굿의 물적 기반과 지역경제」, 「하회탈춤 전통의 재창조와 안동문화의 이미지 변화」, 「별신굿의 개념과 역사적 전개」 등이 있다.

■ 배영동

안동대학교 민속학과를 졸업하고 영남대학교 대학원 문화인류학과에서 문학박사 학위를 받았다. 현재 안동대학교 국학부 민속학전공 부교수로 있으면서, 경상북도 문화재위원, 문화재청 문화재전문위원과 문화재감정위원을 맡고 있다. 저서로는 『농경생활의 문화읽기』, 『고려 공민왕과 임시수도 안동』(공저) 등이 있으며, 논문으로「종가의 사당을 통해 본 조상관」, 「안동 오미마을 풍산김씨 '세전서화첩'으로 본 문중과 조상에 대한 의식」, 「안동지역 전통음식의 탈맥락화와 상품화」 등 다수가 있다.

■ 정명섭

상주대학교 건축공학부를 졸업하고, 영남대학교에서 공학박사학위를 받았다. 현재 상주대학교 건축공학부 부교수에 재직중이며 경상북고 문화재위원회 전문위원이기도 하다. 저서로는 『문화재대관(I~V)』(공저), 『향토사연구소편람』(공저), 『경상감영사백년사』(공저), 『까치구멍집 많고 도둑 없는 목현마을』(공저) 등이 있고, 논문으로는 「조선시대 향교 및 서원건축의 청방간 개구부형식 변천에 관한 연구」, 「韓國・河回村における集落內建物の配置の基本原則に關する硏究」, 「문경 현리 농가의 배치 및 평면 특성에 관한 연구」, 「안동 서미2동의 마을구조 및 민가 특성에 관한 연구」, 「상주향교의 배치형식 변천에 관한 연구」 등이 있다.